P. Sweeney

Codierung zur Fehlererkennung und Fehlerkorrektur

D1620185

Reihe
it/nt Informationstechnik/Nachrichtentechnik

herausgegeben von Prof. Dipl.-Ing. Eberhard Herter und Prof. Dr.-Ing. Wolfgang Lörcher

Information bzw. Nachricht ist die neben Materie und Energie wichtigste Ressource, die der Menschheit zur Verfügung steht. Die Nachrichtentechnik erlebt in allen ihren Zweigen ein stürmisches Wachstum. Ernstzunehmende Prognosen sprechen davon, daß bald nach der Jahrtausendwende die wirtschaftliche Bedeutung der Informationstechnik die des Autos übertreffen wird.

Die physikalische Darstellung einer Nachricht nennt man Signal. Nachrichten wie Signale kann man übertragen, vermitteln und verarbeiten. Durch Hinzunahme mathematischer Methoden u. a. hat sich hieraus die Informatik entwickelt.

Fortschritte bei der Entwicklung neuer Technologien und Verfahren und zukunftsweisende Aufgabenstellungen in der Informationstechnik stellen die Aus- und Weiterbildung der Ingenieure in der Praxis sowie der Studierenden technischer Fachrichtungen und der Informatik vor vielfältige neue Aufgaben. Hier leistet die vorliegende Buchreihe „Informationstechnik/Nachrichtentechnik" einen wesentlichen, aktuellen und praxisbezogenen Beitrag. Die Behandlung moderner Verfahren und Anwendungen sowie die zeitgemäße Darstellung der Grundlagen ist das Anliegen dieser Reihe:

> Barz, Kommunikation und Computernetze
> Cooke, Halbleiter-Bauelemente
> Eppinger/Herter, Sprachverarbeitung
> Henshall/Shaw, OSI praxisnah erklärt
> Herter/Graf, Optische Nachrichtentechnik
> Johnson, Digitale Signalverarbeitung
> Muftic, Sicherheitsmechanismen für Rechnernetze
> Roddy, Satellitenkommunikation
> Rose, Einführung in die Verwaltung von TCP/IP-Netzen
> Stevens, Programmieren von UNIX-Netzen
> Sweeney, Codierung zur Fehlererkennung und Fehlerkorrektur
> Wilcox, Entwicklerleitfaden Elektronik
> Wojcicki, Sichere Netze

Die Herausgeber sind Verfasser des erfolgreichen Standardwerkes Herter/Lörcher, Nachrichtentechnik.

Prof. Dipl.-Ing. *Eberhard Herter* und Prof. Dr.-Ing. *Wolfgang Lörcher* lehren an der FHT Esslingen in den Fachbereichen Nachrichtentechnik und Technische Informatik. Prof. Herter ist Leiter des Steinbeis-Transferzentrums Kommunikationstechnik Esslingen.

P. Sweeney

Codierung zur Fehlererkennung und Fehlerkorrektur

aus dem Englischen übersetzt
von Andreas Höfler

Eine Coedition der Verlage Carl Hanser
und Prentice-Hall International

Titel der englischen Originalausgabe:

„Erros control coding, An introduction"
by Peter Sweeney, Department of Electronic and Electrical Engineering, University of Surrey, Guilford, U.K.
ISBN 0-13-284126-6
© Copyright 1991 by Prentice-Hall, Incorporated.
A Division of Simon & Schuster
Englewood Cliffs, NJ 07632

Alle in diesem Buch enthaltenen Berechnungen und Verfahren wurden nach bestem Wissen erstellt und mit Sorgfalt getestet. Dennoch sind Fehler nicht ganz auszuschließen. Aus diesem Grund sind die im vorliegenden Buch enthaltenen Berechnungen mit keiner Verpflichtung oder Garantie irgendeiner Art verbunden. Autor und Verlag übernehmen infolgedessen keine Verantwortung und werden keine daraus folgende oder sonstige Haftung übernehmen, die auf irgendeine Art aus der Benutzung dieser Berechnungen oder Teilen davon entsteht.

Die Wiedergabe von Gebrauchsnamen, Handelsnamen, Warenbezeichnungen usw. in diesem Buch berechtigt nicht zu der Annahme, daß solche Namen im Sinne der Warenzeichen- und Markenschutz-Gesetzgebung als frei zu betrachten wären und daher von jedermann benützt werden dürften.

Die Deutsche Bibliothek – CIP-Einheitsaufnahme

Sweeney, Peter:
Codierung zur Fehlererkennung und Fehlerkorrektur / P.
Sweeney. Aus dem Engl. übers. von Andreas Höfler. –
München : Hanser ; London : Prentice-Hall Internat., 1992
  (Reihe Informationstechnik, Nachrichtentechnik)
  Einheitssacht.: Error control coding ⟨dt.⟩
  ISBN 3-446-16439-1 (Hanser)
  ISBN 0-13-278706-7 (Prentice Hall Internat.)

Eine Coedition der Verlage:
Carl Hanser Verlag München Wien
Prentice-Hall International Inc., London
© 1992 Prentice-Hall International Inc., London

Umschlagentwurf: Kaselow Design, München
Gesamtherstellung: Friedrich Pustet, Regensburg
© am Layout: Carl Hanser Verlag München Wien
Printed in Germany

Inhaltsverzeichnis

Abbildungsverzeichnis

Vorwort

In allen Bereichen von Wissenschaft und Technik existieren Teilgebiete, welche scheinbar Experten vorbehalten sind, da sie schwierig und zugleich von entscheidender Bedeutung sind. Dies war zumindest mein Eindruck, als ich begann, mich mit fehlerkorrigierenden Codes zu befassen. Ich befürchtete, daß mein Streben nach Wissen bestenfalls für das eine System, an dem ich arbeitete, ausreichend sei. Insgeheim hatte ich Angst vor der Erkenntnis, daß meine geistigen Fähigkeiten nicht ausreichen würden, um das gesamte Fachgebiet zu verstehen. Ich beschäftigte mich mit der Thematik nur so viel wie unbedingt notwendig war. Es dauerte ein paar Jahre, bis ich deren allgemeinere Anwendbarkeit erkannte und ich den Mut fand, mich weiter in die Thematik zu vertiefen. Nachdem ich mich nun ungefähr sieben Jahre lang mit dem Entwurf und der Anwendung von fehlerkorrigierenden Maßnahmen detailliert auseinandergesetzt habe, bemerke ich, daß mein erster Eindruck völlig falsch war. Mit fehlerkorrigierenden Verfahren können auf kostengünstigere Weise akzeptable Ergebnisse erbracht werden als ohne sie. Einigermaßen erfolgreiche Versuche mit Studenten höherer Semester haben gezeigt, daß das Thema nicht so schwer verständlich ist, obwohl manche der Studenten nicht intelligenter sind als ich. Vorgefaßte Meinungen sterben nur langsam, aber die besseren Bücher über digitale Nachrichtentechnik enthalten immer häufiger gute Abhandlungen über Codierung, und in den achtziger Jahren entstanden mindestens vier Referenzwerke, mit denen sich dieses Gebiet nun auf leichtere Weise erschließen läßt.

Dieses Buch soll mithelfen, eine Lücke in der mittleren Preisklasse zu schließen. Es soll Studenten eine Fachliteratur bieten, die für sie noch bezahlbar ist. Sind die Grundzüge verstanden worden, können Referenzwerke oder Forschungsberichte verwendet werden, um besondere Aspekte der Thematik genauer zu studieren. Das soll nicht heißen, daß keine modernen Themen behandelt werden; Arithmetik der Galois-Felder, Reed-Solomon-Codes, der Berlekamp-Massey- und der Viterbi-Algorithmus werden ausführlich, wenn auch mittels einfacher Beispiele, behandelt. Dies bedeutet hoffentlich trotzdem nicht, daß der Ingenieur im Berufsleben wenig Interessantes in diesem Buch findet. Ich habe außerdem versucht, auf praktische Anwendungen, die sich von der Theorie ableiten, einzugehen; auch solche, die meines Wissens sonst nirgends behandelt werden. Ich hoffe hingegen, daß die wichtigen Prinzipien durch den Verzicht auf bestimmte fachliche Details sogar noch deutlicher erkennbar werden.

Bei meinen eigenen Studenten scheint meine Vorgehensweise relativ erfolgreich zu sein. Ich habe sie an mehreren Semestern getestet und mit der Zeit weiterentwickelt. Im wesentlichen beginne ich mit einfachen Beispielen zu einem Thema und führe zur Verallgemeinerung dieser Einzelheiten. Obwohl ich meine Schwierigkeiten mit dieser Thematik größtenteils überwunden habe, kann ich mich noch immer an sie erinnern. Ich erinnere mich, daß das Durcharbeiten von Beispielen mein Verständnis der Thematik erweiterte. Im Laufe der Zeit hat sich mein Wissen vergrößert, aber die Erinnerung, wie ich zu diesem Wissen kam, verblaßt immer mehr. Ich bin deshalb nicht sicher, ob ich die Bedürfnisse von Anfängern in wenigen Jahren noch erkennen werde, und hoffe, in etwa den richtigen Zeitpunkt für dieses Werk gefunden zu haben.

Das Buch enthält so viel Material, daß damit leicht 30 Vorlesungsstunden zu füllen wären. Dies ist meiner Meinung nach für die meisten Kurse über fehlererkennende Codierung mehr als genug, und es wird deshalb eine Auswahl zu treffen sein. Ich habe mit diesem Material drei verschiedene, wenn sich auch stellenweise überschneidende Kurse für eben graduierte Studenten und Studenten im Abschlußsemester abgehalten. Ich habe versucht, am Anfang jedes Kapitels zu beschreiben, welche Voraussetzungen zur Bearbeitung des Kapitels nötig sind. Damit das Buch nicht zu viel Querverweise enthält, erscheinen gelegentlich an verschiedenen Stellen sich ähnelnde Passagen. Beispielsweise existiert im Kapitel über Fehlerkorrektur bei bündelartigen Fehlern eine einfache Beschreibung von Reed-Solomon-Codes, obwohl sie in einem vorhergehenden Kapitel ausführlich erklärt sind, das aber wohl kaum für eine Vorlesung geeignet wäre.

Kapitel 1 soll die Verwendung und die Vorteile der Codierung im allgemeinen erläutern und zeigt durch einfache Beispiele die prinzipielle Möglichkeit der Fehlerkorrektur. Dieses Kapitel könnte relativ früh im Studium behandelt werden, vor allem wenn eine zusätzliche in einem nachfolgenden Semester abgehaltene Vorlesung die Thematik vertieft. Die Abhandlung über Block-Codes in Kapitel 2, komplett oder auch nur in Teilen, würde die nächste Stufe darstellen, ehe man dann mit Kapitel 3 (zyklische Codes) fortfahren könnte. Für eine ausführliche Vorlesung über Block-Codes, die die Arithmetik im Galois-Feld, Transformationstechniken und algebraische Decodierung einschließt, wäre Kapitel 4 geeignet. Für eine Vorlesung über Übermittlungssysteme könnte Kapitel 5 wichtig sein, welches konvolutionelle Codes behandelt und sich dabei auf die Viterbi-Decodierung konzentriert. Die weiteren Kapitel dieses Buches behandeln die verschiedenen Möglichkeiten der Codierung bei Kanälen mit bündelartig gehäuften Fehlern, sowie verkettete Codes und die Codierung bei bandbegrenzten Kanälen (Ungerboeck-Codierung). Es werden auch Methoden behandelt, die keine Vorwärts-Fehlerkorrektur anwenden, besonders die der automatischen Sendewiederholung (ARQ). Im letzten Kapitel habe ich versucht, das Thema nicht von der Seite der Codierung, sondern von bestimmten Problemstellungen aus anzugehen. Dies sollte den Bedürfnissen eines Ingenieurs eher entsprechen, da er normalerweise mit einem Problem konfrontiert ist und nun dafür geeignete Lösungsmöglichkeiten sucht. Ich bin sicher, daß dieses Kapitel deutlich besser sein könnte, als es in Wirklichkeit ist; solche Beschreibungen sind jedoch sehr selten zu finden, und das Kapitel enthält meiner Meinung nach einige nützliche Aussagen.

Genauso wie jedes Kapitel die erforderlichen Voraussetzungen für ein erfolgreiches Bearbeiten enthält, existiert ein Literaturverzeichnis mit weiterführender Literatur an jedem Kapitelende. Dieses Verzeichnis soll nicht vollständig sein, vielmehr gibt es nur eine Ausgangsbasis für weitere Studien vor. Außerdem sind an jedem Kapitelende, außer dem letzten, Übungsaufgaben zusammengestellt, mit denen der Leser sein Wissen überprüfen kann. Manche Übungsaufgaben sind leicht zu lösen, einige sind schwieriger und sollen den Leser mit Themen konfrontieren, auf die das Buch zu einem späteren Zeitpunkt eingeht. Die schwierigsten Aufgaben zu jedem Kapitel sind mit einem Stern markiert, wobei der jeweilige Wissensstand des Lesers berücksichtigt ist. Oftmals sollen diese Aufgaben zum Nachdenken über später behandelte Themen anregen. Weiterhin existiert ein Handbuch für Lehrer. Es soll sicherstellen, daß die Übungsaufgaben verständlich sind und ich wollte mir damit beweisen, daß ich in der Lage bin, alle Aufgaben zu lösen. Ich hoffe, daß der Lehrer mit diesem Buch dem Wissensstand seiner Schüler immer einen Schritt voraus ist.

An dieser Stelle möchte ich all denjenigen Personen danken, ohne die dieses Buch nie erschienen wäre. Zuerst möchte ich mich bei den Autoren der Bücher und Artikel bedanken, welche an zahlreichen Stellen dieses Buches erwähnt sind, und die mir einen Einstieg in die Thematik ermöglichten. Ich habe versucht, mich immer bei den Urhebern zu bedanken, obwohl manches von so vielen übernommen wurde, daß der Urheber nicht mehr ausfindig zu machen ist. Mein Dank richtet sich an Bob Harris von ESTEC und Paddy Farrell von der Manchester University, die hauptsächlich dazu beigetragen haben, daß ich mich so intensiv mit Codierung beschäftigte, und an Barry Evans, der mir die Studenten unseres M.Sc.-Kurses in Satelliten-Nachrichtentechnik als „Versuchskaninchen" überließ.

Viele der Ideen dieses Buches stammen von Studenten des Fachbereiches Elektronik und Elektrotechnik der University of Surrey oder wurden von ihnen überarbeitet. Von Toufic Bechnati, David Tran und Javed Mirza stammen Ideen zur Arithmetik der Galois-Felder und zur algebraischen Decodierung. John Jackson und Mun Kein Chang erweiterten mein Wissen über Produktcodes. Zu dem Kapitel über konvolutionelle Codes trugen Rob Jeffrey und Maher Tarabah bei. Eine Vorlesung von Ray Hill von der Salford University erweckte mein Interesse an der Griesmer-Grenze; außerdem übernahm ich einen Vorschlag von Graham Norton von der Bristol University zur Behandlung der Linearität. Mein Dank richtet sich auch an die vom Verlag Prentice Hall rekrutierten, unbekannten Korrekturleser, deren konstruktive Kritik sehr hilfreich war. Falls ich jemanden vergessen haben sollte, und ich bin sicher, daß ich jemanden vergessen haben muß, möchte ich mich bei ihm entschuldigen und ihm ebenfalls danken.

Schließlich bedanke ich mich bei meiner Familie für ihre Geduld und Ermutigung. Der Dank gilt meiner Frau Gilian, zu der ich immer erst spät nach Hause kam, wenn sich meine normale Arbeit mit der Erstellung des Manuskripts nicht so recht vereinbaren ließ. Meine Eltern bemerkten nichts von alledem, aber dieses Buch bezeugt ein wenig ihre Ermutigungen für meine Studien während meiner Jugend. Für Unzulänglichkeiten dieses Buches bin jedoch ich allein verantwortlich.

Peter Sweeney

1 Grundlagen der Codierung

1.1 Verfahren zur Fehlerüberwachung

Die Codierung zur Fehlerüberwachung befaßt sich mit Methoden, die es erlauben, Informationen mit einem Minimum an Fehlern von einer Quelle zu einer Senke zu übertragen. Dadurch kann sie als ein Teil der Informationstheorie angesehen werden, und ihr Ursprung ist sicherlich Shannons Arbeit in den späten 40er Jahren. Die frühen theoretischen Arbeiten verdeutlichten die Möglichkeiten der Fehlerüberprüfung und gewährten Einblicke in die allgemeinen Grundsätze der Fehlerüberwachung. Die bei der Suche und der Realisierung von Codes auftretenden Schwierigkeiten hatten jedoch zur Folge, daß die praktischen Leistungsmöglichkeiten der Codierung heutzutage leicht von den ursprünglich erwarteten abweichen. Shannon zeigte, daß jeder Nachrichtenkanal durch einen maximalen Informationsfluß, die Kanalkapazität, beschrieben werden kann, mit der Informationen zuverlässig übertragen werden können. Bei jeder Übertragungsrate, die kleiner oder gleich der Kanalkapazität ist, sollte der Übertragungsfehler auf jeden gewünschten Wert reduzierbar sein. Zusätzlich übertragene Redundanzinformation ermöglicht dabei eine Fehlerüberprüfung, d. h. die übertragene Nachricht enthält mehr Zeichen als zur Übertragung der reinen Information nötig wären. Dies bedeutet, daß auf der Empfängerseite nicht allen möglichen Zeichenmustern eine gültige Information zugeordnet ist. Nachdem die Information um eine geeignete Fehlerüberprüfung ergänzt wurde, kann durch Erweitern des Korrekturcodes jede gewünschte Fehlerrate erreicht werden. Der längere Code bewirkt auch, daß die Auswirkungen des Rauschens über einen längeren Zeitraum gemittelt werden.
Die praktische Erfahrung hat uns gelehrt, daß es nicht so einfach ist, gute und lange Codes zu finden. Heutzutage verwendet man die Codierung üblicherweise nicht dazu, die theoretisch mögliche Kanalkapazität zu erreichen, sondern konzentriert sich auf die Verbesserung, die die Codierung im Vergleich zur uncodierten Übermittlung bietet. Auf diese Weise trägt die Codierung dazu bei, die Leistungsfähigkeit des Übertragungssystems zu erhöhen. Sie reduziert die Fehlerrate, vermindert die benötigte Übertragungsleistung oder erreicht beides gleichzeitig. Neben der Vielzahl der zur Verfügung stehenden Codes gibt es mehrere grundsätzliche Verfahren zur Fehlerüberprüfung, und die Wahl hängt von den Daten und den Bedürfnissen des Benutzers nach fehlerfreier Übertragung ab. Die aufwendigsten Verfahren sind die der Vorwärts-Fehlerkorrektur, bei der davon ausgegangen wird, daß Fehler auftraten und die Nachricht mit einem korrekturfähigen Code codiert wird. Ein anderes Verfahren ist die Anforderung einer nochmaliger Übertragung von Information (Sendewiederholung), bei welcher Fehler erkannt worden sind. Weiterhin ist es möglich, die der Information eigene Redundanz in der Weise auszunutzen, daß auftretende Fehler subjektiv nicht von Bedeutung sind. Diese Methode des Verbergens der Fehler ist prinzipiell sicherlich eine Aufgabe der Signalverarbeitung und wird hier nicht berücksichtigt. Dieses Buch beschränkt sich

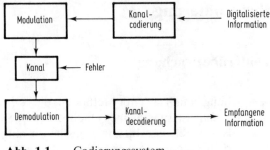

Abb. 1.1   Codierungssystem

auf Verfahren der Vorwärts-Fehlerkorrektur, wobei sich Kapitel 9 mit dem Leistungsvermögen von Codes zur Fehlererkennung und ihrer Verwendung bei Sendewiederholungstechniken befaßt.

Kapitel 1 betrachtet zuerst, welchen Platz die Codierung innerhalb der Telekommunikationssysteme einnimmt. Die Abschnitte 1.3 und 1.4 wenden sich einerseits der Frage zu, was Codierung im Prinzip zu erreichen versucht, andererseits behandeln sie die Schnittstelle zwischen Decodierer und Demodulator. Diese Abschnitte müssen vorerst nicht durchgearbeitet werden, da sie vom restlichen Kapitel unabhängig sind. Als nächstes folgt das Beispiel eines Codes, in dicsem Falle ein Block-Code, anhand dessen gezeigt werden soll, wie Fehlererkennung und -korrektur prinzipiell erreicht wird. Dabei ergeben sich mehrere allgemeine Möglichkeiten der Fehlererkennung und -korrektur mit Hilfe von Block-Codes sowie Ergebnisse über Restfehlerraten. Die Abschnitte 1.8 und 1.9 führen den Begriff des Codierungsgewinns ein und erläutern viele der üblichen Eigenschaften der Leistungsfähigkeit von Codes. Schließlich zeigt eine Zusammenfassung der Ergebnisse der Informationstheorie deren Auswirkungen auf praktische Anwendungen. Dies ermöglicht Einblicke in die Vorteile codierter Systeme.

1.2   Codierung in Kommunikationssystemen

Ein typisches Kommunikationssystem mit Codierung wird in der Abbildung 1.1 gezeigt. Das System besteht aus folgenden Elementen:

Datenquelle

Die Information wird digitalisiert und unter Umständen zusätzlich komprimiert, um die Redundanz der Daten zu verringern. Die Methoden hierfür sind in diesem Buch nicht berücksichtigt, obwohl sie eine bedeutende Rolle spielen. Die wichtigste Tatsache für unsere Belange ist, daß den hier beschriebenen Verfahren zur Fehlerüberprüfung immer digitale Informationen zugrunde gelegt sind.

Codierung zur Fehlerüberwachung

Abbildung 1.2 zeigt den Codierer, welcher die Information, zerteilt in Rahmen fester Größen, aufnimmt. In den meisten Fällen bestehen die Eingabesymbole aus einzelnen Bits; nur selten dienen dem Codierer Symbole, die aus Bitgruppen bestehen, als Eingabe. Der nachfolgende Text verwendet trotzdem den Begriff *Symbol*, um die Allgemeingültigkeit zu erhalten.

Der Codierer verwendet die Symbole des Eingaberahmens und möglicherweise auch die Symbole des vorangegangenen Rahmens, um seine Ausgabe zu bilden. Die Ausgabe des Codierers besteht im allgemeinen aus mehr Symbolen als die Eingabe, d. h. es wurde der zu übertragenden Information Redundanz hinzugefügt. Gewöhnlich verwendet man zur Beschreibung eines Codes die *Code-Rate* (R), die das Verhältnis der Anzahl der Eingangssymbole zur Anzahl der Ausgangssymbole in einem Rahmen darstellt. Eine kleine Code-Rate deutet auf eine große Redundanz hin, womit eine wirkungsvollere Fehlerüberwachung möglich ist als mit einer großen Code-Rate. Allerdings wird dadurch weniger Information übertragen, der Durchsatz auf dem Übertragungskanal verringert sich.

Verwendet der Codierer nur den augenblicklich empfangenen Rahmen, um seine Ausgabe zu bilden, nennt man den Code einen (n,k) Block-Code. K bezeichnet dabei die Anzahl der Eingabesymbole des Codierers und n die Anzahl der dazugehörigen Ausgangssymbole. Speichert der Codierer vorhergehende Rahmen und bezieht er diese in seinen Algorithmus mit ein, nennt man den Code einen Baumcode (tree-code), der eine Untergruppe der konvoluntionellen Codes (Faltungs-Codes) darstellt. In diesem Fall bezeichnet man die Symbole im Eingaberahmen mit k_0 und die Symbole im Ausgaberahmen des Codierers mit n_0.

In aufwendigeren Systemen kann die Codierung in mehrere Stufen unterteilt sein und sowohl Block-Codes als auch konvolutionelle Codes enthalten. Zusätzlich könnte ein Verschachtelungsverfahren (Interleaving) verwendet werden. Solche Systeme sind der Inhalt der Kapitel 6 und 7.

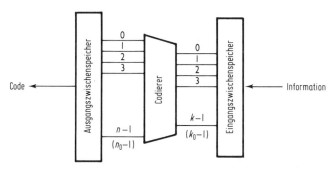

Abb. 1.2   Codierer

Modulation

Zur Übertragung über den Kanal wird ein Trägersignal verwendet, das mit der codierten Information moduliert wird. Das Format der zu übertragenden Symbole ist nicht notwendigerweise gleich dem Format der Symbole des Codierers. Es ist möglich, für einen binären Code einen nicht-binären Zeichensatz zu verwenden, genauso wie ein nicht-binärer Code über einen binären Kanal übertragen werden kann. Prinzipiell sollten die fehlerüberwachende Codierung und die Modulation aufeinander abgestimmt sein. In der Praxis wird aber oftmals die Zusammengehörigkeit beider Themengebiete ignoriert. Für die herkömmliche binäre Modulation ist diese Trennung vertretbar, obwohl Methoden wie beispielsweise differentielle Phasenumtastung (DPSK, differential phase shift keying) dazu tendieren, Paare von Bitfehlern zu liefern, was berücksichtigt werden muß. Bei nicht-binären Modulationsarten ist es wichtig, die Codierung und Modulation zusammen durchzuführen, wie in Kapitel 8 beschrieben.

Der Übertragungskanal

Das Übertragungsmedium beeinflußt die zu übertragende Information durch viele Effekte, wie z. B. Dämpfung, Verzerrung, Störung und Rauschen, wodurch es ungewiß ist, ob die Information korrekt empfangen werden kann. Obwohl es das einfachste ist, sich einen Kanal als ein Information verfälschendes Zwischenglied vorzustellen, sollte man sich darüber im klaren sein, daß die Einflüsse des Kanals auf den Demodulator die Verfälschungen verursachen.

Die folgenden Begriffe beschreiben die Art, wie die übertragenen Symbole verfälscht werden:

● Gedächtnisloser Kanal – die Fehlerwahrscheinlichkeit ist von Symbol zu Symbol unabhängig

● Symmetrischer Kanal – die Wahrscheinlichkeit, daß ein übertragenes Symbol mit dem Wert i als ein Symbol mit dem Wert j empfangen wird, ist gleich wahrscheinlich, wie der Empfang eines übertragenen Symbols mit dem Wert j als ein Symbol mit dem Wert i, für alle i und j. Ein überall anzutreffendes Beispiel hierfür ist der binäre symmetrische Kanal (BSC, binary symmetric channel), welcher eine Bitfehlerwahrscheinlichkeit p aufweist und in Abbildung 1.3 dargestellt ist.

● Kanal mit weißem Rauschen (AWGN, additive white Gaussian noise) – ein gedächtnisloser Kanal, in dem ein übertragenes Symbol von breitbandigem weißen Rauschen überlagert ist, dessen Amplitude (nach Gauß) normalverteilt ist.

● Kanal mit bündelweise auftretendem Fehler (bursty channel) – das Verhalten ist charakterisiert durch Zeitabschnitte mit relativ hoher Symbolfehlerrate, die von

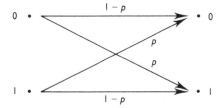

Abb. 1.3   Binärer, symmetrischer Kanal

Zeitabschnitten getrennt sind, in denen die Symbolfehlerrate relativ gering oder
Null ist.

● Kanal mit gemischten Fehlern, realer Kanal (compound channel) – die Fehler
  setzen sich aus Fehlerbündeln und zufällig auftretenden Fehlern zusammen. In
  der Praxis zeigt jeder Kanal diese Charakteristik in einem gewissen Maße.

Demodulation

Es ist Aufgabe des Demodulators, die Werte der übertragenen Symbole zu erkennen und diese Werte dem nachfolgenden Systemteil zu übergeben. In vielen Fällen
ist es für den Demodulator einfach, den Wert des übertragenen Symbols zu
bestimmen, manchmal ist es jedoch schwierig. Sollen Fehler korrigiert werden, so
ist es prinzipiell besser, der Demodulator gibt die Sicherheit, mit der er seine
Entscheidung getroffen hat, an den Decodierer weiter. Dadurch wird dieser bei
seiner Suche nach möglichen Übertragungsfehlern unterstützt. Dieses Verfahren
nennt man Soft-Decision-Demodulation; die Anwendung ist allerdings nur sinnvoll, wenn der nachfolgende Decodierer in der Lage ist, diese zusätzliche Information auszuwerten und zu verarbeiten. Aus diesem Grund gibt der Demodulator
meist nur den Wert der erkannten Symbole ohne die Wahrscheinlichkeit ihrer
Korrektheit weiter (Hard-Decision). Dies gilt insbesondere bei Block-Codes.

Decodierung

Die Aufgabe des Decodieres ist es, aus den empfangenen Symbolen die ursprüngliche Information abzuleiten. Dies ist möglich, da nur bestimmte Folgen von
Symbolen, genannt Codewörter, erlaubt sind und ein Übertragungsfehler mit
großer Wahrscheinlichkeit zum Empfang einer Folge führt, die kein Codewort
darstellt. Das beste Decodierungsverfahren für einen gedächtnislosen Kanal ist, die
empfangene Symbolfolge mit allen möglichen Codewörtern zu vergleichen und
unter Miteinbeziehung der Zuverlässigkeit der empfangenen Symbole das Codewort auszuwählen, welches der empfangenen Folge am ähnlichsten ist. Das Maß
des Unterschieds zwischen Folgen nennt man Distanz, das Verfahren nennt man

Decodierung auf minimale Distanz (minimum distance decoding). Das tatsächliche Verfahren ist jedoch häufig nicht ein echtes Decodieren auf minimale Distanz, da der Vergleich mit allen Codewörtern in der Regel zu aufwendig sein kann.

Unabhängig vom verwendeten Code und dem Decodierungsverfahren existieren viele Merkmale, die Codierungssystemen eigen sind. Das erste gemeinsame Merkmal ist, daß sie so ausgelegt sind, daß sie die mit der größten Wahrscheinlichkeit auftretenden Fehler korrigieren können. Dabei ist es möglich, daß Fehler, die relativ unwahrscheinlich sind, nicht erkannt und damit auch nicht korrigiert werden. Ein weiteres Hauptmerkmal der Fehlerkorrektur ist, daß der Decodierer mehrere Fehler macht, wenn er den Fehler in der empfangenen Symbolfolge nicht korrekt erkennt und damit unter Umständen die Information noch stärker verfälscht. Ein Beispiel in Abschnitt 1.5 erläutert diesen Aspekt.

1.3.   Distanz zwischen Codewörtern

Wie oben ausgeführt wurde, ist das Prinzip der Decodierung das Suchen des kleinsten Unterschieds bzw. der geringsten Distanz zwischen der empfangenen Folge und einem Codewort. Es ist lehrreich zu erkennen, warum das so ist, und wie man ein Maß für die Distanz bei Hard-Decision und Soft-Decision-Decodierung wählt. Das gewählte Maß wird das *Decodierungsmaß* genannt.

Angenommen es würde die Symbolfolge $\mathbf{r}$ empfangen und man will diejenige Folge $\mathbf{v}$ ermitteln, die am wahrscheinlichsten gesendet wurde. Man sucht folglich nach dem Maximalwert von $p(\mathbf{v}|\mathbf{r})$, welcher aussagt, mit welcher Wahrscheinlichkeit die Folge $\mathbf{r}$ bei Übertragung der Sequenz $\mathbf{v}$ empfangen wird. Es gilt:

$$p(\mathbf{v}|\mathbf{r}) = \frac{p(\mathbf{v},\mathbf{r})}{p(\mathbf{r})} = \frac{p(\mathbf{r}|\mathbf{v})\,p(\mathbf{v})}{p(\mathbf{r})} \tag{1.1}$$

wobei $p(\mathbf{v},\mathbf{r})$ die Wahrscheinlichkeit ist, mit der die Folge $\mathbf{v}$ übertragen *und* die Folge $\mathbf{r}$ empfangen wurde. Sind alle übertragenen Folgen gleich wahrscheinlich, so ist dies gleichbedeutend mit der Suche nach der übertragenen Folge, die bei der empfangenen am wahrscheinlichsten scheint.

Enthält die empfangene Folge n Symbole und sind die Fehler der einzelnen Symbole unabhängig, so ergibt sich:

$$p(\mathbf{r}|\mathbf{v}) = \prod_{i=1}^{n} p(r_i|v_i)$$

$$\log p(\mathbf{r}|\mathbf{v}) = \sum_{i=1}^{n} \log p(r_i|v_i) \tag{1.2}$$

Diese logarithmische Wahrscheinlichkeit ist negativ und erreicht folglich immer dann ein Maximum, wenn die Größe der Summe auf der rechten Seite minimal wird.

Als Maß dafür, daß ein übertragenes Symbol i als ein Symbol j empfangen wird, soll folgende Definition gelten:

$$m_{ij} = -A - B \, \log p(j|i) \tag{1.3}$$

Die Konstanten A und B beeinflussen das Verhältnis der Maße zweier unterschiedlicher Pfade derselben Länge nicht und können deshalb auf einen geeigneten Wert gesetzt werden. Sie werden deshalb so gewählt, daß $m_{ij} = 0$, wenn das empfangene Symbol dem übertragenen entspricht und m_{ij} einen geeigneten Bereich überstreicht, wenn andere Werte empfangen werden. Bei einem nicht-binären, symmetrischen Kanal könnten die Konstanten z. B. so gewählt werden, daß sich 0 für $i = j$ und j in allen anderen Fällen ergibt. Berechnet man dieses Maß für alle übertragbaren Folgen, dann tritt das Minimum höchstwahrscheinlich bei dem Codewort auf, das tatsächlich übertragen wurde.

Aus der obigen Analyse läßt sich die Folgerung ableiten, daß die Methode der Minimierung der Distanzen das optimale Verfahren ist, wenn die Fehler der einzelnen Symbole unabhängig voneinander sind (gedächtnisloser Kanal). Verwendet man Hard-Decision-Decodierung, kann man das Maß der Decodierung erhalten, indem man die Stellen aufsummiert, an denen sich die empfangenen Symbolfolgen von den möglichen Codewörtern unterscheiden. Das Verfahren der Decodierung auf minimale Distanz entspricht nun der Suche des kleinsten Unterschieds zwischen einem Codewort und der empfangenen Symbolfolge. Das Verfahren bei Soft-Decision-Decodierung beschreibt der nächste Abschnitt.

1.4   Distanz auf einem Gauß'schen Kanal bei Soft-Decision Decodierung

Erweitert man die vorangegangenen Betrachtungen, so daß sie auch Soft-Decision einschließen, muß man im Prinzip die Wahrscheinlichkeit kennen, mit der ein übertragenes Symbol beim Empfang verfälscht ist. Diese Wahrscheinlichkeit und folglich auch die optimale Bewertung, wird je nach Signal-Rausch-Abstand (S/N ratio) am Empfänger variieren. Trotzdem ist mit Hilfe eines festgelegten Schemas in den meisten Anwendungsgebieten oft ein angemessener Kompromiß erzielbar. Angenommen man überträgt binär über einen symmetrischen Kanal und empfängt im rauschfreien Zustand Signalpegel von $-\sqrt{E_s}$ bei 0 und $\sqrt{E_s}$ bei 1 (E_s sei die empfangene Energie je Symbol). Bei einer Gauß'schen Rauschverteilung mit Durchschnitt 0 und Varianz $N_0/2$ (N_0 sei die einseitige spektrale Rauschleistung), ergäbe sich dann die Wahrscheinlichkeit eines Rauschwertes zwischen x und $x + \mathrm{d}_x$ wie folgt:

$$p(x) \, \mathrm{d}x = (\pi N_0)^{-\frac{1}{2}} \, \mathrm{e}^{-(x^2/N_0)} \, \mathrm{d}x \tag{1.4}$$

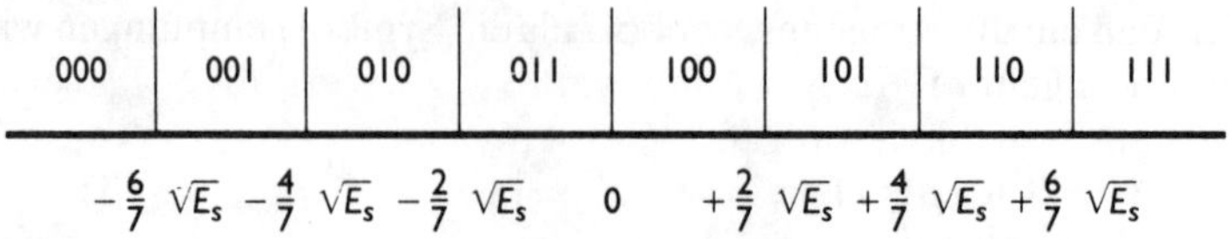

000	001	010	011	100	101	110	111

$$-\frac{6}{7}\sqrt{E_s} \quad -\frac{4}{7}\sqrt{E_s} \quad -\frac{2}{7}\sqrt{E_s} \quad 0 \quad +\frac{2}{7}\sqrt{E_s} \quad +\frac{4}{7}\sqrt{E_s} \quad +\frac{6}{7}\sqrt{E_s}$$

Abb. 1.4   Soft-Decision Erkennungsstufen

Gewöhnlicherweise hat man bei einem rauschbehafteten System keinen Zugriff zum analogen Signal, aber man kann die Ausgangswerte in bestimmte Stufen einteilen. In der Praxis hat sich eine Zahl von 8 Stufen als geeignet herausgestellt. Man kann deshalb, wie in Abbildung 1.4 gezeigt, die Schwellen für die am Ausgang erkannte Signalstärke auf Intervalle von $2\sqrt{E_s}/7$, festlegen. Der Demodulator gibt dort einen 3-bit-Wert an den Decodierer, der von 000 (hohe Wahrscheinlichkeit des Empfangs des Wertes 0) bis zu 111 (hohe Wahrscheinlichkeit des Empfangs des Wertes 1) reicht. Der Demodulator wählt den Wert in Abhängigkeit von der Stufe, in die das erkannte Signal eingeordnet ist. Es stellt sich die Frage, welche Bewertung der Codewortdistanz beigefügt werden soll, wenn eine dieser 3-bit-Werte mit einem Wert 0 oder 1 einer Codefolge verglichen wird. Man könnte zu dem Schluß kommen, daß den empfangenen Werten 000, 001, 010, 011, 100, 101, 110 und 111 die Distanzen 0, 1, 2, 3, 4, 5, 6 und 7 vom Codesymbol 0 zugeordnet werden sollten. Dies ist zwar nicht exakt richtig, jedoch für die Anwendung meist von ausreichender Genauigkeit.

Wenn l_j und l_{j+1} die niederwertigen Stufen für den Ausgang j und $j+1$ sind, so ergibt sich:

$$p(j|0) = (\pi N_0)^{-\frac{1}{2}} \int_{l_j}^{l_{j+1}} e^{-(x+\sqrt{E_s})^2/N_0} \, dx \tag{1.5}$$

was folgende Werte für die achtstufige Quantifizierung ergibt:

$$p(0|0) = 1.0 - 0.5 \, \mathrm{erfc}\left(\frac{1}{7}\sqrt{E_s/N_0}\right)$$

$$p(j|0) = 0.5\left[\mathrm{erfc}\left(\frac{2j-1}{7}\sqrt{E_s/N_0}\right) - \mathrm{erfc}\left(\frac{2j+1}{7}\sqrt{E_s/N_0}\right)\right],$$

$$j = 1 - 6$$

$$p(7|0) = 0.5 \, \mathrm{erfc}\left(\frac{13}{7}\sqrt{E_s/N_0}\right)$$

wobei

$$\mathrm{erfc}(x) = \frac{2}{\sqrt{\pi}}\int_x^\infty e^{-t^2} \, dt$$

die *ergänzte Fehlerfunktion* ist.

Aus Symmetriegründen ergibt sich demnach:

$$p(7-j|1) = p(j|0)$$

Die Wahl der geeigneten Werte ist nicht einfach, die Vorgehensweise wurde jedoch bereits von Clark und Cain (1981) beschrieben. Bei E_s/N_0 von 0 dB ist die von ihnen vorgeschlagene günstigste Skalierung 0, 1, 2, 3, 4, 5, 6 und 8,67. Dies unterscheidet sich nur wenig von der oben angenommenen linearen Skalierung. Der Grund hierfür liegt in der Tatsache, daß der Empfang einer 0 als 111 (oder einer 1 als 000) bei dieser Skalierung etwas unwahrscheinlicher ist als bei der linearen. Trotzdem arbeitet die lineare Einteilung in den meisten Anwendungsfällen problemlos. Sollte aus irgendeinem Grund die lineare Skalierung der Demodulatorschwellen eine nicht-lineare Aufteilung verursachen, so könnte es einfacher sein, die Schwellwerte neu festzulegen, als den Aufwand der Rechenvorgänge des Decodierers zu steigern.

1.5   Beispiel einer Blockcodierung

→ Info Bits + benedruckte Bits
(auch: systematisch!)

Um einige Effekte der Codierung zur Fehlerüberwachung zu verdeutlichen, wird in der Tabelle 1.1 ein binärer Block-Code eingeführt. Die Codierung wird durch einfaches Ablesen des der Information zugeordneten Codewortes vorgenommen. Nach Verfälschung des gewonnenen Codewortes sucht man das Codewort, welches die geringste Distanz zu dem verfälschten aufweist. Dieser Vorgang simuliert die Demodulation. Im Falle der Hard-Decision-Decodierung wird einfach die Hamming-Distanz ermittelt, d. h. die Zahl der sich unterscheidenden Bits festgestellt.

Tabelle 1.1   Beispiel eines
Block-Codes

Information	Code
0 0 0 0	0 0 0 0 0 0 0
1 0 0 0	1 0 0 0 1 1 0
0 1 0 0	0 1 0 0 1 0 1
1 1 0 0	1 1 0 0 0 1 1
0 0 1 0	0 0 1 0 0 1 1
1 0 1 0	1 0 1 0 1 0 1
0 1 1 0	0 1 1 0 1 1 0
1 1 1 0	1 1 1 0 0 0 0
0 0 0 1	0 0 0 1 1 1 1
1 0 0 1	1 0 0 1 0 0 1
0 1 0 1	0 1 0 1 0 1 0
1 1 0 1	1 1 0 1 1 0 0
0 0 1 1	0 0 1 1 1 0 0
1 0 1 1	1 0 1 1 0 1 0
0 1 1 1	0 1 1 1 0 0 1
1 1 1 1	1 1 1 1 1 1 1

Angenommen man möchte die Information 1100 übertragen. Nach Tabelle 1.1 lautet das zugehörige Codewort 1100011. Das Codewort besteht aus der Information, gefolgt von einigen weiteren Bits (011), welche aus der Information selbst berechnet wurden. Der Rechengang hierzu wird in Kapitel 2 beschrieben. Dieser Codeaufbau, Informationsbits gefolgt von einigen berechneten Bits, ist üblich bei Block-Codes. Man nennt den Code dann *systematisch*.

Angenommen man empfängt nun ein um ein einzelnes Bit verfälschtes Codewort, z. B. 1000011, und vergleicht dies mit den Codewörtern der Tabelle 1.1, so wird man feststellen, daß lediglich ein Codewort nur um 1 Bit verschieden ist. Es handelt sich dabei um das ursprünglich übertragene Codewort 1100011. Der Empfang der ursprünglichen Information 1100 ist somit nach der Decodierung vollbracht.

Im angeführten Beispiel trat der Bitfehler in einem der Informationsbits auf. Es bleibt zu prüfen, was geschieht, wenn eines der berechneten Bits verfälscht wird. Angenommen das Ausgangswort ist wieder 1100011 und empfangen wird 1100111. Die Wiederholung obiger Vorgehensweise ergibt die in Tabelle 1.3 dargestellten Ergebnisse. Wieder hat nur das ursprüngliche Codewort die geringste Distanz.

Weitere Beispiele zeigen, daß alle einzelne Bitfehler aufgefangen und die ursprüngliche Information eindeutig zurückgewonnen werden kann.

Um herauszufinden, was bei Auftreten zweier Bitfehler geschehen würde, wird das Ausgangswort 1100011 in 1101001 verfälscht (siehe Tabelle 1.4). In diesem Fall ergibt sich ein falsches Codewort, und man decodiert die Information 1101. Der Decodierer hat also ein um drei Stellen von der ursprünglichen Information verschiedenes Codewort ausgewählt und damit sogar einen Bitfehler zu den zwei im

Tabelle 1.2   Beispiel einer Einzelfehlerkorrektur

Empfangsfolge	Codewort	Distanz
1 0 0 0 0 1 1	0 0 0 0 0 0 0	3
1 0 0 0 0 1 1	1 0 0 0 1 1 0	2
1 0 0 0 0 1 1	0 1 0 0 1 0 1	4
1 0 0 0 0 1 1	1 1 0 0 0 1 1	1
1 0 0 0 0 1 1	0 0 1 0 0 1 1	2
1 0 0 0 0 1 1	1 0 1 0 1 0 1	3
1 0 0 0 0 1 1	0 1 1 0 1 1 0	5
1 0 0 0 0 1 1	1 1 1 0 0 0 0	4
1 0 0 0 0 1 1	0 0 0 1 1 1 1	3
1 0 0 0 0 1 1	1 0 0 1 0 0 1	2
1 0 0 0 0 1 1	0 1 0 1 0 1 0	4
1 0 0 0 0 1 1	1 1 0 1 1 0 0	5
1 0 0 0 0 1 1	0 0 1 1 1 0 0	6
1 0 0 0 0 1 1	1 0 1 1 0 1 0	3
1 0 0 0 0 1 1	0 1 1 1 0 0 1	5
1 0 0 0 0 1 1	1 1 1 1 1 1 1	4

Tabelle 1.3   Zweites Beispiel einer
Einzelfehlerkorrektur

Empfangsfolge	Codewort	Distanz
1 1 0 0 1 1 1	0 0 0 0 0 0 0	5
1 1 0 0 1 1 1	1 0 0 0 1 1 0	2
1 1 0 0 1 1 1	0 1 0 0 1 0 1	2
1 1 0 0 1 1 1	1 1 0 0 0 1 1	1
1 1 0 0 1 1 1	0 0 1 0 0 1 1	4
1 1 0 0 1 1 1	1 0 1 0 1 0 1	3
1 1 0 0 1 1 1	0 1 1 0 1 1 0	3
1 1 0 0 1 1 1	1 1 1 0 0 0 0	4
1 1 0 0 1 1 1	0 0 0 1 1 1 1	3
1 1 0 0 1 1 1	1 0 0 1 0 0 1	4
1 1 0 0 1 1 1	0 1 0 1 0 1 0	4
1 1 0 0 1 1 1	1 1 0 1 1 0 0	3
1 1 0 0 1 1 1	0 0 1 1 1 0 0	6
1 1 0 0 1 1 1	1 0 1 1 0 1 0	5
1 1 0 0 1 1 1	0 1 1 1 0 0 1	5
1 1 0 0 1 1 1	1 1 1 1 1 1 1	2

Tabelle 1.4   Beispiel des Versuchs einer
Doppelfehlerkorrektur

Empfangsfolge	Codewort	Distanz
1 1 0 1 0 0 1	0 0 0 0 0 0 0	4
1 1 0 1 0 0 1	1 0 0 0 1 1 0	5
1 1 0 1 0 0 1	0 1 0 0 1 0 1	3
1 1 0 1 0 0 1	1 1 0 0 0 1 1	2
1 1 0 1 0 0 1	0 0 1 0 0 1 1	5
1 1 0 1 0 0 1	1 0 1 0 1 0 1	4
1 1 0 1 0 0 1	0 1 1 0 1 1 0	6
1 1 0 1 0 0 1	1 1 1 0 0 0 0	3
1 1 0 1 0 0 1	0 0 0 1 1 1 1	4
1 1 0 1 0 0 1	1 0 0 1 0 0 1	1
1 1 0 1 0 0 1	0 1 0 1 0 1 0	3
1 1 0 1 0 0 1	1 1 0 1 1 0 0	2
1 1 0 1 0 0 1	0 0 1 1 1 0 0	5
1 1 0 1 0 0 1	1 0 1 1 0 1 0	4
1 1 0 1 0 0 1	0 1 1 1 0 0 1	2
1 1 0 1 0 0 1	1 1 1 1 1 1 1	3

Übertragungskanal entstandenen hinzugefügt. Zwei dieser Fehler schlagen sich auch in der decodierten Information nieder, was jedoch reiner Zufall ist; es hätten auch nur einer oder auch alle drei der Fehler in der decodierten Information auftreten können.

Durch weitere Beispiele kann sehr schnell deutlich gemacht werden, daß dieser Code zwar einzelne Fehler definitiv korrigieren kann, bei Zwei- oder Mehrbit-Fehlern jedoch unweigerlich fehlerhaft ist. Es wird in Kürze deutlich werden, daß die garantierte Fehlerkorrektur aufgrund der Eigenschaften eines Codes leicht vorhergesagt werden kann. Die konstant falsche Wahl bei Mehrbit-Fehlern ist jedoch etwas ungewöhnlich. Die meisten Codes haben Fälle, in denen eine empfangene Folge die gleiche Distanz zu zwei oder mehreren Codewörtern aufweist. In diesem Fall kann keine Entscheidung getroffen werden. Normalerweise wird der Fehler dann angezeigt, es werden jedoch keine Korrekturschritte unternommen. Als Beispiel ist in Tabelle 1.5 ein einfacher Code angeführt, der in der Lage ist, einzelne Bitfehler zu korrigieren. Bei Verfälschung zweier Bits, z. B. 01011 wird verfälscht zu 00001, kommt der Decodierer teilweise zu falschen Ergebnissen. Bei Auftreten zweier Bitfehler kann der Decodierer jedoch kein Codewort ableiten, da die Distanz zu mehr als einem Codewort gleich ist (z. B. 01011 wird verfälscht zu 10011).

Tabelle 1.5

Information	Code
0 0	0 0 0 0 0
0 1	0 1 0 1 1
1 0	1 0 1 0 1
1 1	1 1 1 1 0

1.6   Zufallsfehlererkennung und Korrekturfähigkeit von Block-Codes

Analysiert man die Korrekturergebnisse des Block-Codes im vorangegangenen Kapitel, so kommt man zum Ergebnis, daß mindestens drei Bits verändert werden müssen, um zu einem anderen Codewort zu gelangen. Diese Mindestdistanz zwischen zwei Codewörtern ist wichtig, um die Eigenschaften eines Codes zu bestimmen. Sie wird *minimale Distanz, d_{min},* genannt. Bei Veränderung nur eines Bits in einem Codewort müßten mindestens zwei weitere verändert werden, um zu einem anderen Codewort zu gelangen, d. h. einzelne Bitfehler können korrigiert werden. Andererseits wäre ein um zwei oder mehrere Bits verfälschtes Codewort wahrscheinlich (im obigen Code sogar sicher) näher an einem anderen Codewort als dem ursprünglichen. Man könnte nun lediglich darauf abzielen, Fehler zu erkennen, sobald eine empfangene Folge kein äquivalentes Codewort besitzt. In diesem Fall würde ein oder zwei Bitfehler definitiv erkannt, während drei oder mehr Fehler in einem anderen (falschen) Codewort resultieren könnten.

Im allgemeinen können Block-Codes entweder zur Fehlererkennung oder Fehler-korrektur allein verwendet werden oder aber für eine Kombination beider. Da kein unerkannter Fehler korrigiert werden kann, kommt man zur folgenden Formel für die Bestimmung der garantierten Fehlererkennung und -korrektur in Abhängigkeit von der minimalen Distanz d_{min}

$$d_{min} > s + t \tag{1.6}$$

wobei s die Zahl der erkannten Fehler darstellt und $t\ (\leq s)$ die Zahl der korrigierten. Ist die Summe aus s und t die maximal mögliche, so gilt:

$$d_{min} = s + t + 1$$

Folglich sind bei z. B. $d_{min} = 5$ folgende Möglichkeiten gegeben

$$s = 4 \qquad t = 0$$
$$s = 3 \qquad t = 1$$
$$s = 2 \qquad t = 2$$

Hat man z. B. ein System mit Einzelfehlerkorrektur und Erkennung von drei Fehlern, dann würde das Auftreten von vier Fehlern erkannt werden, es wäre jedoch wahrscheinlich, daß es der Decodierer als ein um ein Bit verfälschtes, anderes Codewort auffaßt.

Wenn der Code zur Korrektur einer Maximalzahl von Fehlern verwendet wird und die minimale Distanz ist eine ungerade Zahl, dann ergibt die Gleichsetzung $t = s$

$$d_{min} = 2t + 1 \tag{1.7}$$

1.7 Restfehlerraten bei Block-Codes

Die Verwendung von Codes zur Fehlerkorrektur hat keinen fehlerfreien Ausgang zur Folge, selbst wenn die Kanalfehlerrate bekannt ist. Der Entwurf eines beliebigen Codesystems muß von einer definierten akzeptablen Restbitfehlerrate ausgehen. Manche Daten, wie z. B. in der Sprach- oder Bildübertragung sind so redundant, daß selbst so hohe Fehlerraten wie 10^{-3} akzeptiert werden können, ohne daß die Verfälschung subjektiv erkennbar ist. Wenn andererseits ein Datenübertrag einer festgelegten Menge von Informationen stattfindet, in der jede Bitkombination einen Teil der Nachricht darstellt, so kann eine fehlerhafte Übertragung in einer völlig falschen Information auf der Empfangsseite resultieren. In diesem Fall würde dann wahrscheinlich die Nachrichtenfehlerrate spezifiziert, abhängig von den jeweiligen Folgen eines Fehlers. Die relativen Effekte der Codierung einer Nachricht im Bezug auf die übertragene Information und die Bitfehlerrate sollen im folgenden untersucht werden (siehe auch Kapitel 9).

Eine bekannte Kanalcharakteristik und einen gegebenen Code vorausgesetzt, wird es immer möglich sein, eine Schätzung der Restbitfehlerrate zu vollziehen. Auch eine Simulation des Übertragungskanals und des Codierens/Decodierens könnte nötigenfalls gute Ergebnisse liefern. In vielen Fällen ist es jedoch möglich, eine gute Näherung durch eine Berechnung zu ermitteln. Der folgende Abschnitt soll zeigen, wie eine solche Rechnung vollzogen wird. Es handelt sich dabei um einen durch Zufallsfehler verfälschten Block-Code, der über einen binären Übertragungskanal an einen Hard-Decision-Decodierer übermittelt wird. Dieser habe die im obigen Block-Codierungsbeispiel gezeigten Charakteristiken.

Man verwendet einen t-fehlerkorrigierenden Code, und der Decodierer sei einer Zufallsfehlerbitrate p ausgesetzt. Zur Ermittlung der Fehlerrate, bei der Decodierungsfehler auftreten, wird normalerweise von einer Fehlerrate ausgegangen, die höher als t ist. Dies war für das oben verwendete System korrekt. Es handelt sich hierbei jedoch um eine pessimistische Folgerung, da üblicherweise zumindest die Möglichkeit einer korrekten Decodierung besteht, selbst wenn die Fehlerrate über die garantierten Korrekturschwelle steigt.

Bei Verwendung eines binären Codes ist die Symbolfehlerrate p_s des Codes gleich der Kanalbitfehlerrate p. Im Gegensatz dazu ergibt sich für die Symbolfehlerrate p_s eines binären Kanals bei einem Code, der l Bits je übertragenem Symbol verwendet:

$$1 - p_s = (1 - p)_l$$

Anders ausgedrückt bedeutet dies, daß die Wahrscheinlichkeit eines korrekt übertragenen Symbols gleich der Wahrscheinlichkeit der korrekten Übertragung aller Bits ist. Ein Umstellen der Gleichung ergibt also:

$$p_s = 1 - (1 - p)^l \qquad (1.8)$$

Die Wahrscheinlichkeit $p(i)$ von i Symbolfehlern aus n Symbolen ergibt sich demnach zu:

$$P(i) = \begin{bmatrix} n \\ i \end{bmatrix} p_s{}^i (1 - p_s)^{n-i} \qquad (1.9)$$

wobei

$$\begin{bmatrix} n \\ i \end{bmatrix} = \frac{n!}{i!(n-i)!}$$

Die Wahrscheinlichkeit P_{de} eines Decodierungsfehlers beim Block-Code ist die Summe aller $P(i)$ für alle Werte von i, die größer sind als t.

$$P_{de} = \sum_{i=t+1}^{n} P(i) = 1 - \sum_{i=0}^{t} P(i) \qquad (1.10)$$

Tritt ein Decodierungsfehler auf, kann dies in der Bitfehlerrate oder in der Nachrichtenfehlerrate ausgedrückt werden. Die Nachrichtenfehlerrate P_{me} ist dabei leichter zu berechnen; wenn die Nachricht aus *m* Blöcken besteht, dann ist sie nur korrekt, wenn alle *m* Blöcke richtig sind.

$$1 - P_{me} = (1 - P_{de})^m$$
$$P_{me} = 1 - (1 - P_{de})^m \qquad (1.11)$$

Eine weitere Voraussetzung für die korrekte Berechnung der Restbitfehlerrate ist die Miteinbeziehung der zusätzlichen Restbitfehlerrate $n_e(i)$ in einem *n*-bit-Block. Im besten Fall gibt der Decodierer d_{min} Symbolfehler aus, was $d_m - i$ zusätzliche Fehler ergibt. Im schlimmsten Fall wird der Decodierer beim Versuch, *t* Fehler zu korrigieren, *t* weitere zu den bereits am Eingang vorhandenen hinzufügen.

$$d_{min} \leqslant n_e(i) \leqslant i + t \qquad (1.12)$$

In der Praxis gilt jedoch meist $i = t + 1$, und die Ober- und Untergrenze von $n_e(i)$ sind identisch. Nur eine sehr hohe Bitfehlerrate am Eingang würde eine leichte Diskrepanz zwischen Ober- und Untergrenze verursachen.
Hat man eine geeignete Größe für $n_e(i)$ gefunden, dann läßt sich die Restsymbolfehlerrate P_{se} wie folgt berechnen

$$P_{se} = \frac{1}{n} \sum_{i=t+1}^{n} n_e(i)P(i) \qquad (1.13)$$

Sollte es sich um einen Binärcode handeln, so ist dieser Wert äquivalent zur Restbitfehlerrate p_0.
Wenn der Code *l*-bit-Symbole verwendet, so ist die Restbitfehlerrate nicht so leicht zu bestimmen. Bei Überprüfung aller möglichen Symbolwerte ergibt sich, daß durchschnittlich 50% aller Bits falsch wären, eine Summe von 2^{l-1} Bitfehler. Ein Symbol davon würde keinen Fehler darstellen, so daß $2^l - 1$ Symbolfehlermuster verblieben, über die zu mitteln wäre. Hinzu kämen danach noch die Decodierungsfehler. Für die im Übertragungskanal entstandenen Symbolfehler ist die Bitfehlerrate p/p_s. Die gesamte Restbitfehlerrate unter Berücksichtigung der Decodierungsfehler wäre demnach:

$$p_0 = \frac{1}{n} \sum_{i=t+1}^{n} P(i) \left\{ \frac{ip}{p_s} + [n_e(i) - i] \frac{2^{l-1}}{2^l - 1} \right\} \qquad (1.14)$$

1.8 Codeleistungsfähigkeit und Codierungsgewinn

Es ist oftmals erwünscht, die Codeleistungsfähigkeit nicht in Verbesserung der Fehlerrate auszudrücken als vielmehr in einer Reduzierung des erforderlichen Signal-Rausch-Abstandes bei gleichbleibender (vorgegebener) Bitfehlerrate. Sollen Codes miteinander verglichen werden, so führt dies zu Problemen. Will man z. B. einen Code der Rate 1/2 verwenden, so muß bei unveränderter Übertragungsrate die Datenrate halbiert werden. Ist eine solche Begrenzung akzeptabel, können auch andere Methoden der Verbesserung des Signal-Rausch Abstandes vorgenommen werden. So ergibt eine Reduzierung der Übertragungsrate und eine Verringerung der Bandbreite schon einen Gewinn von 3 dB; ein Code muß deshalb schon etwas mehr leisten, um sich auszuzahlen.

Die Lösung dieses Konfliktes liegt in der Bewertung des Fehlerverhaltens einer Verbindung in E_b/N_0, dem Verhältnis zwischen Energie je Informationsbit und der spektralen Rauschleistungsdichte. So resultiert die Hinzufügung eines Codes in einem Anstieg von E_b/N_0, da die Zahl der Informationsbits nun kleiner ist als die Zahl der übertragenen Bits. Soll der Code zur Verbesserung einer Übertragung eingesetzt werden, muß er diesen Anstieg überwinden. Die Leistungskurve wird in drei Stufen gebildet.

Zuerst wird die Bitfehlerrate (BER) über E_b/N_0 für die verwendete Modulationsart aufgetragen. Der Wert von E_b/N_0 wird dabei meist in Dezibels angegeben, die Bitfehlerrate ist logarithmisch aufgetragen, üblicherweise über mehrere Dekaden (z. B. von 10^{-1} bis 10^{-6}). Die Kurve kann entweder eine theoretische (ideale) Betrachtung eines Gauß'schen Kanals darstellen oder aber eine tatsächlich gemessene Leistungsfähigkeit. So ergäbe sich z. B. die Bitfehlerrate bei Verwendung von Phasenumtastung (PSK) auf einem AWGN-Kanal (Kanal mit weißem Rauschen) wie folgt:

$$P_e = \frac{1}{2}\ \text{erfc}\ \left(\frac{E_b}{N_0}\right)^{\frac{1}{2}} \tag{1.15}$$

Für große E_b/N_0 ergibt sich dies zu:

$$Pe = \frac{e^{-(E_b/N_0)}}{2\left(\pi\dfrac{E_b}{N_0}\right)^{\frac{1}{2}}}$$

so daß die Bitfehlerrate näherungsweise exponentiell mit E_b/N_0 abnimmt. Diese exponentielle Abhängigkeit kann auch bei anderen Modulationsarten gefunden werden.

Die zweite Stufe besteht in der Hinzufügung der Codierung ohne Berücksichtigung der Veränderung der Bitfehlerrate. Bei einer festgelegten Anzahl von übertragenen Bits muß folglich die Zahl der Informationsbits reduziert sein, was den Wert E_b/N_0 um 10 log($1/R$) dB erhöht. Man kann also eine zweite Kurve auftragen und zwar rechts von der Kurve, die die uncodierte Übertragung ohne Fehlerkorrektur repräsentiert. Dies bedeutet, daß die Bitfehlerrate den Demodulatorausgang zum codierten Kanal darstellt.

Die dritte Stufe besteht in der Berücksichtigung der veränderten Bitfehlerrate bei codierter Übertragung. Man berechnet oder simuliert die Codierung an einigen Punkten der zweiten Kurve, um die Quantität der Veränderung der Bitfehlerrate zu erfassen. Dies resultiert in der endgültigen Kurve der Übertragungsleistung.

Befindet sich diese letzte, dritte Kurve links von der ersten, so liegt ein Codierungsgewinn vor. Man sollte bei der Verwendung von fertigen Tabellen des Codierungsgewinns vorsichtig sein; manche Autoren legen nicht den $10\log(1/R)$ dB-Ausgleich zugrunde, was den Gewinn scheinbar steigert.

Ebenso wichtig ist es zu beachten, daß der Demodulator in den meisten Fällen nicht in der Lage ist, Nutzen aus der durch die Codierung gewonnenen Redundanz zu ziehen. Er arbeitet folglich bei einem Wert E_b/N_0, der um $10\log(1/R)$ dB niedriger ist als der Wert, der die erforderliche Fehlerrate angibt. Ist die Bitfehlerkurve des uncodierten Kanals theoretisch, so wird sie die Reduktion des Signal-Rausch-Abstandes, der sich bei niedrigen E_b/N_0-Werten aus Synchronisationsproblemen ergibt, nicht berücksichtigen. Diese Synchronisationsprobleme enthalten Probleme mit der Träger- und Taktrückgewinnung und in extremen Fällen Bitverschiebungen, die bei Rahmungsfehlern der Symbole entstehen, welche am Decodierereingang anliegen. Folglich können Synchronisationsprobleme eine niedrigere Grenze des zu verwendenden Wertes von E_b/N_0 vortäuschen, und sogar diese Grenze könnte immer noch höher sein als die schließlich realisierte. Dies gilt insbesondere bei Codes niedriger Rate. Wenn der Demodulator z. B. mit $E_b/N_0 \geq 1$ dB spezifiziert ist und es würde ein Code der Rate 1/2 verwendet, dann müßte der codierte Übertragungskanal mit $E_b/N_0 \geq 4$ dB arbeiten.

Ein Beispiel der Leistungskurve eines Block-Codes mit einer Rate von ungefähr 3/4 ist in Abbildung 1.5 zu sehen. Es handelt sich um einen (255,191) Code, der aus der Gruppe der BCH-Codes stammt und bis zu acht Fehlern je Block erkennen und korrigieren kann. Die Kurve wurde mit Hilfe von Berechnungen simuliert, die denen des Kapitels 1.5 entsprechen. Verglichen mit uncodierten, binären PSK leistet der Code Gewinne von ca. 2,5 dB bei 10^{-3} BER und 3,5 dB bei 10^{-5} BER.

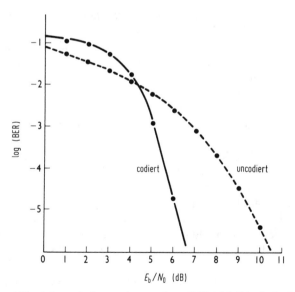

Abb. 1.5   Leistungskurve eines (255,191) Block-Codes

1.9   Generelle Überlegungen zum Codierungsgewinn

Bei Betrachtung der Leistungskurven verschiedener Codes lassen sich einige Gemeinsamkeiten feststellen. Zuerst fällt auf, daß es sicherlich möglich ist, daß sich Codes verschlechternd auswirken und sogar Verlust der Information beobachtet werden kann. Dies geschieht in aller Regel bei relativ hohen Bitfehlerraten, wobei der Graph des uncodierten den des codierten Signals bei einer Bitfehlerrate von ca. 10^{-1} bis 10^{-2} schneidet.

Definiert man die Distanz zwischen den sich am naheliegendsten Codewörtern als d (konvolutionelle Codes benützen die sogenannte freie Distanz, d_{free}, was dem d_{min} der Block-Codes entspricht), so beginnt der Gewinn bei niedrigen Bitfehlerraten bei Soft-Decision-Decodierung bei ca. $10\log(Rd)$ dB. Bei Hard-Decision-Decodierung liegt dieser Wert bei ca. $10\log[R(d + 1)/2]$. Diese Werte werden asymptotischer Codierungsgewinn genannt. Der maximale Codierungsgewinn ist demnach theoretisch bei der Soft-Decision fast um drei dB höher als bei der Hard-Decision, in der Praxis können jedoch kaum Verbesserungen über 2,0 dB erreicht werden.

Es sollte beachtet werden, daß, wie in Abbildung 1.5 zu erkennen, der Codierungsgewinn eine Funktion der Bitfehlerrate ist, und einige der aufwendigeren Block-Codes benötigen extrem niedrige Bitfehlerraten, um diese asymptotische Form zu erreichen. Tatsächlich sollte der Beispielcode einen asymptotischen Codierungsgewinn von 9,5 dB haben, und es ist nach Abbildung 1.5 offensichtlich, daß sogar bei Bitfehlerraten unterhalb 10^{-5} der Codierungsgewinn immer noch zunimmt, wenn die Bitfehlerrate abnimmt.

Betrachtet man bestimmte Codes, so wird deutlich, daß längere Codes generell besser sind als kurze, weil das Rauschen über einen längeren Zeitraum gemittelt wird.Es entstehen jedoch Probleme beim Entwickeln von effizienten, längeren Codes, wie im nächsten Abschnitt aufgezeigt werden soll. Erhöhte Redundanz und Codes niedriger Rate sind nicht notwendigerweise gut. Als Beispiel habe ein (63,57) Code mit d = 3 einen asymptotischen Gewinn von 2,6 dB (Hard-Decision) oder 4,3 dB (Soft-Decision). Der dazu korrespondierende (63,36) Code mit d = 11 weist dagegen einen erheblich stärkeren Gewinn auf; 5,3 dB oder 8,0 dB. Um die Distanz auf 15 zu erhöhen, benötigen wir einen (63,24) Code, der asymptotische Codierungsgewinne von 4,8 dB (Hard-Decision) und 7,6 dB (Soft-Decision) leistet. Die die Codierungsgewinne maximierende Rate hängt vom Codetyp ab (konvolutionelle Codes können niedrigere Raten erreichen als Block-Codes), und ob die Demodulation kohärente Erkennung einschließt (kohärente Demodulation ergibt einen höheren Codierungsgewinn und bessere Ergebnisse bei niederratigen Codes). Diese Überlegungen in Verbindung mit den oben genannten Synchronisationsproblemen begründen die Tatsache, daß man selten auf Codes mit einer Rate unter 0,5 trifft.

Es möge hier noch von Nutzen sein, einige Gründe aufzuzeigen, warum der Codierungsgewinn, so wie er üblicherweise definiert ist, nicht unbedingt eine geeignete Größe sein muß, um die Vorteile der Codierung aufzuzeigen. Die Bitfehlerrate ist sehr schwer mit der durch den Benutzer erfahrenen Servicequalität in Relation zu bringen. In vielen Fällen sind verschiedene Bits unterschiedlich bedeutsam für die übertragene Information. Bitfehlerraten müssen jedoch auf der Vermutung basieren, daß alle Bits mit gleicher Wahrscheinlichkeit verfälscht werden können. Wichtiger noch: In aller Regel ist die Nachrichtenfehlerrate relevant, wobei es für den Empfänger gleichgültig ist, ob ein oder mehrere Bits einer Nachricht Fehler enthalten. Die Codierung hat hier einen weiteren Vorteil. Bei einer gegebenen Bitfehlerrate tendiert der codierte Übertragungskanal dazu, weniger Nachrichtenfehler zu produzieren als der uncodierte, weil jede einzelne Nachricht eine höhere Anzahl von Bitfehlern beinhaltet. Werden z. B. 100 Nachrichten gesendet, könnte ein uncodierter Kanal in 10 Nachrichtenfehlern resultieren, wobei je Nachricht ein Bit einen Fehler enthält. Ein codierter Kanal würde vielleicht nur einen Nachrichtenfehler produzieren, wobei alle zehn Bitfehler in dieser Nachricht enthalten wären. Die Bitfehlerrate wäre also dieselbe, während die Nachrichtenfehlerrate beim codierten Kanal deutlich höher läge.

Veröffentlichte Graphen beziehen sich fast ausschließlich auf den AWGN-Kanal. Dies hat seine Ursache darin, daß sich Kanäle mit bündelartigen Fehlerstrukturen nicht einfach in ein theoretisches Modell einordnen lassen. Prinzipiell können auf diesen Kanälen höhere Gewinne erzielt werden, auch wenn man der Demodulatorleistungsfähigkeit dann etwas skeptisch gegenüberstehen sollte. Die Kanäle mit bündelartiger Fehlerstruktur können eine niedrigere Bitfehlerrate aufweisen, die jedoch unabhängig vom Wert E_b/N_0 nicht ohne Codierung verbessert werden kann. Wenn es die Codierung ermöglicht, niedrigere Fehlerraten zu erreichen, dann ist der Codierungsgewinn unendlich!

1.10   Informationstheorie

Nachdem die Vorteile der Codierung in der heutigen Praxis aufgezeigt wurden, soll nun ein Vergleich mit den aus Shannons Arbeit an der Informationstheorie gewonnenen Ergebnisse vorgenommen werden. Es wird sich zeigen, daß die codierten Systeme immer noch ein weites Stück zur Vervollkommnung zu bewältigen haben. Es ist immer noch nicht möglich, die theoretisch berechneten Werte in die Praxis umzusetzen.

Der Ausgangspunkt einer Berechnung von Informationsübertragungsraten ist notwendigerweise die Definition der Information selbst. Voraussetzung für die korrekte Übertragung einer Nachricht bei einer Übertragungswahrscheinlichkeit p ist nach Shannon die Übertragung von $-\log_2(p)$ (log dualis) Informationsbits. Wenn folglich eine Nachricht aus n Übertragungsbits besteht und alle Kombinationen sind gleich wahrscheinlich, so sind, soll die Nachricht korrekt empfangen werden, *n* Informationsbits zu übertragen. Die Benutzung des Wortes *Bit* als Maß der Information mag etwas verwirrend erscheinen, durch die Verwendung der Begriffe *Informationsbits* und *Übertragungsbits* sollte der Unterschied jedoch verdeutlicht sein. Die Hinzufügung von Redundanz durch Codierung resultiert unmittelbar in einer Diskrepanz zwischen Informations- und Übertragungsbits, ebenso jegliche

Differenz in der Auftretwahrscheinlichkeit verschiedener Nachrichten. Im folgenden soll diese Differenz jedoch ausgeschlossen werden, so daß der Unterschied zwischen Informations- und Übertragungsbits einzig von der Hinzufügung von Redundanz verursacht werden kann. Die Annahme von gleichen Auftretwahrscheinlichkeiten aller Nachrichten ist zudem auch Basis des Konzepts der Decodierung auf minimale Distanz. Die Informationstheorie zeigt, daß bei der Verwendung eines Durchschnitts aller möglichen Codes der Länge n die Fehlerrate im Kanal durch die Wahrscheinlichkeit eines Nachrichtenfehlers charakterisiert wird:

$$P_{me} \leqslant e^{-nE(R_1)} \tag{1.16}$$

wobei E, das eine Funktion der Informationsrate ist, der Zufallsfehlerexponent (random coding error exponent) genannt wird, und R_1 die Datenübertragungsrate repräsentiert. Jeder beliebige Code hat seinen spezifischen Fehlerexponent, und je größer er ist, umso besser ist der Code. Die erreichbare Ober- und Untergrenze des Wertes von E ist jedoch berechenbar. Ist R_1, die Datenübertragungsrate, niedriger als die berechenbare Kanalkapazität, so ist ein positiver Fehlerexponent erreichbar. Ist dies der Fall, so ist eine niedrigere Fehlerwahrscheinlichkeit durch einfaches Verlängern des Codes zu erzielen.

Wie in Kapitel 1.9 gezeigt, haben die Codes einen asymptotisch verlaufenden Codierungsgewinn, und die Bitfehlerrate nimmt folglich exponential mit E_b/N_0 ab, wie auch im uncodierten Zustand. Demnach ist der Fehlerexponent propotional zu E_b/N_0. Die Schwierigkeit mit den bekannnten Codes liegt darin, den Fehlerexponent bei Verlängerung des Codes gleich zu halten. Alle bekannten einstufig erzeugten Codes können den Wert des Fehlerexponenten nur dann halten, wenn sie die Rate gegen Null reduzieren, indem sie die Codelänge gegen Unendlich verlängern. So geht man oft davon aus, daß das orthogonale Signalisieren die theoretische Kapazität eines AWGN-Kanals erreicht, wenn der Signalsatz gegen Unendlich wächst (Orthogonales Signalisieren kann durch FSK-Modulation oder durch Verwendung eines Block-Codes erzielt werden). Unglücklicherweise reduzieren sich Bandbreiteneffizienz und Coderate zur selben Zeit exponentiell. Dies kann durch den Gebrauch von Mehrfachcodierung, genannt Verkettung (concatenation), vermieden werden. Obwohl der Fehlerexponent dann immer noch unterhalb des theoretisch erreichbaren Wertes liegt, kann diese Differenz verschwinden, sobald man sich der Kanalkapazität annähert. Trotzdem bietet die Verkettung die größte praktikable Näherung an die Vorhersagen der Informationstheorie und ist somit wahrscheinlich eine Technik mit wachsender Bedeutung in der Zukunft. Sie wird in Kapitel 7 detaillierter behandelt.

Da sich die am weitest verbreiteten Leistungstabellen für Fehlerkorrekturcodes auf den AWGN-Kanal beziehen, wäre es interessant, die theoretische Kapazität eines solchen Kanals zu untersuchen. Die Kanalrate ist duch das Shannon-Hartley-Theorem gegeben.

$$C = B \log_2 \left(1 + \frac{S}{N}\right) \tag{1.17}$$

wobei S die Signalleistung und N die Rauschleistung innerhalb der Bandbreite B darstellt. Das Resultat ist etwa wie erwartet; die Kanalkapazität nimmt mit zunehmender Bandbreite und zunehmendem Signal-Rausch-Abstand zu. Interessant ist jedoch, daß die Kanalkapazität bei Abwesenheit jeglichen Rauschens nicht bandbegrenzt ist. Zwei beliebige, endliche Signale innerhalb der Systembandbreite zeigen zwangsläufig Differenzen, welche wieder innerhalb der Systembandbreite liegen und in Abwesenheit jeglichen Rauschens erkannt werden können. Unter Berücksichtigung der Tatsache, daß $\log_2(x) = \ln(x)/\ln(2)$ folgt

$$C = 1.44 B \ln \left(1 + \frac{S}{N} \right)$$

Mit $N = BN_0$ und $S = R_1 E_b$ (N_0 ist die einseitige spektrale Rauschleistungsdichte, R_1 die Datenübertragungsrate ($\leq C$) und E_b die Energie je Informationsbit) ergibt sich:

$$C = 1.44 B \ln \left(1 + \frac{R_1 E_b}{B N_0} \right)$$

Wenn nun die Bandbreite gegen Unendlich geht, so ist die Kanalkapazität gegeben durch:

$$C = 1.44 R_1 \frac{E_b}{N_0}$$

Für die Übertragung an der Kanalkapazität ($R_1 = C$)

$$\frac{E_b}{N_0} = 1/1.44 = -1.6\,\mathrm{dB} \tag{1.18}$$

Dies bedeutet, daß man in der Lage sein sollte, eine verläßliche Übertragung an der Kanalkapazität mit einem Wert E_b/N_0 von nur –1,6 dB herzustellen. Die Kanalkapazität ist jedoch proportional zur Informationsrate, d. h. ein Anstieg der Rate bei festem Wert von E_b/N_0 erhöht die Signalleistung und damit die Kanalkapazität. Folglich sollte man bei –1,6 dB bei jeder Rate eine verläßliche Kommunikation über einen AWGN-Kanal erreichen können.

Es muß betont werden, daß Shannon hauptsächlich bewiesen hat, daß zuverlässige Kommunikation mit Hilfe der Codierung bei dieser Rate möglich war. Wie jedoch schon oben erläutert, erreichen die bekannten einsetzbaren Codes diese theoretischen Leistungen nicht.

1.11 Literaturhinweise

Viele Bücher über digitale Kommunikationstechnik geben Auskunft über den Stellenwert der Codierung in Kommunikationssystemen. Es werden auch Modelle von Kanalrauschen und die Leistung verschiedener Modulationsarten in der Gegenwart von Rauschen behandelt. Besonders empfehlenswert sind Bhargava et al.

(1981), Proakis (1983), Haykin (1988) und Sklar (1988). Das Einführungskapitel von Michelson und Levesque (1985) behandelt dieses Stoffgebiet ebenfalls sehr gut. Die meisten Themen dieses Kapitels werden bei Clark und Cain (1981) ausführlicher behandelt. Sie gehen insbesondere genauer auf Leistungsberechnungen und Codemaße ein. Sie zeigen zudem den Einfluß verschiedener Einteilungen der Soft-Decision-Stufung auf den Fehlerexponent und damit den Codierungsgewinn. Die Informationstheorie deckt ein weites Gebiet ab und beinhaltet alle Aspekte der digitalen Repräsentation und Beförderung von Information. Mathematisch interessierte Leser finden bei Blahut (1987) eine angemessene Abhandlung. Die meisten der besonders relevanten Ergebnisse finden sich natürlich in den Publikationen früherer Autoren, wie z. B. Gallager (1968) und Shannon (1948, 1949).

1.12   Übungen

1*   Ein Kanal hat eine Bitfehlerrate von 10-2. Sind Fehler leichter oder schwerer zu überwachen, wenn sie eher gebündelt als zufällig über die Nachricht verteilt auftreten?

2   Welcher Teil eines Vorwärts-Fehlerkorrektur-Systems ist kostenaufwendiger einzuschätzen – Codierer oder Decodierer? Würde dies bei Verwendung eines fehlererkennenden Codes gleich bleiben?

3   Man verwende Tabelle 1.1, um die Informationen 0101 zu codieren. Nun verfälsche man das mittlere Bit und decodiere die so entstandene Folge.

4   Man verwende Tabelle 1.1, um folgende Sequenzen zu decodieren 0110110, 0111101 und 1110101.

5   Man codiere die Information 0010 nach Tabelle 1.1. Nun verfälsche man zwei Bits, das erste und das letzte, und decodiere das entstandene Wort.

6   Ein binärer Block-Code habe eine minimale Distanz von 8. Wie groß ist die maximale Zahl der Bitfehler je Block, die zuverlässig erkannt und korrigiert werden? Wie viele Bitfehler könnten erkannt und nicht verbessert werden, wenn der Decodierer nur Ein- oder Zweibitkorrektur bewältigen kann?

7*   In einem System, welches den gleichen Code wie in Aufgabe 6 verwendet, kann der Demodulator den Wert eines Bits in einem Block nicht entscheiden. Dies wird Auslöschung genannt. Man entscheide, wie viele Fehler mehr in diesem Block nun garantiert erkannt werden können, wenn das Prinzip des Decodierens auf minimale Distanz zugrunde gelegt wird. Man entwickle hieraus eine allgemeingültige Formel für die Fehlererkennung und -korrektur eines Codes in Gegenwart von e Auslöschungen.

8   Ein (15,11) Binärcode besitzt ein d_{min} = 3. Man bestimme die Restbitfehlerrate für Zufallskanal-Bitfehlerraten von 10^{-1} und 10-2.

9   Ein (31,21) Binärcode besitzt ein d_{min} = 5. Man bestimme die Restbitfehlerrate für Zufallskanal-Bitfehlerraten von 10^{-1} und 10^{-2}.

10 Ein (15,11) Code mit aus 4 Bits bestehenden.Symbolen besitzt ein $d_{min} = 5$. Man bestimme die Restbitfehlerrate für Zufallskanal-Bitfehlerraten von 10^{-1} und 10^{-2}.

11 9-bit-Informationsblöcke sind entweder mit Hilfe eines (15,9) Block-Codes mit $d_{min} = 4$ oder uncodiert zu übertragen. Der Code werde zur Fehlerkorrektur verwendet. Man vergleiche den codierten und uncodierten Fall in Bezug auf (a) die Wahrscheinlichkeit, daß ein Informationsblock korrekt empfangen wird, (b) die Wahrscheinlichkeit, daß ein Datenblock unerkannte Fehler enthält, für Kanalbitfehlerwahrscheinlichkeiten von 10^{-1}, 10^{-2} und 10^{-3}. Welche Annahmen müssen für die Berechnung getroffen werden?

12 Ein PSK-Kanal ist codiert mit einem Code der Rate 1/2. Es stellt sich heraus, daß die Bitfehlerrate des Decodierers 10^{-5} beträgt, wenn die Kanalbitfehlerrate 10^{-2} ist. Man schätze den Codierungsgewinn bei 10^{-5} BER.

13 Die Leistungsfähigkeit eines Codekanals wird theoretisch bestimmt, und es ergibt sich, daß eine Bitfehlerrate von 10^{-2} und 10^{-6} E_b/N_0-Werte von 9,5 und 11 dB uncodiert und 6,5 und 7,5 dB bei einem Code der Rate 1/2 benötigt. Zudem stellt sich heraus, daß der Demodulator der theoretischen Leistungsfähigkeit nur dann folgt, wenn E_b/N_0 über 4 dB ist. Die Bitfehlerrate steigt unterhalb dieses Wertes sehr stark an. Wie ist die Auswirkung auf die Demodulator-Leistungsfähigkeit bei anwendbaren Codierungsgewinnen von 10^{-4} und 10^{-6} BER?

14 Man bestimme die Verläufe des asymptotischen Codierungsgewinns, die mit den Codes von Übung 8 und 9 erreicht werden, wenn sie beides, Soft-Decisison und Hard-Decision, verwenden. Man vergleiche die Hard-Decision-Ergebnisse mit den oben kalkulierten zu einer Kanalbitfehlerrate von 10^{-2} gehörenden Codierungsgewinne. Man gehe dabei von binärer PSK-Modulation aus.

2   Lineare Block-Codes

2.1   Einführung

Dieses Kapitel behandelt die wichtigsten Aspekte von Block-Codes. Block-Codes wurden in Abschnitt 1.2 definiert, und ein Beispiel eines solchen wurde mehrmals in Kapitel 1 benutzt. Beinahe alle nützlichen Block-Codes besitzen die Eigenschaft der Linearität, welche im Abschnitt 2.3 definiert werden wird. Die in diesem Kapitel behandelten Hauptpunkte schließen Wege der Definition von Codes, die Verwendungsmöglichkeiten der Linearität für die Codierung und Hard-Decision-Decodierung, minimale Distanz und schließlich die Grenzen der von Block-Codes verwendeten Distanzen mit ein. Es wird weitgehend von Vorwärts-Fehlerkorrektur ausgegangen, weil die Fehlererkennung der erste Schritt der Fehlerkorrektur darstellt und so in den beschriebenen Techniken beinhaltet ist.
Es wird davon ausgegangen, daß der Leser mit den Abschnitten 1.1, 1.2, 1.5 und 1.6 vertraut ist. Wer daran interessiert ist, wie sich die minimale Distanz im Verhältnis zur Restfehlerrate in Gegenwart von Zufallsfehlern verhält, möge sich mit Abschnitt 1.7 auseinandersetzen. Im folgenden Kapitel werden nur Binärcodes behandelt, was es erlaubt, die Mathematik bei nicht-binären Codes bis in das Kapitel 4 zu verzögern. Die speziellen Techniken, die beim Arbeiten mit zyklischen Codes, einer Untergruppe der Block-Codes, angewendet werden, werden in Kapitel 3 behandelt.

2.2   Die Mathematik der Binärcodes

Der mathematische Hintergrund von Codes kann ziemlich kompliziert sein, wenn alle Codearten betrachtet werden sollen. Es soll hier deshalb im Augenblick eine Beschränkung auf einfache Codes gemacht werden. Dies soll helfen, mit der Vorgehensweise vertraut zu werden, bevor man sich mit komplizierteren Codes befaßt. Aus diesem Grunde beschränken sich die mathematischen Anforderungen dieses Kapitels auf das Verständnis von Gleichungen in Matrixform und einfacher logischer Funktionen.
Der Hauptgrund, weshalb die Mathematik von Codierungen so kompliziert erscheinen mag, liegt in der Verwendung von sogenannten Galois-Feldern. Jeder Code besteht aus einer Anzahl von Symbolen, die nur bestimmte Werte annehmen können. Bestes Beispiel hierfür ist das Bit, welches nur zwei Werte annehmen kann, auch wenn andere Symbole mit mehreren Werten konstruiert werden können. Es ist notwendig, die arithmetischen Operationen so zu definieren, daß nur erlaubte Symbolwerte erzeugt werden können. Ein Galois-Feld ist eine definierte Menge von Werten und zwei definierten Operationen und ihrer Inversen, die als Ergebnis nur Werte innerhalb des Feldes hervorbringen.

Die Operationen, die im endlichen Feld ausgeführt werden, sind Multiplikation und Addition, ihre Inversen Division und Subtraktion. Diese Operationen werden jedoch nicht mit dem von uns gewohnten Verständnis von Addition, Multiplikation usw. übereinstimmen. Für nicht-binäre Felder muß die angemessene Arithmetik erst definiert werden, bevor die Codierung und Decodierung erklärt werden kann.

Glücklicherweise existiert nur eine wichtige Familie nicht-binärer Codes, die Reed-Solomon-Codes. Zum detaillierten Verständnis anderer Codes kann ein Ansatz im Galois-Feld jedoch auch sinnvoll sein. Trotz alledem kann man mit der Beschränkung auf binäre Felder sehr weit in diese Gebiete eindringen. Die Arithmetik binärer Felder ist einfach der modulo 2-Operator.

$$0 + 0 = 0$$
$$0 + 1 = 1$$
$$1 + 1 = 0$$

$$0 \times 0 = 0$$
$$0 \times 1 = 0$$
$$1 \times 1 = 1$$

Die Inverse der Addition (Subtraktion) entspricht der Addition selbst, Division mit 0 ist nicht erlaubt und Division mit 1 entspricht einer Multiplikation mit 1. Die Arithmetik im Galois-Feld wird sich hier folglich sehr einfach gestalten. Interessant ist die modulo 2-Addition, die genau der Exklusiv-Oder-Funktion (EXOR) der Bool'schen Logik entspricht.

2.3   Linearität

Die Linearität wird in der Codierungstheorie üblicherweise in Relation zu der Geometrie des n-dimensionalen Raumes definiert. Diese mathematische Definition ist für Nicht-Mathematiker etwas unbefriedigend, und so wird eine Definition im Sinne des üblichen Gebrauchs linearer Systeme oft bevorzugt. Es besteht ein grundsätzlicher Unterschied zwischen den Linearitätdefinitionen dieser beiden Standpunkte, wobei aber das Ziel dasselbe ist: Der Gebrauch des Merkmals der Linearität um die Codierung und Decodierung durch Verwendung linearer Systeme zu erleichtern. Deshalb ist dieser Unterschied ohne praktische Bedeutung.

Die korrekte Definition eines linearen Systems muß so formuliert sein, daß sich die Methoden der Überlagerung und Skalierung anwenden lassen; addiert man zwei Signale am Eingang, so erwartet man am Ausgang die Summe der zwei den Eingängen entsprechenden Ausgangswerte. Multipliziert man den Eingang mit einem Skalarfaktor, so erwartet man am Ausgang eine Größe der gleichen Skalierung wie die der Eingangsgröße. Folglich resultiert die Summenbildung zweier Eingangsgrößen x_1 und x_2, die je zu den Ausgangsgrößen y_1 und y_2 korrespondieren, in der Summe eben dieser Ausgangsgrößen $y_1 + y_2$.

$$y_1 = f(x_1)$$
$$y_2 = f(x_2)$$
$$y_1 + y_2 = f(x_1 + x_2)$$

Die Multiplikation einer Eingangsgröße x_1 mit einem Skalarfaktor c resultiert in einer Ausgangsgröße cy_1

$$cy_1 = f(cx_1)$$

Man kann diese Aussagen in gleicher Weise auf die Codierungssysteme anwenden. Werden zwei Informationsfolgen vor einem linearen Codierer Symbol für Symbol addiert, so sollte das resultierende Codewort die Summe der zu den einzelnen Informationsketten korrespondierenden zwei Codewörtern sein. Ebenso soll bei einer Skalierung eines Eingangswertes durch einen gültigen Symbolwert das Codewort am Ausgang gleichermaßen dem skalierten originalen Ausgangswort entsprechen. (Wegen der rein binären Symbolwerte 0 und 1 ist die Skalierung von Binärcodes nicht von Interesse; dies kann sich aber bei nicht-binären Codes verändern.)

Als Beispiel sei der in Tabelle 2.1 gezeigte Code angeführt. Das Informationswort 11 kann durch Addition von 10 mit 01 gewonnen werden. Addiert man die korrespondierenden Codewörter, ergibt sich $10101 + 01011 = 11110$, welches das korrekte Codewort für den Wert 11 ist.

Tabelle 2.1
Linearer Code

Information	Code
0 0	0 0 0 0 0
0 1	0 1 0 1 1
1 0	1 0 1 0 1
1 1	1 1 1 1 0

Diese Definition ist in Wirklichkeit wesentlich strenger als die mathematische Definition eines linearen Codes. Die mathematische Definition sagt lediglich, daß die Summe zweier Codewörter oder die Multiplikation eines Codewortes mit einem Skalarfaktor in einem weiteren Codewort resultieren muß. Dabei ist es für das Ergebnis-Codewort nicht vorgeschrieben, mit der Summe der Ursprungsfolgen zu korrespondieren. So hätte man also bei einem wie in Tabelle 2.2 veränderten Code nach mathematischer Definition immer noch einen linearen Code vorliegen. Die Codewörter sind die gleichen wie vorher, so daß die Summe zweier Codewörter automatisch in einem Codewort wie vorher resultieren muß. Der einzige Unterschied zwischen der Tabelle 2.1 und der Tabelle 2.2 ist die veränderte Zuordnung der Codewörter. Dies wird von der mathematischen Definition nicht berücksichtigt. Die zwei Codes aus den Tabellen 2.1 und 2.2 werden als *äquivalent* bezeichnet, und bei Verwendung eines linearen Systems zur Herstellung eines linearen Codes würde der Unterschied zwischen den beiden Definitionen nicht ins Gewicht fallen.

Tabelle 2.2
Linearer Code

Information	Code
0 0	1 1 1 1 0
0 1	0 1 0 1 1
1 0	0 0 0 0 0
1 1	1 0 1 0 1

*nicht systematischen Code
Info-Bits erscheinen nicht
unverändert im Codewort*

Eine wichtige Konsequenz der Linearität ist, daß immer ein Nullwort als Codewort vorhanden sein muß. Dieses Nullwort wird benötigt, da sich bei Addition eines Codewortes mit sich selbst eine Nullfolge ergibt.

2.4   Paritätskontrollen

Um einen Einblick in die Möglichkeiten der Produktion von linearen Codes zu gewinnen, soll folgendes Beispiel angeführt werden: Ein Codewort wird durch direkte Übernahme der Information erzeugt, danach wird noch ein letztes Bit an das Codewort angehängt, welches sich aus den Informationsbits errechnet. Es gibt zwei Möglichkeiten der Berechnung dieses Bits. Entweder wird es gesetzt, wenn die modulo 2-Summe aller Informationsbits 1 ergibt, oder aber wenn diese Summe 0 ergibt.
Im ersten Fall spricht man von gerader Parität; das Codewort enthält (mit dem letzten Bit) eine gerade Zahl von Einsen. Besitzt das Codewort eine ungerade Zahl von Einsen, spricht man von ungerader Parität. Dieses letzte Bit heißt Paritätskontrollbit oder gerade bzw. ungerade Paritätskontrolle.

Tabelle 2.3   Code mit
ungerader Parität

Information	Code
0 0 0	0 0 0 1
0 0 1	0 0 1 0
0 1 0	0 1 0 0
0 1 1	0 1 1 1
1 0 0	1 0 0 0
1 0 1	1 0 1 1
1 1 0	1 1 0 1
1 1 1	1 1 1 0

ungerade Parität

Für den Fall einer 3-bit-Information zeigen die Tabellen 2.3 und 2.4 die geraden und ungeraden Paritätscodes. Auffallend dabei ist, daß der ungerade Paritätscode nach Tabelle 2.3 das für lineare Codes notwendige Nullwort nicht enthält. Es wurde folglich ein nicht-linearer Code produziert. Der in Tabelle 2.4 angeführte gerade Paritätscode ist linear; Systeme, die gerade Paritätskontrollen verwenden, produzieren automatisch einen linearen Code. Zu beachten ist, daß in diesem Fall das Paritätskontrollbit die modulo 2-Summe der Informationsbits ist, aus denen es berechnet wurde. So ist die Parität der Information 101 die modulo 2-Summe von 1, 0 und 1, das ergibt 0.

Tabelle 2.4
Code mit gerader Parität

Information	Code
0 0 0	0 0 0 0
0 0 1	0 0 1 1
0 1 0	0 1 0 1
0 1 1	0 1 1 0
1 0 0	1 0 0 1
1 0 1	1 0 1 0
1 1 0	1 1 0 0
1 1 1	1 1 1 1

die Informationsbits erscheinen wieder im Codewort → systematischer Code

2.5   Systematische Codes

Viele der oben angeführten Beispiele haben die Eigenschaft, daß die Informationsbits unverändert wieder im Codewort auftauchen. Es werden lediglich einige Paritätsbits hinter die Informationsbits angefügt. Man nennt Codes dieser Konstellation systematisch. Jeder lineare Code kann in eine systematische Form gebracht werden oder unterscheidet sich schlimmstenfalls nur unbedeutend von der systematischen Anordnung. Ein linearer Code kann immer als äquivalent zu einem systematischen Code angenommen werden.
Der in Tabelle 2.2 angeführte Code war zum Beispiel nicht systematisch, konnte aber durch Neuanordnung der Codewörter in den Code aus Tabelle 2.1 überführt werden, welcher systematisch ist. In jedem Fall erfüllen systematische Codes immer die Definition der Linearität nach Abschnitt 2.3.

2.6   Minimale Hamming-Distanz eines linearen Block-Codes

Als Konsequenz der Linearität ergibt sich gleichbleibende Distanz, unabhängig von welchem Codewort ausgegangen wird. Wenn $\mathbf{u}$, $\mathbf{v}$ und $\mathbf{w}$ Codewörter darstellen und $\mathbf{d(u,v)}$ die Distanz zwischen $\mathbf{u}$ und $\mathbf{v}$ repräsentiert, so gilt:

$$\mathbf{d(u,v)} = \mathbf{d(u + w, v + w)} \qquad (2.1)$$

Die Summen **u** + **w** und **v** + **w** sind Codewörter, und so wiederholt sich die Beziehung zwischen **u** und **v** an anderen Stellen des Codes. Man setzt nun **w** = **v**, womit sich ergibt:

$$\mathbf{d(u,v)} = \mathbf{d(u + v, 0)} \tag{2.2}$$

Man kann also festhalten, daß die Distanz zwischen zwei beliebigen Codewörtern gleich der Distanz zwischen einem beliebigen Codewort und des Nullwortes ist. Daraus läßt sich folgenden Schlußfolgerung ableiten:

> *Die minimale Distanz eines linearen Block-Codes ist gleich der Mindestzahl der Symbole ungleich Null, die in jedem Codewort (ausgenommen dem Nullwort) auftauchen.*

Die Zahl der Symbole ungleich Null in einer Folge wird das Gewicht genannt, d. h. die minimale Distanz eines linearen Block-Codes ist gegeben durch das Gewicht des Codewortes, welches das geringste Gewicht hat.

2.7   Codierungsvorgang – Generator-Matrix

In den vorangegangenen Beispielen wurde das Codewort ausgehend von der gewünschten Informationsfolge der Tabelle entnommen. Man kann die Codewörter jedoch auch durch Addition anderer Codewörter gewinnen, was bedeutet, daß nicht jedes Codewort in einer Tabelle aufgelistet sein muß. Angenommen es existieren k Informationsbits, so müssen nur k linear unabhängige Codewörter aufgelistet sein. Linear unabhängig heißt, daß keines der k Codewörter durch Kombination aus zwei oder mehr Codewörtern derselben Gruppe gebildet werden kann. Der leichteste Weg, k linear unabhängige Codewörter zu erhalten, ist die Auswahl derer, die nur eine Eins und sonst nur Nullen in den ersten k Positionen haben. So wären z. B. beim (7,4) Code des Kapitels 1 folgende Codewörter möglich:

```
1000110
0100101
0010011
0001111
```

Benötigt man nun z. B. das Codewort 1011, so addiert man lediglich das erste, dritte und vierte Codewort der Liste. Es ergibt sich 1011010. Der Codierungsvorgang bei Addition kann von folgender Matrix repräsentiert werden:

$$\mathbf{v} = \mathbf{u\ G} \tag{2.3}$$

wobei **u** den Informationsblock darstellt, **v** das Codewort und **G** die Generator-Matrix.

Unter Verwendung des obigen Beispiels wäre der Code dann durch folgende Generator-Matrix repräsentiert:

$$\mathbf{G} = \begin{bmatrix} 1\ 0\ 0\ 0\ 1\ 1\ 0 \\ 0\ 1\ 0\ 0\ 1\ 0\ 1 \\ 0\ 0\ 1\ 0\ 0\ 1\ 1 \\ 0\ 0\ 0\ 1\ 1\ 1\ 1 \end{bmatrix}$$

Wenn man wie oben die Folge 1011 codieren möchte, ergibt sich:

$$\mathbf{v} = [1\ 0\ 1\ 1] \begin{bmatrix} 1\ 0\ 0\ 0\ 1\ 1\ 0 \\ 0\ 1\ 0\ 0\ 1\ 0\ 1 \\ 0\ 0\ 1\ 0\ 0\ 1\ 1 \\ 0\ 0\ 0\ 1\ 1\ 1\ 1 \end{bmatrix}$$

$$\mathbf{v} = [1\ 0\ 1\ 1\ 0\ 1\ 0]$$

Man beachte, daß der Generator aus einer $k \times n$ Matrix besteht, wobei k der Dimension des Codes entspricht und n der Länge jedes Codewortes. In diesem Fall hat der Generator eine auf spezielle Weise zum systematischen Code korrespondierende Form. Er besteht aus einer $k \times k$ Einheitsmatrix gefolgt von einer $k \times (n-k)$ Paritätskontrollbit-Matrix.

Bei Verwendung der Generator-Matrix zur Codierung eines systematischen Codes wäre es nicht sinnvoll, den zu der Information gehörenden Teil der Codewörter zu speichern. Man bräuchte deshalb nur die $k \times (n-k)$ Bits in einem Lesespeicher (ROM) abzulegen. Die Informationsbits würden dann entscheiden, welche der $(n-k)$-bit-Folgen modulo 2-addiert werden müßten, um die Paritätskontrollen für das Codewort zu bilden.

2.8   Codierung mit der Paritätskontroll-Matrix

In Abschnitt 2.4 wurde die Idee der Paritätskontrolle eingeführt, und es ergab sich, daß gerade Paritätskontrollen zu einer linearen Codierungsoperation führen. Es sollte deshalb möglich sein, einen Code in Bezug auf die Bitgruppen zu definieren, deren Parität gerade ist, d. h. ihre modulo 2-Addition muß 0 ergeben. Man könnte sich beispielsweise, wie unten gezeigt, zur Kalkulation dreier Paritätsbits aus vier Informationsbits entschließen. Das Bit auf der äußerst linken Seite sei dabei Bit 6, das auf der rechten Bit 0, so daß Bits 6–3 Informationsbits und Bits 2–0 Paritätskontrollen sind.

> Bit 2 = Bit 6 + Bit 5 + Bit 3
> Bit 1 = Bit 6 + Bit 4 + Bit 3
> Bit 0 = Bit 5 + Bit 4 + Bit 3

In anderen Worten heißt das, daß die Bits 6, 5, 3, 2; 6, 4, 3, 1 und 5, 4, 3, 0 jeweils eine gerade Paritätsgruppe bilden. Angenommen die Information sei 1011, dann ergäbe sich:

> Bit 6 = 1   Bit 5 = 0   Bit 4 = 1   Bit 3 = 1

woraus sich folgendes berechnen läßt:

Bit 2 = 0   Bit 1 = 1   Bit 0 = 0

Das Codewort lautet also 1011010, wie im Beispiel von Abschnitt 2.7. Eine
Kontrolle des Codewortes, welches die Zeile der Generator-Matrix bildet, wird
bestätigen, daß diese Art der Paritätskontrolle tatsächlich den gleichen Code
generiert. Der Weg, in der ein durch die Generator-Matrix angegebener Code in
ein äquivalentes System von Paritätskontrollen umgewandelt werden kann, wird
bald deutlich werden.

Das Paritätskontroll-System kann in folgender Matrixform angegeben werden:

$$\mathbf{H} = \begin{bmatrix} 1\ 1\ 0\ 1\ 1\ 0\ 0 \\ 1\ 0\ 1\ 1\ 0\ 1\ 0 \\ 0\ 1\ 1\ 1\ 0\ 0\ 1 \end{bmatrix}$$

Die Matrix **H** wird die Paritätskontroll-Matrix genannt, und jede Zeile repräsentiert eine gerade Paritätsgruppe mit Einsen in den Positionen der Bits, die die
geraden Gruppen bilden.

Da die Zeilen der Paritätskontroll-Matrix mit geraden Paritätsgruppen korrespondieren, ist das Skalarprodukt eines jeden Codewortes mit einer beliebigen Zeile
gleich Null. Die Generator-Matrix besitzt Zeilen, die selbst Codewörter sind. Wenn
man folglich das Skalarprodukt einer Zeile der Generator-Matrix mit einer Zeile
der Paritätskontroll-Matrix bildet, so wird das Ergebnis 0 sein. Eine Matrizen-
Multiplikation wird jedoch ausgeführt, indem man die Skalarprodukte der Zeilen
der ersten Matrix mit den Spalten der zweiten bildet. Es folgt deshalb:

$$\mathbf{G}\mathbf{H}^{\mathrm{T}} = 0 \qquad\qquad\qquad\qquad (2.5)$$

Man kann nun erkennen, wie die Paritätskontroll-Matrix gebildet wird und folglich
auch, wie ein Code mit Paritätskontrollen dargestellt werden kann. Es handelt sich
um eine $(n-k) \times n$ Matrix, die so konstruiert ist, daß sie Gleichung (2.5) erfüllt.
Ausgehend von der Generator-Matrix, wird der $k \times (n-k)$ Teil herausgetrennt, der
zu den Paritätskontrollen korrespondiert:

$$\begin{bmatrix} 1\ 1\ 0 \\ 1\ 0\ 1 \\ 0\ 1\ 1 \\ 1\ 1\ 1 \end{bmatrix}$$

Man bildet die Transponierte:

$$\begin{bmatrix} 1\ 1\ 0\ 1 \\ 1\ 0\ 1\ 1 \\ 0\ 1\ 1\ 1 \end{bmatrix}$$

und fügt schließlich eine $(n-k) \times (n-k)$ Einheitsmatrix an:

$$\mathbf{H} = \begin{bmatrix} 1\ 1\ 0\ 1\ 1\ 0\ 0 \\ 1\ 0\ 1\ 1\ 0\ 1\ 0 \\ 0\ 1\ 1\ 1\ 0\ 0\ 1 \end{bmatrix}$$

Diese Form bildet dann wieder einen systematischen Code.

Die vorliegende spezielle Paritätskontroll-Matrix hat eine weitere bemerkenswerte Eigenschaft. In den Spalten der Matrix findet man alle möglichen 3-bit-Muster der 0/1-Kombinationen, ausgenommen des Nullwortes. Diese Eigenschaft ist typisch für die Familie der Hamming-Codes, zu der dieser Code zählt. Man kann Hamming-Codes mit einer beliebigen Anzahl von Paritätsbits erzeugen, indem man eine Matrix mit $(n-k)$ Zeilen erzeugt, bei der die Spalten aus den $2^{n-k}-1$ möglichen Kombinationen der $(n-k)$ Bits besteht (Das Nullwort ausgenommen). So definiert z. B. folgende Paritätskontroll-Matrix einen (15,11) Hamming-Code:

$$\mathbf{H} = \begin{bmatrix} 1 & 1 & 0 & 1 & 0 & 0 & 1 & 1 & 1 & 0 & 1 & 1 & 0 & 0 & 0 \\ 1 & 0 & 1 & 0 & 1 & 0 & 1 & 1 & 0 & 1 & 1 & 0 & 1 & 0 & 0 \\ 0 & 1 & 1 & 0 & 0 & 1 & 1 & 0 & 1 & 1 & 1 & 0 & 0 & 1 & 0 \\ 0 & 0 & 0 & 1 & 1 & 1 & 0 & 1 & 1 & 1 & 1 & 0 & 0 & 0 & 1 \end{bmatrix}$$

Die Reihenfolge der Spalten ist dabei laut Definition des Hamming-Codes unwesentlich, es sei denn, man will die Einheitsmatrix auf der rechten Seite haben (korrespondierend zur systematischen Form).

Die Form der Paritätskontroll-Matrix verleiht dem Hamming-Code einige besondere Decodierungseigenschaften, wie im folgenden Abschnitt gezeigt werden wird.

2.9   Decodieren mit Hilfe der Paritätskontroll-Matrix

Das Decodieren findet in aller Regel in zwei Schritten statt. Der erste ist der Vergleich, ob die empfangene Bitfolge mit einem Codewort korrespondiert. Ist lediglich eine Fehlererkennung erforderlich, schließt dies den Vorgang des Decodierens ab. Sollte jedoch eine Fehlerkorrektur erwünscht sein, so muß ein Versuch unternommen werden, das Fehlermuster zu identifizieren. Dieser zweite Schritt ist normalerweise mit größeren Schwierigkeiten verbunden als der erste. Das Vorhandensein einer Fehlerkorrektur in einem Decodierungssystem ist deshalb üblicherweise der Faktor, der Geschwindigkeit und Kosten eines Codierers oder Decodierers hauptsächlich beeinflußt.

Die Fehlererkennung beinhaltet die Entscheidung, ob alle gerade Paritätskontrollen bei der empfangenen Bitfolge ein positives Resultat hatten. Die Durchführung einer modulo 2-Addition bei geraden Paritätsgruppen resultiert in einer 0 bei bestandenem Test, sonst in einer 1. Das resultierende $(n-k)$-bit-Ergebnis wird das Syndrom genannt. Eine anderslautende, in der Aussage jedoch gleichlautende Definition ist: Ein Syndrom ist die Bitfolge, die aus einer modulo 2-Addition von empfangenen und den aus der empfangenen Information berechneten Paritätsbits entsteht. Lautet die empfangene Folge $\mathbf{v}'$, so kann das Syndrom als Vektor $\mathbf{s}$ dargestellt werden:

$$\mathbf{s} = \mathbf{v}'\mathbf{H}^{\mathrm{T}} \tag{2.6}$$

Eine Nullfolge als Syndrom zeigt die Korrektheit der empfangenen Bitfolge an. Enthält das Syndrom jedoch Einsen, so ist die empfangene Folge fehlerhaft. Aufgrund der linearen Eigenschaften des Codes kann jede empfangene Bitfolge als Summe eines Codewortes mit einem Fehlermuster betrachtet werden. Das Syndrom wäre demnach die Addition einer solchen Summe für das Codewort (d. h. 0) mit einer solchen Summe für das Fehlermuster. Dies bedeutet, daß *der Syndromwert einzig von den Fehlern abhängig ist, nicht jedoch von dem übertragenen Codewort.*
Zur Verdeutlichung, daß alle drei obigen Definitionen des Syndroms übereinstimmen, sei folgendes Beispiel angeführt: Angenommen man empfänge eine Folge 1000101, so ergäbe sich für das Syndrom nach den obigen Methoden:

1.   Bit 6 + Bit 5 + Bit 3 + Bit 2 = 0
     Bit 6 + Bit 4 + Bit 3 + Bit 1 = 1
     Bit 5 + Bit 4 + Bit 3 + Bit 0 = 1

2.   empfangene Information = 1000
     berechnete Parität = 110
     empfangene Parität = 101
     Syndrom = 011

3.
$$\mathbf{s} = [1\ 0\ 0\ 0\ 1\ 0\ 1] \begin{bmatrix} 1 & 1 & 0 \\ 1 & 0 & 1 \\ 0 & 1 & 1 \\ 1 & 1 & 1 \\ 1 & 0 & 0 \\ 0 & 1 & 0 \\ 0 & 0 & 1 \end{bmatrix} = [0\ 1\ 1]$$

Man benötigt vom Syndrom zudem eine genauere Aussage über die Fehler. Die Spalten der Paritätskontroll-Matrix haben eine große Bedeutung, weil sie es im Fall eines Hamming-Codes ermöglichen, Aussagen über den erkannten Fehler zu machen. Die erste Spalte ist das Syndrom eines Fehlers im ersten Bit; dementsprechend beinhaltet die Spalte m das Syndrom eines Fehlers in Position m. Weil beim Hamming-Code die Spalten alle Syndrome (außer des Nullwortes) enthalten, kann jedes Syndrom einem einzelnen Bitfehler zugeordnet werden. Ist das Syndrom z. B. 011, wie es in obigem Beispiel der Fall war, so weiß man, daß sich der Fehler im dritten Bit befindet. Man müßte folglich die Bitfolge 1000101 korrigieren. Das Resultat, 1010101, ist wieder ein Codewort.
Beim Entwurf eines Decodierers kann kombinatorische Logik verwendet werden, um die Syndrome jeder Position zu prüfen und damit die Position des Fehlers festlegen zu können. Eine andere Möglichkeit wäre das Speichern einer Anzahl von Fehlermustern, angeordnet nach ihrem Syndrom. Nach Bildung des Syndroms wird dann lediglich das richtige Fehlermuster ausgesucht.
Was geschieht, wenn zwei Bits fehlerhaft sind? Angenommen die Bits 3 und 2 wären falsch, so wäre das Syndrom 111 + 110 = 011. Dies würde vom Decodierer als Fehler in Bit 4 interpretiert werden. Weil alle Syndrome in der Paritätskontroll-

Matrix enthalten sind, wird der Decodierer immer davon ausgehen, er wüßte, was geschehen ist. Dies gilt auch dann, wenn es falsch war. Der Hamming-Code eignet sich zur Erkennung und Korrektur einzelner Bitfehler in einem Block (minimale Distanz = 3), treten jedoch mehrere Fehler auf, resultiert dies in einem Decodierungsfehler. Natürlich wird vom Decodierer nicht erwartet, Bitfolgen mit Fehlerzahlen über der halben Hamming-Distanz korrekt zuzuordnen; die Tatsache, daß er immer daran scheitert, ist jedoch eine typische Eigenschaft des Hamming-Codes.

2.10   Decodieren mit Hilfe eines logischen Standardfeldes

Eine weitere Möglichkeit, den Decodierungsprozeß zu veranschaulichen, ist das Erstellen einer Liste aller empfangener Bitfolgen. Die Folgen werden dabei in Gruppen eingeteilt, denen genau ein Codewort zugeteilt wird. Dieses Wort soll am Decodiererausgang erscheinen, sobald eine der Bitfolgen der Gruppe empfangen wurde. Bei einem Binärcode gibt es 2^k Codewörter und 2^n mögliche Empfangsfolgen. Die Empfangsfolgen werden deshalb in 2^{n-k} Gruppen aufgeteilt, wobei jede dieser Gruppen ein Codewort enthält. Die Empfangsfolgen einer Gruppe besitzen verschiedene Syndrome. Ein Feld wird Standardfeld genannt, wenn die Gruppen spaltenweise aufgetragen wurden, wobei an der Spitze das jeweilige Codewort steht. Die Empfangsfolgen werden so angeordnet, daß Folgen mit den gleichen Syndromen in einer Zeile stehen.
Am Beispiel des (5,2) Codes aus Abschnitt 2.3 könnte das Standardfeld wie folgt aussehen:

00000	01011	10101	11110
10000	11011	00101	01110
01000	00011	11101	10110
00100	01111	10001	11010
00010	01001	10111	11100
00001	01010	10100	11111
11000	10011	01101	00110
10010	11001	00111	01100

Dieses Feld wurde wie folgt erstellt: In der obersten Zeile stehen die Codewörter. Der Code hat eine minimale Distanz von 3, d. h. er sollte alle Einzelbitfehler erkennen und korrigieren können. Dies ergibt fünf Fehlermuster. Die zweite Zeile ist folglich mit all den Mustern gefüllt, die einen Fehler im ersten Bit besitzen, die dritte mit denen, die einen Fehler im zweiten Bit besitzen, usw. Mit Beendigung der sechsten Zeile sind alle Muster mit Einzelbitfehlern aufgelistet. Es sind jedoch immer noch acht Folgen frei, die noch nicht im Feld stehen. Eine dieser acht Folgen wird nun willkürlich dazu ausgewählt, den ersten Platz in Zeile 7 zu belegen. Diese Folge wird nun als Fehlermuster zur Erzeugung des Restes dieser Zeile verwendet. Dann wird eine der verbliebenen vier Muster ausgewählt, um den ersten Platz der letzten Zeile zu belegen. Diese Folge wird dann entsprechend als Fehlermuster eingesetzt, bis die letzte Zeile gefüllt ist.

Die Fehlermuster, die in den letzten zwei Zeilen dieses Standardfeldes stehen, würden normalerweise nicht als korrigierbar angesehen. Der Decodierer könnte deshalb so konzipiert sein, daß solche Fehler nur angezeigt werden, ohne daß ein Korrekturversuch unternommen wird. In diesem Fall wird das Decodieren unvollständig genannt, weil nicht alle empfangenen Bitfolgen decodiert werden können. In dieser Hinsicht unterscheiden sich die Hamming-Codes im allgemeinen von den anderen. Sie besitzen keine Bitfolgen, die sich von einer Codefolge um mehr als ein Bit unterscheiden und decodieren deshalb immer vollständig.

Man beachte, daß die jeweils erste Folge einer Zeile als Fehlermuster behandelt und als Generator auf die Zeile angewendet wird. Dies bewirkt, daß das Syndrom bei jeder Bitfolge einer Zeile gleich ist. Empfängt man eine Bitfolge, so benötigt man lediglich die Zeilennummer und das Fehlermuster, das diese Zeile anführt. Die Elemente einer Zeile werden Restklasse genannt, das Fehlermuster Restklassenrepräsentant. Um eine Decodierung vorzunehmen, wird das Syndrom als Anzeige für die Restklasse verwendet, in die die Empfangsfolge fällt.

Für den obigen Code:

$$\mathbf{G} = \begin{bmatrix} 1 & 0 & 1 & 0 & 1 \\ 0 & 1 & 0 & 1 & 1 \end{bmatrix}$$

$$\mathbf{H} = \begin{bmatrix} 1 & 0 & 1 & 0 & 0 \\ 0 & 1 & 0 & 1 & 0 \\ 1 & 1 & 0 & 0 & 1 \end{bmatrix}$$

Man kann folglich die Syndrome der Restklassenrepräsentanten entwickeln, indem man nacheinander jedes als Empfangsfolge behandelt. So ist z. B. das Syndrom von 10000 die Spalte auf der linken Seite der Paritätskontroll-Matrix, folglich 101; das Syndrom 11000 ist die Summe der zwei äußerst linken Spalten, also 110. Die Syndrome der Restklassenrepräsentanten in ihrer Reihenfolge lauten 000, 101, 011, 100, 010, 001, 110 und 111.

Die Zahl der Syndrome kann bei keinem Code kleiner als die Zahl der korrigierbaren Fehlermuster sein. Dies ergibt einen Ausdruck für einen fehlererkennenden und -korrigierenden Code.

$$2^{n-k} \geq \sum_{m=0}^{t} \begin{bmatrix} n \\ m \end{bmatrix}$$

(2.7)

Dies wird Hamming-Grenze genannt, und jeder Code, der die Gleichheit dieses Ausdrucks erzielt, wird perfekter Code genannt, weil die Codierung bis zu den durch die minimale Distanz verursachten Grenzen eine vollständige Codierung bewirken. Die einzig bekannten perfekten Codes sind die Hamming-Codes und der Golay-Code, der $n = 23$, $k = 12$, $d_{min} = 7$ besitzt.

2.11   Codec-Entwurf bei linearen Block-Codes

Es wurden nun alle Gesetze gezeigt, die zum Entwurf praktischer Codierer und Decodierer für kurze Block-Codes benötigt werden. Zur Vereinfachung wird sich der hier besprochene Codec-Entwurf auf kurze und einfache Block-Codes konzentrieren. Es wird deutlich werden, daß die wegen des Aufwandes gesetzten technologischen Grenzen eine Betrachtung von komplizierteren Codes nicht sinnvoll erscheinen lassen.

Obwohl eine Minimierung des Aufwandes augenscheinlich erstrebenswert ist, ist die Definition eben dieses Aufwandes sehr schwer. Die Menge der benötigten Hardware ist ein Maßstab, der Zeitaufwand für die Berechnungen ein anderer. Im allgemeinen werden beide Faktoren berücksichtigt, und ein gebräuchlicher Wert des Decodierer-Aufwandes (in der Regel sehr viel aufwendiger als der Codierer) ist das Produkt des *Hardware-Aufwandes* mit der *Decodierungs-Verzögerung*. Die hier betrachteten Decodierer-Entwürfe richten ihr Augenmerk vorzugsweise auf die Minimierung der Decodierungs-Verzögerung. Später in diesem Buch werden anders strukturierte Codes besprochen, welche andere Decodierungsmethoden ermöglichen und den Hardware-Aufwand auf Kosten einer erhöhten Verzögerungszeit verringern.

Der Codierer benötigt Speicher für k Folgen von $(n-k)$ Paritätsbits, ein Adreßmechanismus zur Auswahl der entsprechenden Folge, ein $n-k$ breites Register, eine Logik, um die Paritätsbits zu berechnen, und eventuell einen Zwischenspeicher (Buffer) für die bereits codierten Informationsbits. Im Fall eines systematischen Codes könnte man auf den Zwischenspeicher verzichten, indem man die Bits überträgt, sobald sie von der Codierlogik getriggert wurden. Die Paritätsbits würden dann unmittelbar nach den Informationsbits abgeschickt. Trotzdem ist ein Ausgleich der Rate der Informationsankunft an die Übertragungsrate nötig, die aufgrund der Einfügung der redundanten Bits höher sein muß. Dieser Umstand führt deshalb üblicherweise zu Einführung eines Zwischenspeichers im System.

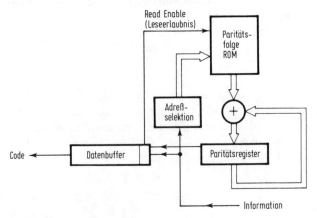

Abb. 2.1   Blockbild eines Codierers

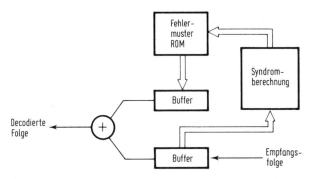

Abb. 2.2   Fehlerkorrektur eines linearen Block-Codes

Ein möglicher Codierer-Aufbau ist in Abbildung 2.1 dargestellt. Die k Paritätsfolgen werden in den ersten k Plätzen eines ROMs gehalten, und es wird davon ausgegangen, daß dieser ROM gleichzeitigen Zugang zu $(n-k)$ Bits gewähren kann. Die Adressierung geschieht mit Hilfe eines Zählers, der von 0 bis $(k-1)$ zählt. Er wird von der ankommenden Informationsbitrate getriggert. Das Read-Enable des ROM sei positiv. Das Register, in dem die Paritätskontrollfolge schließlich verarbeitet wird, muß es einer ankommenden Bitfolge erlauben, mit dem Inhalt des Registers Bit für Bit Exklusiv-Oder verknüpft zu werden (EXOR). Zudem muß ein Löschen des Registers beim Beginn eines neuen Wortes ermöglicht werden.
Der Decodierer wird einige Elemente enthalten, die denen des Codierers entsprechen. Die Bildung des Syndroms ist jedoch eine leichte Modifikation des Codierers, bei der die letzte Stufe darin besteht, die empfangenen mit den aus der Information berechneten Paritätsbits über ein Exklusiv-Oder-Gatter (EXOR) zu verknüpfen. Während des Decodiervorgangs müssen die empfangenen Bitfolgen selbstverständlich zwischengespeichert werden. Die letzte Stufe besteht darin, das Syndrom für den Zugriff auf ein gespeichertes Fehlermuster zu verwenden. Im schlimmsten Fall benötigt man 2^{n-k} Lokalisierungen für ein Fehlermuster, jede davon bestehend aus n Bits. Wenn Umstände wie fehlerfreier Empfang oder nicht korrigierbare Fehler erkannt und getrennt bearbeitet werden, kann sich diese Zahl verringern. Ein Blockbild der Fehlerkorrekturstufe wird in Abbildung 2.2 gezeigt.
Diese Ausführungen sind natürlich nicht die einzig möglichen. Es wäre z. B. möglich, die Paritätskontroll-Matrix in einer Weise aufzubauen, daß die Fehlermuster relativ leicht aus den Syndromen definiert werden können. Es ist ebenso möglich, die Codierung und Syndrom-Anordnung mit Hilfe von Zwischenspeichern und einer hohen Anzahl von festverdrahteten Exklusiv-Oder-Gattern durchzuführen. Man beachte jedoch, daß der Aufwand des Decodierers mit wachsender Codelänge steigt (zunehmende Zahl und Größe von korrigierbaren Fehlermustern für einen festen Wert von t). Auch eine Erhöhung der Fehlerkorrekturfähigkeit hat eine steigende Zahl von korrigierbaren Fehlermustern zur Folge. Weil Lesespeicher (ROMs) relativ billig sind, realisiert man die komplizierten Codes üblicherweise mit einem Minimum an Logikbausteinen und einem Maximum an Speicherplätzen.

2.12   Modifikation von Block-Codes

Es würde das Verständnis stark einschränken, wenn man sich auf die Betrachtung von Hamming-Codes beschränkt. Zum einen sind sie nur zu Einzelbitkorrektur fähig, zum anderen besitzen sie nur einen begrenzten Variablensatz der Länge n und Dimension k, und die verfügbaren Variablen könnten für ein System nicht geeignet sein. Man kann diese Probleme vermeiden, indem man andere Codes verwendet, die jedoch erst im nächsten Kapitel behandelt werden sollen. Es existieren auch einfache Verbesserungsmöglichkeiten, die am Hamming-Code (und anderen Block-Codes) angewendet werden können. Insbesondere kann der im Code verwendete Wert von k verkleinert werden. Man kann auch Codes mit $d_{min} = 4$ Einzelfehlerkorrektur und Doppelfehlererkennung (SECDED, single error correction, double error detection) bilden. SECDED-Codes werden üblicherweise für Computer-Speicherschutzvorrichtungen verwendet.

Erweiterte Codes

Einen Code zu erweitern bedeutet, daß man extra Paritätskontrollen hinzufügt, d. h. n wird erhöht, während k gleichbleibt. So bewirkt die Addition eines Gesamtparitätsbits zu einem Code mit ungerader minimaler Distanz eine Erhöhung dieser Distanz um 1.

Der (7.4) Hamming-Code besitzt z. B. ein Codewort mit dem Gewicht 0 (wie jeder lineare Code), sieben mit dem Gewicht 3, sieben mit dem Gewicht 4 und eines mit dem Gewicht 7. Addiert man nun ein Gesamtparitätsbit hinzu, so müssen alle Codewörter ein gerades Gewicht bekommen. Die sechzehn Codewörter ergeben sich zu Gewichten von 0 (eines), 4 (vierzehn), und 8 (eines). Die minimale Distanz des Codes hat sich deshalb auf 4 erweitert. Studiert man diesen Vorgang, ergibt sich, daß diese Vergrößerung der Distanz immer dann auftritt, wenn d_{min} vorher einen ungeraden Wert hatte.

Verkürzte Codes

Einen Code zu verkürzen heißt die Zahl der Informationsbits zu verringern, während die Anzahl der Paritätsbits gleichbleibt. Die Länge n und die Dimension k verringern sich folglich um denselben Betrag. Zur Durchführung setzt man zunächst eines der Informationsbits dauerhaft zu Null und entfernt es schließlich aus dem Code.

Angenommen man nimmt wie z. B. den (7,4) Hamming-Code, für den gilt:

$$\mathbf{G} = \begin{bmatrix} 1 & 0 & 0 & 0 & 1 & 1 & 0 \\ 0 & 1 & 0 & 0 & 1 & 0 & 1 \\ 0 & 0 & 1 & 0 & 0 & 1 & 1 \\ 0 & 0 & 0 & 1 & 1 & 1 & 1 \end{bmatrix}$$

und

$$H = \begin{bmatrix} 1 & 1 & 0 & 1 & 1 & 0 & 0 \\ 1 & 0 & 1 & 1 & 0 & 1 & 0 \\ 0 & 1 & 1 & 1 & 0 & 0 & 1 \end{bmatrix}$$

Setzt man beispielsweise das dritte Informationsbit zu Null, so muß die dritte Zeile der Generator-Matrix nicht mehr in die Überlegungen miteinbezogen werden:

$$G = \begin{bmatrix} 1 & 0 & 0 & 0 & 1 & 1 & 0 \\ 0 & 1 & 0 & 0 & 1 & 0 & 1 \\ 0 & 0 & 0 & 1 & 1 & 1 & 1 \end{bmatrix}$$

Das Entfernen des dritten Bits resultiert schließlich im Entfernen der Spalte:

$$G = \begin{bmatrix} 1 & 0 & 0 & 1 & 1 & 0 \\ 0 & 1 & 0 & 1 & 0 & 1 \\ 0 & 0 & 1 & 1 & 1 & 1 \end{bmatrix}$$

Die Paritätskontrollen am Ende der entfernten Zeile der Generator-Matrix tauchen auch noch als dritte Spalte der Paritätskontroll-Matrix auf, d. h. auch diese dritte Spalte ist zu löschen.

$$H = \begin{bmatrix} 1 & 1 & 1 & 1 & 0 & 0 \\ 1 & 0 & 1 & 0 & 1 & 0 \\ 0 & 1 & 1 & 0 & 0 & 1 \end{bmatrix}$$

Man hat nun einen (6,3) Code erzeugt, und die wichtige Frage lautet nun, ob die minimale Distanz verändert wurde. Eine einfache Beweisführung genügt, um zu zeigen, daß die minimale Distanz nicht reduziert wurde. Würde eines der Informationsbits auf Null gesetzt, so ist zwar die Zahl der Codewörter verringert worden, die verbliebenen Codewörter sind jedoch immer noch Teil des Originalcodes. Die minimale Distanz kann sich deshalb nicht verringert haben, könnte jedoch durch das Entfernen bestimmter Codewörter erhöht worden sein. Ebensowenig kann das Löschen eines Bits irgendeinen Einfluß auf die Distanz gehabt haben, weil es eine Null war, die entfernt wurde.

Erhöhen der minimalen Distanz durch Verkürzung

Angenommen man nimmt den (7,4) Hamming-Code und verkürzt ihn durch das Entfernen aller Codewörter geraden Gewichts. Man hätte dann einen Code mit geradem d_{min} hergestellt; tatsächlich wäre $d_{min} = 4$, weil man nur noch die Codewörter mit Gewicht 4 übrig hätte. Dies könnte leicht durch Entfernen all der Informationsbits erreicht werden, die eine gerade Zahl von Paritätskontrollen produzieren. Das wiederum entspricht dem Entfernen aller Zeilen der Paritätskontroll-Matrix mit geradem Gewicht. Man verändert folglich:

$$H = \begin{bmatrix} 1 & 1 & 0 & 1 & 1 & 0 & 0 \\ 1 & 0 & 1 & 1 & 0 & 1 & 0 \\ 0 & 1 & 1 & 1 & 0 & 0 & 1 \end{bmatrix}$$

zu

$$H = \begin{bmatrix} 1 & 1 & 0 & 0 \\ 1 & 0 & 1 & 0 \\ 1 & 0 & 0 & 1 \end{bmatrix}$$

Dies ist nun ein (4,1) Code. Das Informationsbit wird dreimal wiederholt, um die vier Bits des Codes zu bilden. Obwohl dies ein triviales Beispiel ist, kann die dabei verwendete Technik auch auf andere Hamming-Codes oder andere Codefamilien mit geradem d_{min} angewendet werden, um neue interessante Codes herzustellen. Als weiteres Beispiel sei der (15,11) Hamming-Code des Abschnitts 2.8 angeführt. Seine Paritätskontroll-Matrix war:

$$G = \begin{bmatrix} 1 & 1 & 0 & 1 & 0 & 0 & 1 & 1 & 1 & 0 & 1 & 1 & 0 & 0 & 0 \\ 1 & 0 & 1 & 0 & 1 & 0 & 1 & 1 & 0 & 1 & 1 & 0 & 1 & 0 & 0 \\ 0 & 1 & 1 & 0 & 0 & 1 & 1 & 0 & 1 & 1 & 1 & 0 & 0 & 1 & 0 \\ 0 & 0 & 0 & 1 & 1 & 1 & 0 & 1 & 1 & 1 & 1 & 0 & 0 & 0 & 1 \end{bmatrix}$$

Das Entfernen aller Spalten mit geradem Gewicht ergibt:

$$G = \begin{bmatrix} 1 & 1 & 1 & 0 & 1 & 0 & 0 & 0 \\ 1 & 1 & 0 & 1 & 0 & 1 & 0 & 0 \\ 1 & 0 & 1 & 1 & 0 & 0 & 1 & 0 \\ 0 & 1 & 1 & 1 & 0 & 0 & 0 & 1 \end{bmatrix}$$

Es entstand ein (8,4) Code mit $d_{min} = 4$.

Man könnte die so entstandenen Codes noch weiter vereinfachen, indem man Spalten geraden Gewichts der Paritätskontroll-Matrix so löscht, daß sich der Aufwand an Decodierlogik verringert. Dies wird durch Minimieren der Anzahl der Einsen in der Matrix erreicht. Zudem sollte die Anzahl der Einsen je Zeile so wenig wie möglich variieren. So konstruierte Codes werden Hsaio-Codes genannt und werden ausführlicher von Lin und Costello (1983) behandelt.

2.13   Grenzen der Block-Codes

Dieser Abschnitt untersucht die Beziehung zwischen den Werten von n und k und wie viele Fehler korrigiert werden können. Es klingt nur vernünftig, daß es eine Grenze der erzielbaren minimalen Distanz bei gegebenen Werten von n und k geben muß. Es stellt sich jedoch die Frage, ob es möglich ist, den genauen Wert des minimalen Abstandes oder die Zahl der korrigierbaren Fehler zu kennen. Dabei ergibt sich zwar, daß es kein festes Verhältnis gibt, aber es existieren eine Reihe von Obergrenzen des minimalen Abstandes oder der Fehlerkorrektur (Hamming-Grenze, Plotkin-Grenze, Griesmer-Grenze und Singleton-Grenze). Zudem ergibt sich eine Untergrenze, die den Wert der mindestens erreichbaren minimalen Distanz repräsentiert. Auch wenn in diesem Kapitel nur binäre Codes besprochen werden, so ist die Höhe dieser Grenzen auch bei anderen Codes mit nichts weiter als reiner Mathematik abzuleiten. Der Vollständigkeit halber seien die Grenzen von mehrwertigen, wie auch die der binären Codes abgegeben.

Hamming-Grenze

Die Hamming-Grenze wurde bereits oben angeführt und besagt, daß die Zahl der Syndrome mindestens gleich hoch ist wie die Zahl der korrigierbaren Fehlermuster. Für ein q-wertiges Symbol kann jeder Fehler $q-1$ mögliche Werte annehmen, womit sich folgende Formel ergibt:

$$q^{n-k} \geq 1 + n(q-1) + \frac{n(n-1)}{2}(q-1)^2 + \frac{n(n-1)(n-2)}{3}(q-1)^3 + \cdots$$

$$q^{n-k} \geq \sum_{i=0}^{t} \begin{bmatrix} n \\ i \end{bmatrix} (q-1)^i \tag{2.8}$$

Plotkin-Grenze

Die Plotkin-Grenze legt wie die Hamming-Grenze einen maximal erreichbaren Wert des $d_{\min}$ für feststehende Werte von n und k fest. Sie tendiert jedoch dazu, die Grenze bei Codes mit niedrigerer Rate etwas geringer zu setzen, während die Hamming-Grenze bei Codes höherer Rate niedriger liegt.

Die Plotkin-Grenze sagt aus, daß die minimale Distanz bei linearen Codes maximal gleich hoch wie das gemittelte Gewicht aller Codefolgen ungleich Null ist. Für einen q-wertigen Code mit n Symbolen ist die Wahrscheinlichkeit eines Symbols ungleich Null über die ganze Gruppe der Codewörter gleich $(q-1)/q$ (vorausgesetzt der Code ist linear), und es existieren q^k Codewörter in der gesamten Gruppe. Die Zahl der Wörter ungleich Null ist q^k-1. Das mittlere Gewicht eines Codewortes ist demnach:

$$\frac{n\dfrac{q-1}{q}q^k}{q^k-1}$$

Die minimale Distanz kann diesen Wert nicht übersteigen:

$$d_{\min} \leq \frac{n(q-1)q^{k-1}}{q^k-1} \tag{2.9}$$

Bei einem Binärcode ergibt sich folglich:

$$d_{min} \leq \frac{n\,2^{k-1}}{2^k - 1} \tag{2.10}$$

Es ist nicht leicht, den Maximalwert von k für gegebene n und d_{min} zu berechnen, aber aus obigem Resultat kann gezeigt werden, daß:

$$k \leq n - \frac{q d_{min} - 1}{q - 1} + 1 + \log_q d_{min} \tag{2.11}$$

oder für einen Binärcode:

$$k \leq n - 2 d_{min} + 2 + \log_2 d_{min} \tag{2.12}$$

Griesmer-Grenze

Die Griesmer-Grenze ist meist niedriger als die Plotkin-Grenze, und es können aus ihrer Definition Methoden zur Entwicklung guter Codes abgeleitet werden. $N(k,d)$ repräsentiert den geringstmöglichen Wert der Länge n für einen linearen Code C der Dimension k mit der minimalen Distanz d. Ohne die Allgemeingültigkeit zu verlieren, läßt sich die Generator-Matrix aufbauen, indem man die erste Zeile mit d Einsen gefolgt von $N(k,d) - d$ Nullen auffüllt.

$$\mathbf{G} = \begin{bmatrix} 111 \ldots 1 & 000 \ldots 0 \\ \mathbf{G}_1 & \mathbf{G}_2 \end{bmatrix}$$

Die Matrix $\mathbf{G}_2$ erzeugt einen $(N(k,d) - d,\ k - 1)$ Code mit einer minimalen Distanz d_1, genannt Restklassen-Code. Ist $\mathbf{u}$ ein Codewort des Restklassen-Codes, das, verknüpft mit einer Folge $\mathbf{v}$ der Länge d, ein Codewort aus dem Code C erzeugt, so gilt:

$$d_1 + \text{Gewicht } (\mathbf{v}) \geq d$$

$\mathbf{U}$ verbunden mit dem Komplement von $\mathbf{v}$ ergibt jedoch auch ein Codewort:

$$d_1 + d - \text{Gewicht } (\mathbf{v}) \geq d$$

Deshalb gilt $2 d_1 \geq d$ oder $d \geq \lceil d/2 \rceil$. (Das Symbol $\lceil d/2 \rceil$ stellt die ganze Zahl dar, die nicht kleiner als $d/2$ ist). Da der von $\mathbf{G}_2$ erzeugte Code der Länge $N(k,d) - d$ ist, gilt;

$$N(k,d) = N(k - 1,\ \lceil d/2 \rceil) + d$$

Dies ergibt:

$$N(k,d) = \sum_{i=0}^{k-1} \left\lceil \frac{d}{2^i} \right\rceil$$

Dies ist der niedrigste mögliche Wert der Länge, so daß die allgemeine Definition der Griesmer-Grenze für Binärcodes wie folgt lautet:

$$n \geq \sum_{i=0}^{k-1} \left\lceil \frac{d}{2^i} \right\rceil$$

Für q-wertige Codes läßt sich dies wie folgt verallgemeinern:

$$n \geq \sum_{i=0}^{k-1} \left\lceil \frac{d}{q^i} \right\rceil$$

Singleton-Grenze

Wird eines der Informationssymbole eines Block-Codes verändert, so ist das beste, was man in Bezug auf die Distanz zwischen den Codewörtern erhoffen kann, daß sich auch alle Paritätssymbole verändern. In diesem Fall wäre die Distanz zwischen zwei Codewörtern $n - k + 1$. Dies führt zu einer Obergrenze der minimalen Distanz:

$$d_{min} \leq n - k + 1 \tag{2.13}$$

Die einzigen binären Codes, die diese Grenze erreichen, sind einfache $(n,1)$ Wiederholungs-Codes; die Obergrenze anderer Binärcodes liegt üblicherweise tiefer. Andererseits besitzen Reed-Solomon-Codes (die mehrwertige Codes sind) eine minimale Distanz, die der laut dieser Definition maximal erlaubten entspricht. Reed-Solomon-Codes werden in Kapitel 5 behandelt.

Gilbert-Varsharmov-Grenze

Die Gilbert-Varsharmov-Grenze zeigt, daß für gegebene Werte n und k eines linearen Block-Codes eine bestimmte minimale Distanz erreichbar sein sollte. Dies bedeutet nicht notwendigerweise, daß die Codes, die diese Grenze erreichen, bekannt sind oder eine praktische Bedeutung haben, sondern hauptsächlich, daß sie existieren.

Angenommen ein Code hätte eine minimale Distanz d. Das Syndrom eines Fehlermusters mit $d-1$ Fehlern könnte das gleiche sein wie das eines Musters mit nur einem Fehler, bei Fehlermustern mit $d-2$ oder weniger Fehlern gibt es jedoch keine Einzelbitfehlermuster mit demselben Syndrom. Aus diesem Grund versucht man die Spalten der Paritätskontroll-Matrix, die ausschließlich Syndrome von Einzelbitfehlern sind, so zu gestalten, daß keine Spalte aus Linearkombinationen von $d-2$ oder weniger anderer Spalten erzeugt werden kann.

Jede Spalte der Paritätskontroll-Matrix besteht aus $(n-k)$ Symbolen, und für einen q-wertigen Code gibt es q^{n-k} mögliche Spalten. Wenn man die Spalten aufbaut, muß man bestimmte Werte vermeiden, um nicht eine Spalte zu erhalten, die aus Linearkombinationen $d-2$ oder weniger anderer gebildet werden kann. Das Auffinden geeigneter Spalten erschwert sich zunehmend beim Ausfüllen der Matrix; die letzte, n-te Spalte ist am schwierigsten auszuwählen. Zu diesem Zeitpunkt sind folgende Kombinationen nicht mehr erlaubt:

• das Nullwort [eine Kombination]
• jede der $q-1$ Worte ungleich Null, die Vielfache irgendeiner der $n-1$ vorherigen Spalten sind [$(n-1)(q-1)$ Kombinationen]
• eine Linearkombination von Vielfachen von Worten ungleich Null aus i der vorherigen $n-1$ Spalten $\{[\begin{smallmatrix} n-1 \\ i \end{smallmatrix}](q-1)^i$ Kombinationen für jeden Wert von i von 2 bis $(d-2)\}$.

Es ergibt sich folglich:

$$\sum_{i=0}^{d-2}\begin{bmatrix} n \\ i \end{bmatrix} (q-1)^i < q^{n-k} \tag{2.14}$$

Trotzdem ist es erlaubt, Werte auszuwählen, die aus Linearkombinationen von bis zu $d-1$ der vorherigen $n-1$ Spalten entstanden sind. Dies führt uns zur kompletten Definition der Gilbert-Varsharmov-Grenze:

$$\sum_{i=0}^{d-2}\begin{bmatrix} n \\ i \end{bmatrix} (q-1)^i < q^{n-k} \leqslant \sum_{i=0}^{d-1}\begin{bmatrix} n \\ i \end{bmatrix} (q-1)^i \tag{2.15}$$

In dieser Form kann man die Grenze entweder zur Festlegung des Maximalwertes der minimalen Distanz, die bei gegebenen q, n und k erreichbar ist, einsetzen. Man kann sie auch zur Festlegung einer Obergrenze für den Wert $(n-k)$ verwenden, der benötigt wird, um eine gewünschte minimale Distanz bei einem q-wertigen Code der Länge n zu erreichen.

2.14 Literaturhinweise

Obwohl dieses Kapitel die Grundlagen des Themas ziemlich vollständig behandelt hat, können in jedem Buch über Codierung verschiedene Darstellungen dieser Thematik gefunden werden. Clark und Cain (1981) verwenden beispielsweise den Begriff Gruppen-Codes, um lineare Block-Codes zu beschreiben.
Ein Thema, welches hier nicht behandelt wurde, betrifft die Manipulationen an Generator- oder Paritätskontroll-Matrizen, die vorgenommen werden können, um äquivalente Codes zu produzieren. Jede Zeile einer Generator-Matrix kann durch Addition mit einer oder mehrerer der anderen Zeilen verändert werden, und dies beeinflußt offensichtlich die Spalten der Paritätskontroll-Matrix. Darüber hinaus verändert die Addition einer Zeile der Paritätskontroll-Matrix mit einer anderen das resultierende Codewort nicht. Um diese Effekte zu verstehen, ist es empfehlenswert, die geeigneten Kapitel von Lin und Costello (1983) zu studieren und sich

auch einige Gedanken über die physikalischen Effekte einer Matrixmanipulation zu machen. Ein vernünftiges Ziel für den Leser wäre es, Verständnis dafür zu erlangen, wie man eine Paritätskontroll-Matrix aus einer Generator-Matrix in eine nicht-systematische Form ableiten kann und umgekehrt.

Zudem wurde hier der Grund ausgespart, weshalb jeder lineare Block-Code in eine systematische Form gebracht werden kann. Dies hängt mit der Existenz von k linear unabhängigen Codewörtern und den Eigenschaften eines linearen Codes in einem n-dimensionalen Raum zusammen. Dieses Thema wird von Blahut (1983) recht übersichtlich behandelt.

Die oben beschriebenen Grenzen sind die einfach zu beweisenden. MacWilliams und Sloane (1977) beschreiben Methoden der Konstruktion von Codes, die der Griesmer-Grenze recht nahekommen. Viele der in der Literatur beschriebenen Grenzen beziehen sich auf den besten erreichbaren Wert für d_{min}/n bei gegebener Coderate. Die niedrigere Gilbert-Varsharmov-Grenze kann auf diese Form gebracht werden, ebenso wie eine weitere, höhere Grenze, die Elias-Grenze, welche von Blahut (1983) beschrieben wird. Die engste bekannte Untergrenze ist die von McEliece et al. (1977).

2.15   Übungen

1   Ein 8-bit-Byte wird konstruiert, indem man sieben Informationsbits mit einem Paritätsbit verknüpft, um eine gerade Zahl von Einsen im Byte zu haben (gerade Parität). Ist dies ein linearer Code? Wie sind die Werte für n, k, und wie groß ist die minimale Distanz?

2   Es sei die folgende Generator-Matrix in systematischer Form gegeben. Wie sind die Werte n und k des Codes? Wie lautet die Paritätskontroll-Matrix?

$$\begin{bmatrix} 1 & 0 & 0 & 0 & 0 & 0 & 1 & 0 & 1 & 1 \\ 0 & 1 & 0 & 0 & 0 & 0 & 0 & 1 & 0 & 1 \\ 0 & 0 & 1 & 0 & 0 & 0 & 1 & 1 & 1 & 1 \\ 0 & 0 & 0 & 1 & 0 & 0 & 1 & 1 & 1 & 0 \\ 0 & 0 & 0 & 0 & 1 & 0 & 1 & 0 & 1 & 0 \\ 0 & 0 & 0 & 0 & 0 & 1 & 0 & 1 & 1 & 1 \end{bmatrix}$$

3   Man erkläre für die folgende Paritätskontroll-Matrix den Codierungsvorgang und bilde das Syndrom einer empfangenen Bitfolge. Man bilde die Generator-Matrix. Wie lauten die Werte n und k dieses Codes? Wie lauten die Syndrome der Fehlermuster 110001100 und 001010010?

$$\begin{bmatrix} 0 & 1 & 1 & 0 & 1 & 1 & 0 & 0 & 0 \\ 1 & 0 & 1 & 1 & 0 & 0 & 1 & 0 & 0 \\ 1 & 1 & 1 & 0 & 1 & 0 & 0 & 1 & 0 \\ 0 & 0 & 0 & 1 & 1 & 0 & 0 & 0 & 1 \end{bmatrix}$$

4   Ein linearer (6,3) Code wird wie folgt aufgebaut:

Bit 2 ist Paritätskontrolle für Bits 5 und 4
Bit 1 ist Paritätskontrolle für Bits 4 und 3
Bit 0 ist Paritätskontrolle für Bits 5 und 3

Daraus soll die Generator- und Paritätskontroll-Matrix und die minimale Distanz des Codes abgeleitet werden.

Man konstruiere ein Standardfeld des Codes. Man bestimme die Syndrome der Restgruppenführer. Für jedes Bit einer jeden 6-bit-Folge soll eine logische Funktion des Syndroms bestimmt werden, die anzeigt, ob es sich bei diesem Bit um einen Fehler handelt. Man vollziehe die vollständige Decodierung mit Hilfe des Standardfeldes.

5*   Ein linearer (16,9) Code ist wie folgt konstruiert: Die Information ist in den Bits 0, 1, 2, 4, 5, 6, 8, 9 und 10. Bit 3 ist Paritätskontrolle für die Bits 0–2, Bit 7 prüft die Bits 4–6, und Bit 11 prüft die Bits 8–10. Bit 12 ist Paritätskontrolle für die Bits 0,4 und 8, Bit 13 prüft die Bits 1,5 und 9, Bit 14 prüft die Bits 2, 6 und 10, und Bit 15 prüft die Bits 3, 7 und 11. Man erstelle die Paritätskontroll-Matrix und zeige, daß der Code unverändert bleibt, wenn Bit 15 als Paritätskontrolle für die Bits 12–14 verwendet würde.

Man zeige, daß der Code als 4×4 Feld mit Information in einem 3×3 Feld und Paritätskontrollen in jeder Spalte und Zeile dargestellt werden kann. Anschließend soll der Versuch gemacht werden, mit Einzelbitfehlern belastete Bitfolgen zu decodieren. Man bestimme die minimale Distanz dieses Codes.

6*   Es seien 15 Münzen desselben Gewichts. Eine der Münzen könnte jedoch ein gering verschiedenes Gewicht haben. Man besitzt eine Waage, die Gewichte zweier Münzen oder Gruppen von Münzen vergleichen kann. Es soll ein Schema ausgearbeitet werden, das es erlaubt, in vier Wiegevorgängen zu bestimmen, ob und wenn ja, welche Münze ein anderes Gewicht als die übrigen hat.

7   Wie lautet der längste durch Verkürzung eines (31,26) Hamming-Code erzeugbare SECDED-Code? Wie sieht seine Paritätskontroll-Matrix aus?

8*   Man schreibe eine Paritätskontroll-Matrix eines (7,4) Hamming-Codes. Dann konstruiere man die Paritätskontroll-Matrix eines erweiterten Codes durch Hinzufügen einer Null in jeder Zeile und Bildung einer neuen Zeile aus den Gesamtparitätskontrollen. Man bilde nun die Generator-Matrix des ursprünglichen Codes, füge eine Gesamtparitätskontrolle in jeder Zeile hinzu und entwickle dann die Paritätskontroll-Matix des erweiterten Codes. Die beiden Paritätkontroll-Matrizen sollen verglichen werden.

9*   Könnte der aus einer Erweiterung eines (7,4) Hamming-Codes entstandene (8,4) Code auch durch Verkürzung eines längeren Hammming-Codes entstehen?

10   Sind die folgenden Binärcodes möglich?

$n = 7,$ $k = 2,$ $d_{min} = 5$
$n = 63,$ $k = 31,$ $d_{min} = 7$
$n = 63,$ $k = 45,$ $d_{min} = 7$
$n = 127,$ $k = 109,$ $d_{min} = 7$

3 Zyklische Codes

3.1 Einführung

Kapitel 2 zeigte, daß die Eigenschaft der Linearität zur Vereinfachung der Aufgabe der Codierung und Decodierung bei Block-Codes verwendet werden kann. Es existieren viele andere Möglichkeiten, wie die Struktur eines Codes als Hilfe für seine Realisierung genutzt werden kann. Die bei Block-Codes am häufigsten auftretende Struktur gehört zu der Untergruppe der zyklischen Codes. Ihre Popularität erklärt sich zum Teil in der Tatsache, daß ihre strukturelle Eigenart einen Schutz gegen gebündelte Fehler darstellt. Zudem ist die benötigte Codier- und Decodierlogik einfach, obwohl einfache Decodierung auf Kosten der Geschwindigkeit gehen könnte.

Um dieses Kapitel zu verstehen, sollte der Leser mit den Inhalten der Abschnitte 1.1, 1.2, 1.5, 1.6 und 2.1–2.6 vertraut sein. Nützlich wäre auch Abschnitt 2.9, in dem der Begriff des Syndroms definiert wird. Die Modifikation von Block-Codes, wie in Abschnitt 2.12 beschrieben, taucht ebenfalls wieder auf, und obwohl all dies im folgenden Kapitel noch einmal beschrieben wird, ist eine Vertrautheit mit diesen Themen aus Kapitel 2 sicherlich von Vorteil.

Dieses Kapitel geht auf die Parallelität zwischen Polynomen, die üblicherweise zur Darstellung von zyklischen Codefolgen benutzt werden, und der Z-Transformation, die zur Darstellung von abgetasteten Signalen und digitalen Filtern in der digitalen Signalverarbeitung genutzt wird, ein. Es wäre ein großer Vorteil für den Leser, bereits mit dem Verfahren der Z-Transformation und besonders der Faltung vertraut zu sein. Beinahe jedes Buch über digitale Signalverarbeitung behandelt das benötigte Material; ein gutes Beispiel ist die Arbeit von Oppenheim und Schafer (1975).

3.2 Definition des zyklischen Codes

Zyklische Codes sind eine Untergruppe der linearen Block-Codes. Dies sei angemerkt um zu verdeutlichen, daß immer noch Block-Codes behandelt werden, und alle Eigenschaften von Linearität und die damit verbundenen Techniken auch auf zyklische Codes angewendet werden können. Die zyklische Eigenart ist ein zusätzlicher Faktor, der unter gewissen Umständen nützlich sein kann.

Die Struktur eines zyklischen Codes ist so, daß eine zyklische Verschiebung eines beliebigen Codewortes zu einem weiteren Codewort führt. Dies bedeutet nicht, daß alle Codewörter aus Verschiebung eines einzelnen hergestellt werden können. Alle Codewörter können jedoch aus einer einzigen Bitfolge anhand von Verschiebungen (aufgrund der zyklischen Eigenschaft) und Addition (aufgrund der linearen Eigenschaft) gewonnen werden.

3.3   Beispiel eines zyklischen Codes

Die Eigenschaften der Bitfolgen, die zur Erzeugung zyklischer Codes verwendet
werden können, werden im nächsten Abschnitt behandelt. Für dieses Beispiel soll
jedoch ein Ergebnis vorweggenommen werden, nämlich daß es möglich ist, einen
zyklischen Code der Länge 7 aus der Folge 0001011 herzustellen. Mit dem Wissen,
daß das Nullwort immer ein Codewort eines linearen Codes ist, können die übrigen
wie folgt konstruiert werden:

1	Nullwort	0 0 0 0 0 0 0
2	Generatorfolge	0 0 0 1 0 1 1
3	Verschobene Generatorfolge	0 0 1 0 1 1 0
4	2. Verschiebung	0 1 0 1 1 0 0
5	3. Verschiebung	1 0 1 1 0 0 0
6	4. Verschiebung	0 1 1 0 0 0 1
7	5. Verschiebung	1 1 0 0 0 1 0
8	6. Verschiebung	1 0 0 0 1 0 1
9	Folgen 2 + 3	0 0 1 1 1 0 1
10	Verschobene Folge 9	0 1 1 1 0 1 0
11	2. Verschiebung	1 1 1 0 1 0 0
12	3. Verschiebung	1 1 0 1 0 0 1
13	4. Verschiebung	1 0 1 0 0 1 1
14	5. Verschiebung	0 1 0 0 1 1 1
15	6. Verschiebung	1 0 0 1 1 1 0
16	Folgen 2 + 11	1 1 1 1 1 1 1

Was wurde getan? Die Generatorfolge wurde so lange linksverschoben, bis alle
sieben Folgen durchlaufen waren. Wir addieren nun zwei Folgen zu einer neuen
und verschieben diese erneut nach links, bis wiederum alle sieben Möglichkeiten
durchlaufen sind. Am Ende finden sich zwei Folgen, die addiert das Wort 1111111
ergeben, welches bei Verschiebung unverändert bleibt. Weitere Verschiebungen
und Additionen würden keine neuen Codefolgen erzeugen.
Weil es im obigen Code 16 Codewörter gibt, erhält man 4 Informationsbits, d. h. es
handelt sich um einen (7,4) Code. Die minimale Distanz kann auf 3 festgelegt
werden, da das Codewort minimalen Gewichts (ausgenommen des Nullwortes) das
Gewicht 3 besitzt. Der Code hat die gleichen Eigenschaften wie der Beispielcode
aus Kapitel 1 und 2 und ist in der Tat ein weiteres Beispiel eines Hamming-Codes,
dieses Mal jedoch in zyklischer Form (Es gibt beides, zyklische und nicht zyklische
Versionen des Hamming-Codes, abhängig von der Anordnung der Spalten in der
Paritätskontroll-Matrix).

3.4   Darstellung als Polynom

Die speziellen Methoden der Codierung und Decodierung von zyklischen Codes
sind am leichtesten bei Verwendung der Algebra zu verstehen, wobei ein Polynom
zur Darstellung von Bitfolgen verwendet wird. In der Polynomdarstellung repräsentiert eine Multiplikation mit X eine Linksverschiebung, d. h. eine Verschiebung
zu der vorhergehenden Position der Folge. Für den mit der Z-Transformation von
digitalen Signalen vertrauten Leser sei angemerkt, daß dies eine Parallelität zu der
Art und Weise darstellt, in der der Z-Operator einen Einheitssprung in der Zeit
darstellt.

Die Terme in einem Polynom repräsentieren die Positionen der Einsen der Folge;
die am weitesten rechte Position wird mit X^0 betitelt, die nächste links davon mit X^1,
dann X^2 und so weiter. Die Generatorfolge für den obigen Code stellt sich folglich
dar als

$$g(X) = X^3 + X + 1$$

Man hätte jede der verschobenen Folgen dieser Grundfolge als Generator für den
Code verwenden können. Üblicherweise wählt man jedoch den Fall, in dem der
Generator so weit wie möglich zu den niederwertigen X verschoben ist.

3.5   Codierung durch Faltung

Bei Betrachtung der Generatorfolge und den ersten $k-1$ Linksverschiebungen fällt
auf, daß sie voneinander linear unabhängig sind. Keine der k-Bitfolgen kann
folglich durch Addition von zwei oder mehreren Bitfolgen der anderen hergestellt
werden. Für den vorliegenden Code kann deshalb die Eigenschaft der Linearität
genutzt werden, indem man jedes Codewort durch Addition der Folgen 1011000,
0101100, 0010110 und 0001011 herstellt. Dies resultiert in folgender Generator-
Matrix (vgl. Abschnitt 2.7):

$$\mathbf{G} = \begin{bmatrix} 1 & 0 & 1 & 1 & 0 & 0 & 0 \\ 0 & 1 & 0 & 1 & 1 & 0 & 0 \\ 0 & 0 & 1 & 0 & 1 & 1 & 0 \\ 0 & 0 & 0 & 1 & 0 & 1 & 1 \end{bmatrix}$$

Die Bitfolgen, die zur Erzeugung des Codes dienen, sind in polynomischer Form
alle Vielfache der Generatorfolge. Jedes Codewort kann deshalb als Produkt eines
Generators mit einem Polynom betrachtet werden, wobei das Polynom die in dem
Codewort enthaltene Information repräsentiert.

$$c(X) = g(X)i(X)$$

Die Information hat eine Quantität von k Bits, d. h. $i(X)$ besitzt als höchstmögliche
Potenz von X den Term X^{k-1}. Das Polynom heißt dann vom *Grad* $k-1$. Da $c(X)$
vom Grad $n-1$ ist, ist der Grad von $g(X)$ $n-k$.

Die Codeerzeugung kann auch vom Standpunkt der Analogie zwischen der polynomischen Darstellung und der Z-Transformation betrachtet werden. Hier stellt sich
heraus, daß die Multiplikation zweier Z-Transformierten äquivalent zur Faltung
derselben Folgen ist. Deshalb kann die Codierung auch als Faltung der Information
mit der Generatorfolge angesehen werden. Eine Faltung wird $c(j) = a(j) \circledast b(j)$
geschrieben und folgendermaßen definiert:

$$c(j) = \sum_{i=0}^{j} a(i)\, b(j - i) \tag{3.1}$$

wobei j die Position in der Folge repräsentiert. Beide, $a(j)$ und $b(j)$, haben die gleiche Länge und sind mit Nullen am Anfang zur gesamten Faltungslänge erweitert. Die
Dimension dieser Länge sollte man folgendem Beispiel entnehmen können.

Beispiel

Es sei $b(j)$ die Generatorfolge 1011 (mit dem Term der Ordnung Null auf der
rechten Seite) und $a(j)$ die Informationsfolge 1010. Die Faltung wird wie folgt
ausgeführt:

$j = 0$ $a(0)b(0) = 0$
$j = 1$ $a(0)b(1) + a(1)b(0) = 0 \times 1 + 1 \times 1 = 1$
$j = 2$ $a(0)b(2) + a(1)b(1) + a(2)b(0) = 0 \times 0 + 1 \times 1 + 0 \times 1 = 1$
$j = 3$ $a(0)b(3) + a(1)b(2) + a(2)b(1) + a(3)b(0) = 0 \times 1 + 1 \times 0 + 0$
$\qquad \times 1 + 1 \times 1 = 1$
$j = 4$ $a(1)b(3) + a(2)b(2) + a(3)b(1) = 1 \times 1 + 0 \times 0 + 1 \times 1 = 0$
$j = 5$ $a(2)b(3) + a(3)b(2) = 0 \times 1 + 1 \times 0 = 0$
$j = 6$ $a(3)b(3) = 1 \times 1 = 1$

Für $j = 7$ oder mehr entstehen aus den Folgen bei Faltung keine Produkte mehr (die
Folgen überlappen sich nicht mehr), so daß sich als Resultat 0 ergibt. Die Faltungs-
länge ist folglich 7 und das Codewort 1001110, was einer Addition der ersten und
der dritten Zeile der Generator-Matrix entspricht.
Das Kommutativ-Gesetz ist auf die Faltung anwendbar, d.h. $a(j) \circledast b(j) = b(j) \circledast a(j)$. Die Faltungslänge ist $l + m - 1$, wenn l die Länge der einen und m die
Länge der anderen Folge ist. Aufgrund dieser Tatsache ergibt eine Faltung einer
Informationsfolge der Länge k mit einer Generatorfolge der Länge $n - k + 1$ eine
Codefolge der Länge n.

3.6   Die zyklische Eigenschaft

Nimmt man die Generatorfolge und verschiebt sie k-mal, so wird das linke Bit
aufgrund der zyklischen Eigenschaft nach rechts außen umgeklappt. Um dieses
Umklappen zu bewerkstelligen, muß man immer dann, wenn ein Term X^n auf-

taucht, eine Addition mit $X^n + 1$ vornehmen. Dann wird die außen links stehende 1 nach rechts außen versetzt. Es stellt sich heraus, daß dieser Vorgang nur dann ein Codewort produziert, wenn $X^n + 1$ ein Vielfaches der Generatorfolge ist.

Man kann dieses Problem auch in eine mathematische Form bringen und erreicht dasselbe Ergebnis:

$$g(X)X^k + X^n + 1 = g^{(k)}(X)$$

wobei $g(k)(X)$ das durch zyklisches Schieben um k Plätze entstandene Polynom ist. Weil dies ein Codewort ist, ergibt sich:

$$g(X)X^k + X^n + 1 = a(X)g(X)$$

$$X^n + 1 = [a(X) + X^k]\, g(X)$$

wobei $a(X)$ ein Polynom ist.

Es folgt hieraus, daß das Generatorpolynom eines zyklischen (n,k) Codes ein Faktor von $X^n + 1$ sein muß.

3.7 Folgerung aus der zyklischen Eigenschaft

Die zwei vorangegangenen Abschnitte verdeutlichten, daß der Generator zwei Eigenschaften haben muß, um einen zyklischen (n,k) Code herstellen zu können.

1. Das Generatorpolynom muß ein Faktor von $X^n + 1$.

2. Der Grad des Generatorpolynoms muß $n-k$ sein.

Wie können nun die Eigenschaften eines hergestellten Codes bei einem gegebenen Generatorpolynom vorweg ermittelt werden? Die Zahl der Paritätsbits ist einfach aus dem Grad des Generators abzuleiten, die Länge zu bestimmen ist jedoch ungleich schwieriger. Um dieses Problem zu meistern, sollte man in der Lage sein eine lange Division in der modulo 2-Arithmetik durchzuführen. Das Ziel ist es, die Folge $1000\ldots0$ so lange durch das Generatorpolynom zu teilen, bis ein Polynomrest von 1 entsteht. Man weiß nun, daß bei Veränderung der letzten 0 zu einer 1 der Polynomrest 0 wäre. Damit ist das Problem gelöst.

Beispiel

Man betrachte die in den vorigen Beispielen verwendete Bitfolge 1011. Nun wird eine lange Division durchgeführt, wobei die Polynomreste folgende Resultate ergeben:

```
1011   | 1000000000000
       1011
        1100
        1011
        1110
        1011
        1010
        1011
           1
```

In der modulo 2-Arithmetik besteht kein Unterschied zwischen Addition und Subtraktion. Deshalb ist es völlig korrekt, die Folge 1011 von Bitfolgen, wie z. B. 1000, zu subtrahieren. Dies bewirkt lediglich eine 1 auf der linken Seite des Subtrahenden, was einer Verringerung des Grades des Polynomrestes entspricht.

Am obigen Beispiel ist erkennbar, daß die Folge 10000001 durch 1011 teilbar ist, d. h. $X^7 + 1$ ist durch $X^3 + X + 1$ teilbar. Folglich ist die Codelänge 7, was die ursprüngliche Vermutung aus Abschnitt 3.2 bestätigt.

Farrell und Campello de Souza (1982) zeigten, daß es auch möglich ist, die minimale Distanz des Codes aus obiger Vorgehensweise abzuleiten. Die Sequenz 10000001 ist ein Vielfaches von 1011, folglich ist der Polynomrest nach jeder Teilsubtraktion der langen Division auch ein Vielfaches von 1011. Weil diese Polynomreste auch vom Grade $n-1$ oder geringer sind, sind sie Codewörter. Die lange Division erzeugt demnach die Codewörter 0110001, 0011101 und 0001011. Deren minimales Gewicht ist 3, das bedeutet, die minimale Distanz kann 3 nicht überschreiten. In der Praxis stimmt der auf diese Weise bestimmte Maximalwert der minimalen Distanz fast immer mit der tatsächlichen minimalen Distanz überein. Dieses Verfahren stellt also einen sehr sinnvollen Weg dar, die Länge und minimale Distanz eines durch unbekannte Polynome erzeugten Codes zu bestimmen.

Es existiert jedoch ein wichtiger Einspruch gegen die Verwendung des obigen Verfahrens. Es wird nämlich nur der kleinste Wert von n aufgefunden , auch wenn andere möglich sind. Z. B. ist $X^3 + X + 1$ auch ein Faktor von $X^{14} + 1$ und könnte demnach einen Code der Länge 14 produzieren. Ein solcher Code wäre, obwohl möglich, nicht sehr sinnvoll; die Folge $X^7 + 1$, Gewicht 2, wäre ein Codewort, d. h. die minimale Distanz des Codes wäre nur 2. In der Praxis könnte man den Generatorpolynomen demnach noch eine weitere Bedingung auferlegen: Sie sollen kein Faktor von $X^j + 1$ für jeden Wert von j, der niedriger als der angestrebte Wert n ist, sein. Folglich ist der Einspruch gegen dieses Verfahren ohne praktische Bedeutung.

3.8   Primitive Polynome

Wenn n der niedrigstmögliche Wert ist, so daß $X^n + 1$ ein Vielfaches eines Polynoms $g(X)$ und $n = 2^{n-k} - 1$ ist (wobei $n - k$ den Grad von $g(X)$ repräsentiert), so ist das Polynom $g(X)$ ein Generator für einen zyklischen Hamming-Code. Die Hamming-Code-Polynome sind in der Theorie der Block-Codes von großer Bedeutung und werden primitive Polynome genannt.

Tabelle 3.1   Primitive Polynome

Grad	Polynom
2	$X^2 + X + 1$
3	$X^3 + X + 1$
4	$X^4 + X + 1$
5	$X^5 + X^2 + 1$
	$X^5 + X^4 + X^3 + X^2 + 1$
	$X^5 + X^4 + X^2 + X + 1$
6	$X^6 + X + 1$
	$X^6 + X^5 + X^2 + X + 1$
	$X^7 + X^5 + X^3 + X^2 + 1$
7	$X^7 + X^3 + 1$
	$X^7 + X^3 + X^2 + X + 1$
	$X^7 + X^4 + X^3 + X^2 + 1$
	$X^7 + X^6 + X^5 + X^4 + X^2 + X + 1$
8	$X^8 + X^4 + X^3 + X^2 + 1$
	$X^8 + X^6 + X^5 + X^3 + 1$
	$X^8 + X^7 + X^6 + X^5 + X^2 + X + 1$
	$X^8 + X^5 + X^3 + X + 1$
	$X^8 + X^6 + X^5 + X^2 + 1$
	$X^8 + X^6 + X^5 + X + 1$
	$X^8 + X^6 + X^4 + X^3 + X^2 + X + 1$
	$X^8 + X^7 + X^6 + X + 1$

In Tabelle 3.1 werden primitive Polynome bis zum Grad 8 gezeigt. Bei jedem aufgelisteten Polynom ist das Polynom, welches das gleiche Bitmuster in umgekehrter Reihenfolge repräsentiert, auch primitiv. So repräsentiert z. B. $X^4 + X + 1$ die Bitfolge 10011, so daß 11001, bzw. $X^4 + X^3 + 1$, ebenso primitiv ist. Die Bitmuster niedriger Gewichte sind am einfachsten zu realisieren und werden deshalb gewöhnlich für Fehlerkontrollanwendungen herangezogen.

3.9   Systematisches Codieren von zyklischen Codes

Obwohl die Codierung, wie oben angeführt, durch Faltung der Information mit der Generatorfolge erreicht werden kann, ist dies nicht die bequemste Methode, da der erzeugte Code in nicht-systematischer Form ist. Dieser Umstand erschwert die Informationsrückgewinnung beim Decodieren. Es stellt sich die Frage nach einer einfachen Methode, einen zyklischen Code in systematischer Form zu erzeugen. Die Antwort findet man in der in Abschnitt 3.7 behandelten langen modulo 2-Division von Folgen, welche bequem mit Hilfe von Schieberegistern mit Rückkopplung realisiert werden kann.

Ein Code in systematischer Form besteht aus Informationsbits, gefolgt von Paritätskontrollbits. Aufgrund der polynomischen Schreibweise läßt sich die Information durch Multiplikation mit X^{n-k} in das äußerste linke Bit verschieben, wobei folgendes Codewort entsteht:

$$c(X) = i(X)X^{n-k} + p(X)$$

Unter Berücksichtigung der Äquivalenz von Addition und Subtraktion:

$$c(X) + p(X) = i(X)X^{n-k}$$

wobei $c(X)$ die Information und $p(X)$ die Paritätsbits darstellen.

Nun wird auf beiden Seiten eine modulo $g(X)$-Operation durchgeführt, d. h. Division durch $g(X)$ und Auffinden des Polynomrestes. Da $c(X)$ ein Vielfaches von $g(X)$ ist und $p(X)$ niedrigeren Grades als $g(X)$ ist, erhält man:

$$p(X) = i(X)X^{n-k} \bmod g(X) \tag{3.2}$$

Zur Codierung in systematischer Form nimmt man deshalb das um $n-k$ Bits verschobene $i(X)$, teilt es durch $g(X)$ und verwendet den Polynomrest als Paritätskontrolle.

Beispiel

Man betrachte die Codierung der Folge 1010, wobei 1011 als Generatorfolge verwendet wird. Es wird eine lange Division der Folge 1010000 durch 1011 ausgeführt:

```
1011    |1010000
         1011
         ‾‾‾‾
          1000
          1011
          ‾‾‾‾
           011
```

Der Polynomrest ist 011, folglich lautet das Codewort 1010011. Dies ist tatsächlich eines der Codewörter aus Abschnitt 3.3.

3.10 Das Syndrom eines zyklischen Codes

Es ist relativ leicht zu veranschaulichen, daß bei Division einer Folge durch einen Generator der Poynomrest das Syndrom ist. Um dies zu tun, stelle man sich die Empfangsfolge $r(X)$ als bestehend aus der Summe einer Codefolge $c(X)$ und dem Fehlermuster $e(X)$ vor:

$$r(X) = c(X) + e(X)$$

Spaltet man den Code und die Fehlerpolynome in Informations- und Paritätspositionen, so ergibt sich:

$$r(X) = i(X)X^{n-k} + e_i(X)X^{n-k} + e_p(X)$$

wobei $e_i(X)X^{n-k}$ das Fehlermuster der Informationsbits repräsentiert und $e_p(X)$ den Fehler der Paritätsbits.

An der empfangenen Folge wird nun eine modulo $g(X)$-Operation durchgeführt:

$$r(X) \bmod g(X) = \{[i(X) + e_i(X)]X^{n-k}\} \bmod g(X) + p(X) + e_p(X)$$

In anderen Worten bedeutet dies: Der Polynomrest entspricht der Addition der aus der empfangenen Information berechneten Paritätsbits mit den empfangenen Paritätsbits. Dies entspricht der Definition des Syndroms aus Abschnitt 2.9.

Beispiel

Die Empfangsfolge sei 1010110. Die Paritätsfolge zur Information 1010 wurde bereits im vorigen Abschnitt berechnet . Sie lautet 011. Der Vergleich mit der empfangenen Parität 110 ergibt das Syndrom 101. Dieses kann durch die lange Division wie folgt bewiesen werden:

```
1011    |1010110
         1011
          1110
          1011
           101
```

Das Syndrom ergibt sich wie erwartet zu 101.

3.11 Realisierung der Codierung

Die Grundschritte des Codierens und des Entwickelns eines Syndroms sind Division durch das Generatorpolynom und Herausziehen des Polynomrestes. Ein Blockschaltbild eines solchen Codieres ist in Abbildung 3.1 dargestellt. Er verwendet eine Anordnung von Schieberegistern mit Rückkopplung und codiert den Hamming-Code des vorigen Beispiels. Dies funktioniert folgendermaßen: Wird ein Bit des Wertes 1 aus der linken Seite des Registers herausgeschoben, so wird das Bitmuster 011 in die nächsten drei Positionen addiert. Dies ist genau der Vorgang des Codierens durch lange Division.

Um zu veranschaulichen, wie der Schaltkreis arbeitet, sei die Codierung der Information 1010 vorgeführt. Die Information wird in die Register geschoben. Dann werden weitere $n-k$ Verschiebungen ausgeführt. Mit jedem neuen Bit werden die

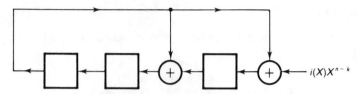

Abb. 3.1   Codierer für einen zyklischen (7,4) Hamming-Code

Inhalte der Register nach links geschoben, und der Wert des äußerst linken Bits
wird mit den Bits, die zwischen den Blöcken an den bezeichneten Stellen fließen,
modulo 2-addiert. Am Ende des Vorgangs bilden die Inhalte der Register die
Paritätsbits. Die Stufen der Codierung werden in Tabelle 3.2 gezeigt, das Codewort
ergibt sich, wie erwartet, zu 1010011.

Tabelle 3.2

Eingangswerte	Registerinhalte
–	0 0 0
1	0 0 1
0	0 1 0
1	1 0 1
0	0 0 1
0	0 1 0
0	1 0 0
0	0 1 1

Ein anderer Blickpunkt auf diesen Prozeß ergibt sich, wenn man sich die Informa-
tion als durch wiederholtes Setzen von $g(X) = 0$ in die Register geschoben vorstellt.
Dies bedeutet, daß lediglich der Polynomrest am Ende der Operation übrig bleibt.
Für das gegebene Beispiel:

$$X^3 + X + 1 = 0$$
$$X^3 = X + 1$$

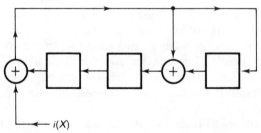

Abb. 3.2   Verbesserte Version des Codierers für den zyklischen (7,4) Hamming-
Code

Jedesmal, wenn ein X^2-Term links aus dem Register herausgeschoben wird, wird er zu einem X^3-Term und mit $X + 1$ gleichgesetzt.

Das Problem des Schaltkreises aus Abbildung 3.1 ist, daß nach Eingeben der Information $n-k$ weitere Verschiebungen nötig sind, bis das Syndrom geformt wird. Diese zusätzlichen Verschiebungen können vermieden werden, wenn die Bitfolge von links in die Register geschoben wird (s. Abbildung 3.2).

In diesem Fall ergibt sich der Codierungsvorgang der Information 1010 wie in Tabelle 3.3 gezeigt. Das Codewort lautet wie schon vorher 1010011.

Tabelle 3.3

Eingangswerte	Registerinhalte
–	0 0 0
1	0 1 1
0	1 1 0
1	1 0 0
0	0 1 1

Eine allgemeingültige Form dieses Schaltkreises wird in Abbildung 3.3 angeführt. Um für beliebige Polynome die korrekte Form bestimmen zu können, muß der Schaltkreis so viele Stufen besitzen, wie der Grad des Polynoms hoch ist. Zudem müssen die Rückkopplungen angemessen verbunden werden. Wenn die Schieberegister von links aus die Terme X^{n-k-1} bis X^0 repräsentieren, so sind die Verbindungen rechts von den Stufen anzubringen, die zu den Termen des Polynoms korrespondieren. Man beachte, daß es der Überlauf der äußerst linken (X^{n-k-1}) Stufe ist, der zum Polynomterm höchster Potenz korrespondiert.

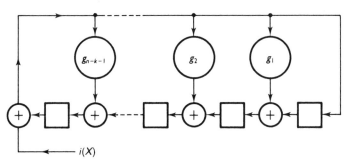

Abb. 3.3   Allgemeiner Codierer für zyklische Codes

3.12   Decodierung

Das Syndrom einer jeden Empfangsfolge kann durch Verschiebung der Folge in den Codierschaltkreis der in Abbildung 3.1 gezeigten Art gewonnen werden. Mit Hilfe der kombinatorischen Logik oder dem Ablesen aus einer Tabelle kann dann das Fehlermuster wie bei einfachen, linearen Block-Codes ermittelt werden. Die Logik kann jedoch durch die Zunutzemachung der zyklischen Natur des Codes vereinfacht werden, wenn auch auf Kosten der Geschwindigkeit.

Angenommen man formt das Syndrom $s(X)$ aus einer empfangenen Folge $r(X)$ und verschiebt es in den Registern einmal, um $Xs(X)\bmod g(X)$ zu bilden. Es stellt sich dann heraus, daß dies das gleiche Resultat zur Folge hat wie das zyklische Schieben einer Empfangsfolge um einen Platz mit anschließender Bildung des Syndroms.

Das Syndrom hängt einzig vom Fehlermuster ab, nicht jedoch vom übertragenen Codewort. Es kann aus der Durchführung der modulo $g(X)$-Operation des Fehlermusters gewonnen werden. Das Fehlermuster ist folglich die Summe aus Syndrom und einer Vielfachen des Generators. Also:

$$e(X) = a(X)g(X) + s(X)$$

wobei $e(X)$ das Fehlerpolynom darstellt und $a(X)$ ein beliebiges Polynom ist. Ist der Koeffizient von X^{n-1} in $e(X)$ gleich e_{n-1}, dann lautet das verschobene Fehlermuster:

$$e^{(1)}(X) = Xe(X) + e_{n-1}(X^n + 1)$$

$$= Xa(X)g(X) + e_{n-1}(X^n + 1) + Xs(X)$$

Führt man am obigen Ausdruck eine modulo $g(X)$-Operation durch, so entsteht das Syndrom des verschobenen Fehlermusters, und der Polynomrest ergibt sich zu $Xs(X)\bmod g(X)$, da $X^n + 1$ ein Vielfaches von $g(X)$ ist. Dies entspricht einer einzelnen Verschiebung von $s(X)$ im wie oben erläuterten Syndromregister. Das Resultat wäre somit bewiesen.

Die praktische Bedeutung dieses Ergebnisses ist, daß es bei Beschränkung der Suche auf Einzelbitfehler ausreicht, so lange wiederholt zu verschieben, bis sich der Fehler auf einer bestimmten Position befindet (z. B. Bit $n-1$). Dann wird das zugehörige Syndrom ermittelt, und mit Hilfe der Anzahl der Verschiebungen läßt sich die ursprüngliche Position des Fehlers rekonstruieren. Decodierer, die nach diesem Prinzip arbeiten, heißen Meggit-Decodierer.

Wenn man den Beispielcode verwendet und eine Tabelle der Syndrome in Relation mit den möglichen Fehlerpositionen erstellt, so ergibt sich Tabelle 3.4.

Tabelle 3.4

Fehlerposition	Syndrom
6	1 0 1
5	1 1 1
4	1 1 0
3	0 1 1
2	1 0 0
1	0 1 0
0	0 0 1

Ausgehend von 001 wird in dem Register mit Rückkopplung verschoben. Die Ergebnisse hiervon sind in Tabelle 3.5 aufgelistet. Das erwartete Verhältnis ist offensichtlich; befindet sich der Fehler beispielsweise in Bit 2, so verändern weitere 4 Verschiebungen das Syndrom zu dem Wert, der einem Fehler in Bit 6 zugeordnet ist. Befindet sich der Fehler in Bit 5, so ist lediglich eine weitere Verschiebung notwendig.

Tabelle 3.5

Verschiebungen	Registerinhalt
0	0 0 1
1	0 1 0
2	1 0 0
3	0 1 1
4	1 1 0
5	1 1 1
6	1 0 1

Man kann mit dieser Methode die Decodierung nicht so unverzüglich erreichen, wie es von der Methodik erreicht wird, die einzig auf kombinatorischer Logik oder Verwendung einer Tabelle beruht, da zuerst eine Anzahl von Verschiebungen vorgenommen werden müssen. Es existiert jedoch eine maximale Anzahl von Verschiebungen, ab denen sich das Muster zu wiederholen beginnt (nach Bildung des Syndroms sind im Höchstfall $n-1$ Verschiebungen nötig).

Dieses Prinzip soll nun anhand einiger Beispiele verdeutlicht werden. Angenommen das gesendete Codewort wäre 1010011, aber Bit 6 würde falsch empfangen, so daß die empfangene Folge 0010011 wäre. Das zu der empfangenen Information 0010 korrespondierende Codewort wäre 0010110 (aus Abschnitt 3.3). Es ergibt sich das Syndrom 101. Dies kann durch lange Division oder Durchführung der Operation des Schaltkreises in Abbildung 3.1 geprüft werden. Letzteres wird in Tabelle 3.6 gezeigt. Die Kontrolle mit Hilfe der langen Division bleibt dem Leser überlassen.

Tabelle 3.6

Eingangswerte	Registerinhalte
–	0 0 0
0	0 0 0
0	0 0 0
1	0 0 1
0	0 1 0
0	1 0 0
1	0 1 0
1	1 0 1

Wenn stattdessen der Fehler in Bit 5 auftritt, so lautet die empfangene Folge 110011, das Codewort mit der Information 1110 ist 1110100, und das Syndrom ergibt sich zu 111. Man kann die in Tabelle 3.7 gezeigten Ergebnisse auch durch die Schaltkreisoperation gewinnen.

Tabelle 3.7

Eingangswerte	Registerinhalte
–	0 0 0
1	0 0 1
1	0 1 1
1	1 1 1
0	1 0 1
0	0 0 1
1	0 1 1
1	1 1 1

Wird eine weitere Verschiebung mit 0 am Eingang vorgenommen, so ergibt sich 101, was dem Syndrom eines Fehlers im Bit 6 entspricht. Die Tatsache, daß ein weiteres Verschieben zum Erreichen des gewünschten Syndroms vonnöten war, sagt aus, daß der Fehler in Bit 6–1, also Bit 5 auftrat.

Ein interessanter Aspekt ergibt sich bei Verwendung des Schaltkreises aus Abbildung 3.2 oder 3.3 zur Bildung des Syndroms. Aus dem Codierbeispiel konnte entnommen werden, daß die Verwendung dieser Art des Schaltkreises der Benutzung des Schaltkreises von Abbildung 3.1 mit anschließender $(n-k)$-facher Verschiebung entspricht. Ist das Bit $n-1$ der empfangenen Folge fehlerhaft, so entspricht dies der Bildung des Syndroms eines um $n-k$ Positionen linksverschobenen Fehlers, d. h. der Fehlers wird auf Bit $n-k-1$ verschoben. Das entstandene Syndrom besteht folglich aus einer 1, gefolgt von $n-k-1$ Nullen, vorausgesetzt es tritt nur dieser eine Fehler auf. Die zur Erkennung eines einzelnen Bitfehlers in der ersten Position benötigte kombinatorische Logik wird also sehr einfach.

Tabelle 3.8

Eingangswerte	Registerinhalte
–	0 0 0
0	0 0 0
0	0 0 0
1	0 1 1
0	1 1 0
0	1 1 1
1	1 1 0
1	1 0 0

Am obigen Beispiel der empfangenen Folge 0010011, die einen Bitfehler auf Position 6 aufweist, wird die Syndrombildung nach Abbildung 3.2 so aussehen, wie in Abbildung 3.8 gezeigt. Dies entspricht dem erwarteten Resultat. Lautet die empfangene Folge 1110011 (Fehler in Bit 5), so läuft der in Abbildung 3.9 dargestellte Ablauf ab, und eine weitere Verschiebung ergibt die erwartete 100.

Tabelle 3.9

Eingangswerte	Registerinhalte
–	0 0 0
1	0 1 1
1	1 0 1
1	0 1 0
0	1 0 0
0	0 1 1
1	1 0 1
1	0 1 0

Man beachte, daß sich das so berechnete Syndrom von den vorigen Definitionen unterscheidet. Da es jedoch dieselbe Information trägt, wird der Begriff Syndrom beibehalten. Diese Art des Syndroms ist, da sehr bequem, so gebräuchlich, daß eine eigene Bezeichnung dafür sinnvoll wäre. Unglücklicherweise existiert kein eingeführter Begriff, und so wird es im weiteren Verlauf dieses Buches mit den Symbolen s^{n-k} oder $s^{n-k}(X)$ beschrieben, je nachdem, ob es als Vektor oder als Polynom auftritt.

3.13 Decodierungsvorgänge

Die Vorgehensweise eines Meggit-Decodierers basiert auf dem in Abbildung 3.3 beschriebenen Syndromschaltbild. Ein Programm über den Weg, wie die Fehlererkennung und -korrektur erreicht werden kann, ist unten angegeben. Es ist in der Programmiersprache *Pascal* verfaßt. Der Code ist für Einzelbitfehler gedacht, kann jedoch auf andere Fälle erweitert werden. Er beinhaltet die Erkennung unkorrigierbarer Fehler, was für perfekte Codes, wie z. B. dem Hamming-Code, nicht erforderlich ist, bei anderen Codes aber benötigt wird.

```
begin
shift received sequence into syndrome circuit;
if syndrome zero then no errors
else
  begin
  i: = n-1;
```

```
        while syndrome <> 10...0 and i > 0 do
          begin
          i: = i-1;
          shift syndrome register;
          end;
        if syndrome = 10...0 then error in bit i
        else uncorrectable error;
        end;
      end.
```

In einer praktischen Ausführung ist das Zwischenspeichern der empfangenen Folge so lange nötig, bis das Syndrom geformt ist, und zu dem Zeitpunkt wird dann bekannt sein, ob Bit $n-1$ fehlerhaft ist. Bit $n-1$ kann dann aus dem Zwischenspeicher geschoben und, wenn nötig, korrigiert werden. Gleichzeitig wird ein weiteres Verschieben des Syndroms vorgenommen, um zu entscheiden, ob das nächste Bit $(n-2)$ einer Korrektur bedarf. In dieser Weise werden die Daten aus dem Zwischenspeicher geschoben, während im Syndrom-Schaltkreis gleichzeitig verschoben wird. Auf diese Weise ist kein Zwischenspeichern des Fehlermusters nötig.

3.14   Korrektur mehrerer Fehler

Viele zyklische Codes sind in der Lage, mehrere Fehler zu korrigieren. Ein Beispiel hierfür ist der Golay-Code, ein perfekter (23,12) Code mit $d_{min} = 7$. Das Generatorpolynom lautet entweder

$$g(X) = X^{11} + X^{10} + X^6 + X^5 + X^4 + X^2 + 1$$

oder

$$g(X) = X^{11} + X^9 + X^7 + X^6 + X^5 + X + 1$$

Es gibt verschiedene Möglichkeiten, einen solchen Code zu decodieren, aber alle basieren auf dem Meggit-Decodierer. Eine einfache Realisierung wäre die Verwendung des Schaltkreises nach Abbildung 3.3 und folgende Erweiterung der Decodier-Logik:

1. Bilde das Syndrom der empfangenen Folge

2. Suche nach Syndromen, die zu jedem korrigierbaren Fehlermustern korrespondieren, das einen Fehler in Bit $n-1$ aufweist.

3. Wird ein solches Muster nach i zusätzlichen Verschiebungen erkannt, so bedeutet dies, daß in Bit $n-(i+1)$ ein Fehler war. Dieses Bit kann folglich korrigiert werden.

4. Jedes korrigierte Bit ergibt in der äußerst linken Position des Syndroms eine 1. Das erste Bit des Syndromregisters wird somit invertiert, sobald ein Bit

korrigiert wurde. Die verbleibenden Werte des Syndrom-Registers repräsentieren die Fehler der nicht korrigierten Bits.

5. Fahre fort, bis der verbleibende Wert im Syndrom-Register 0 ist oder alle n Bits der empfangenen Folge bearbeitet wurden.

Im Prinzip wäre Schritt 4 nicht nötig. Er hilft jedoch zu entscheiden, wann alle Fehler gefunden wurden und, sollen unkorrigierbare Fehler ausgegeben werden, wo diese auftraten.

3.15   Beispiel einer Mehrfehlerkorrektur

Das Polynom

$$g(X) = X^8 + X^4 + X^2 + X + 1$$

erzeugt einen Doppelfehler korrigierenden (15,7) Code. Wenn ein Codierer des in Abbildung 3.3 gezeigten Typs zur Bildung eines Syndroms benutzt wird, dann hat ein Fehler in Position 14 ein Syndrom von 10000000 zur Folge. Die Syndrome aller anderen Einzelbitfehler können durch Verschieben in den Syndrom-Registern gefunden werden. Die komplette Folge wird in Tabelle 3.10 gezeigt:

Tabelle 3.10

Fehlerposition	Syndrome
0	0 0 0 1 0 1 1 1
1	0 0 1 0 1 1 1 0
2	0 1 0 1 1 1 0 0
3	1 0 1 1 1 0 0 0
4	0 1 1 0 0 1 1 1
5	1 1 0 0 1 1 1 0
6	1 0 0 0 1 0 1 1
7	0 0 0 0 0 0 0 1
8	0 0 0 0 0 0 1 0
9	0 0 0 0 0 1 0 0
10	0 0 0 0 1 0 0 0
11	0 0 0 1 0 0 0 0
12	0 0 1 0 0 0 0 0
13	0 1 0 0 0 0 0 0
14	1 0 0 0 0 0 0 0

Die gesuchten Syndrome sind die eines Fehlers in Position 14, der entweder alleine oder in Kombination mit einem anderen Bitfehler auftrat. Dies ergibt die in Abbildung 3.11 dargestellte Liste.

Tabelle 3.11

Fehlerposition	Syndrome
14.0	1 0 0 1 0 1 1 1
14.1	1 0 1 0 1 1 1 0
14.2	1 1 0 1 1 1 0 0
14.3	0 0 1 1 1 0 0 0
14.4	1 1 1 0 0 1 1 1
14.5	0 1 0 0 1 1 1 0
14.6	0 0 0 0 1 0 1 1
14.7	1 0 0 0 0 0 0 1
14.8	1 0 0 0 0 0 1 0
14.9	1 0 0 0 0 1 0 0
14.10	1 0 0 0 1 0 0 0
14.11	1 0 0 1 0 0 0 0
14.12	1 0 1 0 0 0 0 0
14.13	1 1 0 0 0 0 0 0
14	1 0 0 0 0 0 0 0

Angenommen die Fehler befinden sich jetzt in Position 12 und 5. Addiert man die Syndrome dieser Einzelfehler, so ergibt sich ein Wert von 11101110, wie vom Codierer berechnet. Dieser Wert taucht nicht in der Liste der Syndrome auf, die der Codierer zu erkennen versucht. Deshalb wird zweimal verschoben, über 11001011 nach 10000001. Dieser Wert befindet sich in der Tabelle, die zwei zur Erreichung dieser Stufe nötigen Verschiebungen zeigen an, daß der Fehler in Bit 12 auftrat. Man korrigiert deshalb Bit 12 und invertiert das linke äußere Bit, so daß sich das Syndrom 00000001 ergibt. Sieben weitere Verschiebungen, also insgesamt neun, ergeben das Muster 10000000, welches einen korrigierbaren Fehler in Bit 5 anzeigt. Korrigiert man diesen Fehler und invertiert das linke äußere Bit, so bleibt als Syndrom ein Nullwort. Dies bedeutet, daß die Fehlerkorrektur abgeschlossen ist.

Angenommen die Fehler sind in Bit 12 und 10. Das vom Codierer berechnete Syndrom lautet 00101000. Zwei Verschiebungen ergeben 10100000. Man korrigiert Bit 12 und invertiert das erste Bit des Syndroms. Es bleibt 00100000. Zwei weitere Verschiebungen ergeben das Syndrom 10000000, d. h. Fehler in Bit 10. Hätte man das Syndrom nach Korrektur des ersten Fehlers nicht verbessert, so ergäben sich nach diesen zwei Verschiebungen die Syndrome 01010111 und 10101110. Der zweite Wert wäre auch in der Liste zu finden, so daß Bit 10 korrigiert würde. Der einzige Nachteil wäre, daß es nun bei Verwendung eines leistungsfähigeren Codes zur Korrektur von drei oder mehr Fehlern schwierig sein würde zu bestimmen, wann die Operation beendet wäre. Man wüßte nach Prüfung jedes Bits nicht, ob alle Fehler gefunden wurden oder ob ein unkorrigierbares Fehlermuster aufgetreten ist.

3.16   Verkürzte zyklische Codes

Wie alle anderen linearen Block-Codes können auch die zyklischen Codes durch Verkürzung an Systemparameter angepaßt werden. Dies entspricht dem Entfernen von Informationsbits. Im Fall der zyklischen Codes ist die gebräuchlichste Methode das Nullsetzen und Nichtübertragen von einigen führenden Bits. Die resultierenden Codes sind zwar, genau gesprochen nicht mehr zyklisch, können aber unter Zuhilfenahme derselben Methoden codiert und decodiert werden. Dies ist so, da die entfernten Bits keinen Einfluß auf die Bildung der Paritätsbits oder des Syndroms hätten. Vorsicht ist jedoch bei Abzählen der Bits der Decodierung geboten, da der Meggit-Decodierer in den Bits nach Fehlern zu suchen beginnt, die vorher entfernt wurden. Sobald der Decodierer meint, einen Fehler in einem dieser Bits gefunden zu haben, führt dies zu einem unkorrigierbaren Fehlermuster. Andererseits kann die Anordnung der rückgekoppelten Schieberegister so verändert werden, daß das Syndrom automatisch um eine geeignete Zahl von Positionen verschoben wird. Die Fehlersuche kann dann sofort beginnen.

Angenommen man kürzt einen zyklischen (n, k) Code auf $(n-i, k-i)$. Empfangen würde eine Folge $r(X)$, und man möchte das Syndrom von $X^j\,r(X)$ bilden, wobei j die Summe aus i (Zahl der entfernten Bits) und $n-k$ (die übliche Anzahl der vorher vorgenommenen Verschiebungen des Syndroms) darstellt. Ist nun $s_1(X)$ das Syndrom von $r(X)$ und $s_2(X)$ das Syndrom von X^j, dann wäre das benötigte Syndrom $s_1(X)s_2(X)\bmod g(X)$. Man multipliziert folglich die empfangene Folge mit $s_2(X)\bmod g(X)$ durch Verschieben der Folge zu den gewünschten Positionen in den Schieberegistern.

Als Beispiel diene ein aus $X^4 + X + 1$ erzeugter (15,11) Code, der auf (12,8) verkürzt wurde. Zuerst wird der Wert $X^7 \bmod g(X)$ berechnet, welcher sich zu $X^3 + X + 1$ ergibt. Nun wird die empfangene Folge in die X^3-, X- und 1-Register nach Abbildung 3.4 geschoben. Wird dieser Anordnung eine Folge 100000000000 zugeführt, so wären die Registerinhalte wie in Tabelle 3.12 beschrieben. Das erwartete Resultat würde sich demnach dann ergeben, wenn die Register das Syndrom 1000 enthalten würden. Enthält das erste übertragene Bit einen Fehler, so würde dies tatsächlich unmittelbar angezeigt werden. Jedes andere Syndrom würde

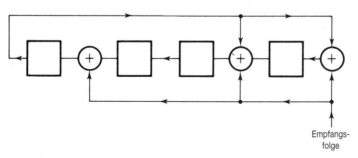

Abb. 3.4   Syndrombildung bei einem verkürzten Code

anzeigen, daß ein Verschieben solange nötig ist, bis 1000 erreicht ist oder der Fehler
unkorrigierbar ist.

Tabelle 3.12

Eingangswerte	Registerinhalte
–	0 0 0 0
1	1 0 1 1
0	0 1 0 1
0	1 0 1 0
0	0 1 1 1
0	1 1 1 0
0	1 1 1 1
0	1 1 0 1
0	1 0 0 1
0	0 0 0 1
0	0 0 1 0
0	0 1 0 0
0	1 0 0 0

Wie es auch bei anderen linearen Block-Codes der Fall war, kann ein solcher
Verkürzungsvorgang die minimale Distanz nicht verringern, eventuell vergrößert
sie sich sogar. Die in Abschnitt 2.12 erläuterten Vorgehensweisen zur Erhöhung
der minimalen Distanz durch Verkürzen des Codes sind dennoch nicht geeignet,
wenn man die für zyklische Codes entworfene Schaltkreise verwendet.

3.17   Sicherheitserhöhung bei zyklischen Codes

Sicherheitserhöhung (expurgation) ist die Umwandlung von Informationsbits in
Paritätsbits, d. h. bei gleichbleibender Länge n wird die Dimension k reduziert und
die Zahl der Paritätsbits $n-k$ steigt.
Wenn der Wert der minimalen Distanz eines zyklischen Codes gerade ist, so hat die
Multiplikation des Generators mit $X+1$ den Effekt der Sicherheitserhöhung zur
Folge, und $d_{\min}$ wird um 1 erhöht. Zum Beispiel:

$$g(X) = X^3 + X + 1$$
$$g(X)(X + 1) = X^4 + X^3 + X^2 + 1$$

Der Grad der neuen Generatorfolge ist um 1 gestiegen, was die Zahl der Paritätsbits
erhöht. $X+1$ ist ein Faktor von $X^n + 1$ für jeden Wert n, so daß der neue Generator
trotzdem immer noch ein Faktor von $X^n + 1$ ist. Dies bedeutet, daß die Codelänge
unverändert bleibt.
Jedes Codewort des neuen Codes besteht aus einem mit $X+1$ multiplizierten
Codewort des ursprünglichen Codes, d. h. das ursprüngliche Wort wurde linksver-

schoben und mit sich selbst addiert. Das Resultat ist von geradem Gewicht, weil die zwei addierten Folgen dasselbe Gewicht hatten und eine modulo 2-Addition keine gerade Parität in eine ungerade verwandeln kann. Nimmt man z. B. die Codefolgen 1000101 des Abschnitts 3.3, verschiebt sie nach links und addiert sie mit sich selbst, so ergibt sich:

$$1000101 + 0001011 = 1001110$$

Jede der addierten Folgen hätte das Gewicht 3, aber die Addition führte zur Löschung zweier Einsen. Übrig blieb ein Codewort des Gewichtes 4.

Angenommen der Originalcode hätte einen ungeraden Wert der minimalen Distanz und beinhalte deshalb Codeworte ungeraden Gewichts. Dann wären die Codeworte des Codes nach Sicherheitserhöhung gerade die Codewörter geraden Gewichts des Originalcodes. Der englische Begriff *expurgation* entsteht durch das Entfernen aller Codewörter mit ungeradem Gewicht. Das führt zum Anheben der minimalen Distanz auf einen geraden Wert.

Im Beispiel, in dem der Generator $X^3 + X + 1$ zur Sicherheitserhöhung zu $X^4 + X + 1$ verändert wurde, ist der neue Generator vom Gewicht 4. Es ist somit offensichtlich, daß die neue minimale Distanz nicht größer als 4 sein kann. Da sich die minimale Distanz von 3 auf einen geraden Wert erhöht haben muß, muß sie also genau 4 sein. In anderen Fällen von Hamming-Codes kann der Generator auch von höherem Gewicht sein, aber man kann beweisen, daß der Code nach der Sicherheitserhöhung immer noch Worte des Gewichtes 4 enthält. Somit ist die minimale Distanz nach Sicherheitserhöhung 4.

Beweis

Ein Code sei von einem primitiven Polynom $g(X)$ des Grades c erzeugt. Man wähle nun drei verschiedene ganze Zahlen p, q und r, die alle kleiner als $2^c - 1$ sind, so daß $X^p + X^q + X^r$ kein Codewort ist. Teilt man diese Folge durch $g(X)$, so erhält man einen Polynomrest $s(X)$, der als das Syndrom eines Einzelbitfehlers X^s interpretiert werden kann, da $g(X)$ einen perfekten Code mit Einzelbitkorrektur herstellt. Folglich existiert eine Folge $X^p + X^q + X^r + X^s$, die ein Codewort ist. Darüber hinaus kann die ganze Zahl s nicht gleich p, q oder r sein, denn dies würde die Existenz eines Codewortes mit Gewicht 2 und minimaler Distanz 2 mit sich bringen. Deshalb hat jeder von einem primitiven Polynom erzeugte, zyklische Code Codewörter des Gewichts 4.

Der Code konnte nach der Sicherheitserhöhung auf dem üblichen Wege mit Hilfe des neuen Generators decodiert werden. Da jedoch die Codewörter auch Codewörter des ursprünglichen Hamming-Codes sind, kann man zwei Syndrome bilden, indem man zum einen durch den ursprünglichen Hamming-Code-Generator teilt und zum anderen eine Division durch $X + 1$ durchführt. Dies wird in Abbildung 3.5 veranschaulicht. Sind beide Syndrome Null, so gibt es keine Fehler. Sind beide ungleich Null, so geht man von einem Einzelbitfehler aus und unternimmt unter Zuhilfenahme des Hamming-Syndrom-Schaltkreises einen Korrekturversuch. Ist

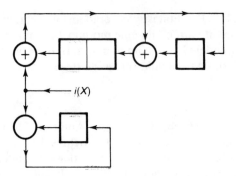

Abb. 3.5   Syndrombildung bei einem sicherheitserhöhten Code

nur eines der Syndrome ungleich Null, so liegt ein unkorrigierbarer Fehler vor. Diese Methode ist für die Erkennung unkorrigierbarer Fehler vorteilhaft.

Beipiel

Die Folge 0111010 ist ein Codewort eines (7,3) Codes nach Sicherheitserhöhung, der von $g(X) = X^4 + X^3 + X^2 + 1$ erzeugt wurde. Folgende Bedingungen beeinflussen den Wert der Syndrome bei Verwendung des in Abbildung 3.5 gezeigten Schaltkreises:

> empfangene Bitfolge 0110010 (Einzelfehler), Syndrome sind 101 und 1 (korrigierbare Fehler)
>
> empfangene Bitfolge 011011 (Doppelfehler), Syndrome sind 110 und 0 (korrigierbare Fehler)
>
> empfangene Bitfolge 1011000 (Dreifachfehler), Syndrome sind 000 und 1 (korrigierbare Fehler)

Im ersten Fall ergibt das Verschieben des ersten Syndroms 001, 010 und 100. Dies zeigt einen Fehler in Bit 3 an.

3.18   BCH-Codes

Viele der bedeutendsten Block-Codes für die Korrektur von Zufallsfehlern gehören zur Familie der BCH-Codes, benannt nach ihren Entdeckern Bose, Chaudhuri und Hocquenghem. Hamming-Codes sind ein Spezialfall der BCH-Codes. Obwohl momentan nur die binären Codes behandelt werden, existieren auch mehrwertige BCH-Codes. Für ein vollständiges Verständnis der BCH-Codes und der Bildung des Generator-Polynoms ist das Verständnis des Aufbaus des Galois-Feldes Voraussetzung. Diese werden in einem späteren Kapitel behandelt. Man findet die Generator-Polynome auch in den meisten Lehrbüchern.

Die Konstruktion eines t-fehlerkorrigierenden, binären BCH-Codes beginnt mit der Auswahl der geeigneten Länge:

$$n = 2^m - 1 \qquad (m \text{ ist eine ganze Zahl} \geqslant 3)$$

Die Werte von k und d_{min} können nicht definitiv bekannt sein, bis der Code gebildet wurde, aber man weiß:

$$n - k \leqslant mt \qquad (\text{Gleichheit tritt bei kleinem } t \text{ auf})$$

und

$$d_{min} \geqslant 2t + 1$$

wobei t die gewünschte Zahl der Fehler darstellt, die erkannt und korrigiert werden sollen. Der tatsächliche Code könnte diesen erwarteten Wert der minimalen Distanz sogar noch übertreffen.

BCH-Codes werden üblicherweise unter Verwendung der Algebra decodiert, indem das Syndrom zur Bildung eines Fehlerlokalisierungs-Polynoms benutzt wird, dessen Auswertung die genauen Positionen der Fehler angibt. Eine genauere Erklärung der Codes und der Konstruktions- und Decodierungsmethoden befindet sich im Kapitel 4.

3.19   Literaturhinweise

Bevor sich der Leser in andere Bücher vertieft, soll die Warnung ausgesprochen sein, daß die hier getroffenen Abmachungen bei Termen höherer Ordnung (z. B. die ersten übertragenen Bits links aufzuführen) von anderen Autoren umgekehrt verwendet werden. Dies wird so gehandhabt, um es zu ermöglichen, daß die Schaltbilder mit Eingängen links und Ausgängen rechts gekennzeichnet werden können. Blahut (1983) verwendet dieselben Vereinbarungen wie dieses Buch. Clark und Cain (1981) und Lin und Costello (1983) verwenden die umgekehrte. Ist man erst einmal mit der umgekehrten Reihenfolge vertraut, so wird man wahrscheinlich bei Lin und Costello das beste vollständige Werk finden; sie zeigen mehr Details der Schaltkreisrealisation, und ihr Werk beinhaltet Alternativen für Codes mit einer Rate, die kleiner als 1/2 ist. Dies wurde hier aufgrund der nur begrenzten Bedeutung von Codes niedrigerer Rate nicht behandelt.

3.20   Übungen

1   Das primitive Polynom $X^4 + X + 1$ wurde zur Erzeugung eines zyklischen Codes verwendet. Man codiere die Folgen 11011101001 und 01010000111.

2   Man bilde die Syndrome der Folgen 000111001110011 und 100111111110011 unter Zuhilfenahme des Codes aus Übung 1.

3   Man bestimme Länge und minimale Distanz eines aus dem Polynom $X^5 + X^3 + X^2 + X + 1$ gebildeten Codes.

4   Man bestimme unter Verwendung der Divisionsmethode die Länge und minimale Distanz des binären Golay-Codes, der durch folgendes Generatorpolynom erzeugt wird:

$g(X) = X^{11} + X^9 + X^7 + X^6 + X^5 + X + 1$

5   Man zeige, daß das Polynom $X^4 + X^2 + 1$ zur Erzeugung eines Codes der Länge 12 verwendet werden kann. Man bestimme die minimale Distanz und kommentiere das Ergebnis.

6* Man beweise, daß ein Fehler in Bit $n-1$ einer empfangenen Folge im Syndrom $s(X) = [g(X) + 1]/X$ resultiert.

7   Wie wären die Resultate, wenn der Schaltkreis aus Abbildung 3.2 zur Bildung des Syndroms $\mathbf{s}^{n-k}$ für die Folgen in Übung 2 verwendet werden würde? Man bestimme daraus die Fehler.

8   Das binäre Polynom $X^5 + X^2 + 1$ erzeugt einen Hamming-Code. Wie sind die Werte n und k? Man entwerfe einen Meggit-Decodierer für den Code und erkläre seine Funktionsweise.

9   Man zeige, daß das Polynom $g(X) = X^8 + X^7 + X^6 + X^4 + 1$ einen Doppelfehler korrigierenden Code der Länge 15 erzeugt. Man bestimme die Syndrome $s^8(X)$, die den korrigierbaren Fehlern zugeordnet sind, die einen Fehler in Bit 14 beinhalten. Man decodiere die Folge 100010110010001.

10 Ein zyklischer (15,11) Hamming-Code wird durch Entfernen von fünf Informationsbits verkürzt. Wie lauten die Werte der Länge, Dimension und der minimalen Distanz des verkürzten Codes? Das Generatorpolynom sei $g(X) = X^4 + X + 1$. Man codiere die Folge 110001 und zeige unter Verwendung des Codierschaltkreises zur Berechnung des Syndroms, wie das Decodieren funktioniert, wenn das zweite empfangene Bit fehlerhaft ist. Man verändere weiterhin das Syndrom, um schon vorher die geeignete Menge zu multiplizieren und wiederhole den Decodierungsvorgang.

11 Man bestimme das Syndrom bei Verwendung des Schaltkreises von Abbildung 3.5, wenn folgende Fehler auftraten:

(a) Fehler in Bit 0
(b) Fehler in den Bits 6 und 0

12 Das binäre Polynom $X^7 + X^3 + 1$ ist primitiv. Man zeige, daß das Polynom $X^8 + X^7 + X^4 + X^3 + X + 1$ einen (127,119) Code mit $d_{min} = 4$ erzeugt. Man entwerfe einen Meggit-Decodierer für den Code und erkläre seine Funktionsweise.

13 Welcher der folgenden Codes stimmt mit den Regeln der BCH-Codes überein?

   (31,21) $d_{min} = 5$
   (63,45) $d_{min} = 7$
   (63,36) $d_{min} = 11$
   (127,103) $d_{min} = 7$

4 Die Arithmetik des Galois-Feldes als Hilfe für die Bearbeitung von Block-Codes

4.1 Einführung

Bisher wurden die Operationen an Block-Codes mit Hilfe der binären Arithmetik gelöst. Es wurde jedoch bereits in Kapitel 2 darauf hingewiesen, daß die binäre Arithmetik nur ein Teilgebiet der Arithmetik des Galois-Feldes (endlichen Körpers) ist. Dieses Kapitel soll erklären, wie man die Probleme mit der Arithmetik des Galois-Feldes angehen kann. Viele Bücher über Codierung führen den Leser wesentlich früher in die Methoden des Galois-Feldes ein, als es hier getan wird. Die Arithmetik des Galois-Feldes ist nicht übermäßig schwer, und eine Reihe von Ergebnissen vorangegangener Kapitel hätten auch mit ihrer Hilfe erzielt werden können. Trotzdem sollte man mit den Inhalten der Kapitel 2 und 3 vertraut sein, ehe man sich in dieses Kapitel vertieft, da das Wiederauftauchen gewisser Ergebnisse helfen sollte, das Vertrauen in die Thematik zu stärken. Dies gilt vor allem deshalb, da das Thema sehr abstrakt erscheint, solange man keine Anwendungsbeispiele gesehen hat.

Es existiert eine interessante Analogie zwischen der Arithmetik von Galois-Feldern und dem eher verbreiteten Gebiet der komplexen Zahlen, die dem Leser behilflich sein dürfte. Ebenso wie bei reellen und komplexen Zahlen besteht auch zwischen binären und daraus abgeleiteten größeren Feldern ein interessantes und nützliches Verhältnis. Jedes irreduzible binäre Polynom läßt sich in einem geeigneten größeren Feld in Faktoren zerlegen, ebenso wie komplexe Zahlen eine Zerlegung eines beliebigen Polynoms mit realen Koeffizienten erlauben. Darüber hinaus erlaubt uns die Analogie mit den komplexen Zahlen, eine Fourier-Transformation für Galois-Felder zu definieren. Dies ist für die Codierung und Decodierung bestimmter zyklischer Codes nützlich.

4.2 Definition des Galois-Feldes

Ein Galois-Feld besteht aus einer Gruppe von Variablen und einigen definierten Operationen, so daß das Ergebnis einer arithmetischen Operation zweier Variablen des Feldes selbst ein Inhalt des Feldes ist. Es könnte der Gedanke auftauchen, daß dies der Suche nach echten Variablen gleichkommt, die dann in bekannten Operationen so verwendet werden, daß die Regeln nicht verletzt werden. Tatsächlich jedoch sind die Werte der Elemente einer Gruppe in ziemlich abstrakter Weise definiert. Das Problem der Arithmetik von Galois-Feldern besteht weitestgehend darin, die erlaubten Operationen zu definieren.

Ein Galois-Feld mit Elementen, die q verschiedene Werte annehmen können, wird GF(q) genannt. Galois-Felder haben folgende Eigenschaften:

1. Es existieren zwei definierte Operationen: Addition und Multiplikation.

2. Das Resultat der Durchführung einer solchen Operation an zwei Elementen des Feldes ist selbst ein Element des Feldes.

3. Ein Element des Feldes ist das Element 0, so daß für alle Elemente a des Feldes gilt: $a + 0 = a$

4. Ein Element des Feldes ist das Element 1, so daß für alle Elemente a des Feldes gilt: $a \times 1 = a$

5. Für jedes Element a existiert ein additiv inverses, $-a$, so daß $a + (-a) = 0$ ist. Dies ermöglicht die Definition der Subtraktion als Addition des inversen Elementes.

6. Für jedes Element a ungleich Null des Feldes existiert ein multiplikativ inverses, a^{-1}, so daß $a \times a^{-1} = 1$. Dies ermöglicht die Definition der Division als Multiplikation des inversen Elementes.

7. Es gelten das Assoziativ-Gesetz $[a + (b + c) = (a + b) + c, a \times (b \times c) = (a \times b) \times c]$, das Kommutativ-Gesetz $[a + b = b + a, a \times b = b \times a]$ und das Distributiv-Gesetz $[a \times (b + c) = a \times b + a \times c]$.

Diese Eigenschaften können nicht bei jeder möglichen Größe des Feldes eingehalten werden. Daraus resultiert die Vorschrift, daß Galois-Felder nur in bestimmten Größen konstruiert werden können. Die Eigenschaften werden jedoch eingehalten, wenn die Feldgröße eine Primzahl oder geradzahlige Potenz der Primzahl ist. Das Hauptinteresse diese Kapitels liegt auf Galois-Feldern, deren Größe eine geradzahlige Potenz der Zahl 2 ist.

Beispiele von Galois-Feldern mit 3 und 4 Elementen werden in den Tabellen 4.1–4.4 gezeigt. Man beachte, daß die Arithmetik im GF(3) in modulo 3 durchgeführt wird, während beim GF(4) weder Addition noch Multiplikation in modulo 4 ausgeführt werden. Die Gründe hierfür und die Konstruktionsmethoden der Felder werden in den nächsten beiden Abschnitten erklärt.

Tabelle 4.1   Addition im GF(3)

+	0	1	2
0	0	1	2
1	1	2	0
1	2	0	1

Tabelle 4.2   Multiplikation im GF(3)

×	0	1	2
0	0	0	0
1	0	1	2
2	0	2	1

Tabelle 4.3   Addition im GF(4)

+	0	1	2	3
0	0	1	2	3
1	1	0	3	2
2	2	3	0	1
3	3	2	1	0

Tabelle 4.4   Multiplikation im GF(4)

×	0	1	2	3
0	0	0	0	0
1	0	1	2	3
2	0	2	3	1
3	0	3	1	2

4.3   Galois-Felder GF(p) der Größe einer Primzahl

Geradeso wie beim binären Feld die Arithmetik in modulo 2 ausgeführt wird, wird bei einem Feld der Größe p (p ist Primzahl) die Operation modulo p verwendet. Wenn man folglich zwei Elemente des Bereiches 0 bis $p-1$ addiert oder multipliziert, sollte am Ergebnis eine modulo p-Operation vorgenommen werden.

Das additiv Inverse eines jeglichen Elementes ist leicht als Ergebnis einer Subtraktion des Elementes von p zu identifizieren. Folglich ist beim GF(7) das additiv Inverse von 5 gleich 2. Das Auffinden des multiplikativ Inversen gestaltet sich dagegen schwieriger. Im folgenden soll der Weg zu seiner Entdeckung erklärt werden. Dies stellt auch eine Annäherung an die Konstruktionsmethoden anderer Feldgrößen dar.

Es kann bewiesen werden, daß es in jedem Feld der Größe einer Primzahl mindestens ein Element gibt, dessen Potenzen alle Elemente ungleich Null des Feldes bildet. Dieses Element wird primitiv genannt. So ist zum Beispiel die Zahl 3 im GF(7) primitiv, da:

$$3^0 = 1$$
$$3^1 = 3$$
$$3^2 = 2$$
$$3^3 = 6$$
$$3^4 = 4$$
$$3^5 = 5$$

Höhere Potenzen von 3 wiederholen lediglich dieselben Muster, da $3^6 = 1$ ist. Man beachte, daß die Multiplikation durch Addieren der Potenzen von 3 durchgeführt werden kann, wie z. B. $6 \times 2 = (3^3) \times (3^2) = 3^5 = 5$. Man kann folglich das multiplikativ Inverse eines jeden Elementes 3^n als $3^{-n} = 3^{6-n}$ bestimmen. Das multiplikativ Inverse von 6 ist folglich 6, das von 5 ist 3.

4.4 Erweiterung des binären Feldes – Galois-Feld GF(2^m)

Galois-Felder können also hergestellt werden, wenn die Zahl der Elemente eine ganzzahlige Potenz einer beliebigen Primzahl p ist. Es kann in diesem Fall auch ein primitives Element im Feld nachgewiesen werden. Die Arithmetik läuft mit Hilfe der modulo-Funktion eines Polynoms von GF(p) ab. Im hauptsächlich interessanten Fall von $p = 2$ wird das verwendete Polynom eines der primitiven binären Polynomen sein, die in Kapitel 3 zur Erzeugung von Hamming-Codes verwendet wurden.

Angenommen man möchte ein Galois-Feld GF(q) erzeugen, und man verwendet ein primitives Element α des Feldes. Im Moment kann diesem Element α noch kein numerischer Wert zugeordnet werden, aber das Wissen um seine Existenz möge im Augenblick genügen. Die Potenzen von α, α^0 bis α^{q-2}, insgesamt q-2-Terme, bilden die Elemente des Feldes, die ungleich Null sind. Das Element αq^{-1} entspricht dem Element α^0 und die höheren Potenzen von α wiederholen lediglich die niedrigeren Potenzen des Galois-Feldes. Die Multiplikation wird durch die modulo q-Addition der Potenzen von α durchgeführt. Was man demnach einzig benötigt, ist das Wissen, wie die Potenzen von α addiert werden. Dies wird am einfachsten im Falle von $q = 2^m$ (m sei ganzzahlig) verdeutlicht. Für das Feld GF(2^m) ist bekannt:

$$\alpha^{(2^m-1)} = 1$$

oder

$$\alpha^{(2^m-1)} + 1 = 0$$

Diese Bedingung ist erfüllt, wenn irgendeiner der Faktoren dieses Polynoms gleich Null ist. Der ausgewählte Faktor sollte irreduzibel sein. Zudem sollte er kein Faktor von $\alpha n + 1$ für Werte von $n < (2^m - 1)$ sein, sonst wiederholen sich die Potenzen von α bevor alle Elemente ungleich Null des Feldes erzeugt wurden, d. h. α ist dann nicht primitiv. Jedes Polynom, das diese Eigenschaften erfüllt, heißt primitives Polynom. Es kann bewiesen werden, daß es immer ein primitives Polynom und folglich ein primitives Element gibt. Darüber hinaus ist der Grad des primitiven Polynoms für GF(2^m) immer m. Tabellen primitiver Polynome sind in nahezu allen Fachbüchern zu finden, und eine Auswahl einiger Werte findet sich in Tabelle 3.1 des vorangegangenen Kapitels.

Man nehme als Beispiel das Feld GF(2^3). Die Faktoren von $\alpha^7 + 1$ sind:

$$\alpha^7 + 1 = (\alpha + 1)(\alpha^3 + \alpha + 1)(\alpha^3 + \alpha^2 + 1)$$

Beide Polynome dritten Grades sind primitiv, und es wird willkürlich das erste ausgewählt, um die Potenzen von α zu bilden, wobei gilt:

$$\alpha^3 + \alpha + 1 = 0$$

Die Elemente ungleich Null des Feldes ergeben sich zu:

$$1$$
$$\alpha$$
$$\alpha^2$$
$$\alpha^3 = \alpha + 1$$
$$\alpha^4 = \alpha^2 + \alpha$$
$$\alpha^5 = \alpha^3 + \alpha^2 = \alpha^2 + \alpha + 1$$
$$\alpha^6 = \alpha^3 + \alpha^2 + \alpha = \alpha^2 + 1$$

Man erhält folglich die erforderlichen von Null verschiedenen Potenzen von α, die nun durch modulo 7-Addition der Potenzen von α multipliziert werden können. Jede Potenz von α kann durch ein binäres Polynom in Potenzen von α des Grades 2 oder weniger ausgedrückt werden. Die Addition geschieht durch modulo 2-Addition der Terme des Polynoms, beispielsweise;

$$\alpha^3 + \alpha^4 = \alpha + 1 + \alpha^2 + \alpha = \alpha^2 + 1 = \alpha^6$$

Man beachte, daß jedes Element aufgrund der modulo 2-Addition sein eigenes Inverses bildet, so daß die Operationen Addition und Subtraktion immer noch äquivalent sind.

Es mag beim Leser das Gefühl aufkommen, die Arbeit wäre damit noch nicht vollbracht, da man den numerischen Wert von α immer noch nicht kennt. Dies ist jedoch nicht wichtig, da der Wert keine Rolle spielt und außerdem auf jede beliebige Art gewonnen werden kann. Entscheidet man sich beispielsweise dafür, α den Wert 2 und α^2 den Wert 3 zuzuordnen, dann ist entschieden, daß in der Arithmetik $2 \times 2 = 3$ ist. Dieses unterscheidet sich völlig vom normalen Verständnis der Arithmetik. Man kann deshalb die Zuordnung von numerischen Werten ebenso als rein willkürlich betrachten, obwohl einige Vereinbarungen eingehalten werden müssen. Sich über das Fehlen einer Definition von α zu wundern, käme der Frage gleich, welcher Wert j, der Wurzel aus -1, im Bereich der komplexen Zahlen zuzuordnen sei. Es hat sich jedoch herausgestellt, daß die Unbestimmtheit von j kein Hindernis beim Verwenden der komplexen Zahlenebene ist. Um mit Galois-Feldern zu arbeiten, ist es ausreichend, die Regeln für Addition und Multiplikation definiert zu haben.

Das Feld $GF(2^m)$ wird als Erweiterung des Feldes $GF(2)$ bezeichnet. Im Prinzip könnte man jedes beliebige Feld $GF(p)$ in gleicher Weise erweitern. Darauf wird jedoch verzichtet, da für die Codierung lediglich Erweiterungen des binären Feldes von Interesse sind.

4.5 Zech-Logarithmus

Die oben ausgeführte Methode der Addition von Potenzen von α beinhaltet ihre Repräsentation als Polynome, die modulo 2-Addition der Koeffizienten und die

Rückführung der resultierenden Polynome in Potenzen von α. Dies könnte sich als zu umständlich erweisen, und man kann als Alternative den Zech-Logarithmus verwenden.

Es sei

$$\alpha^{Z(n)} = \alpha^n + 1 \tag{4.1}$$

dann folgt:

$$\alpha^n + \alpha^m = \alpha^m [\alpha^{n-m} + 1] = \alpha^m \alpha^{Z(n-m)} = \alpha^{Z(n-m)+m} \tag{4.2}$$

Man kann die Addition folglich mit Hilfe einer Tabelle von $Z(n)$ leicht durchführen. Die Zech-Logarithmus-Tabelle für GF(8) wird in Tabelle 4.5 dargestellt. Beachtenswert ist die Tatsache, daß der Wert von $Z(0)$ niemals benötigt wird. Er tritt nämlich nur bei Addition zweier gleicher Terme auf, was ein Ergebnis von Null zur Folge hätte:

Tabelle 4.5

n	$Z(n)$
1	3
2	6
3	1
4	5
5	4
6	2

Beispiele für die Benutzung des Zech-Logarithmus:

$$\alpha^4 + \alpha^5 = \alpha^{Z(1)+4} = \alpha^7 = 1$$

$$\alpha^1 + \alpha^6 = \alpha^{Z(5)+1} = \alpha^5$$

Unter der Voraussetzung, daß die modulo $(q-1)$-Operation am Ergebnis durchgeführt wird, ist es nicht notwendig, vor der Durchführung der Subtraktion zu entscheiden, welches die höhere Potenz von α ist.

$$\alpha^5 + \alpha^4 = \alpha^{Z(6)+5} = \alpha^7 = 1$$

$$\alpha^1 + \alpha^6 = \alpha^{Z(2)+6} = \alpha^5$$

4.6   Darstellung von Galois-Feldern

Die in den folgenden zwei Abschnitten beschriebenen Methoden, die Arithmetik von Galois-Feldern durchzuführen, führen automatisch zu zwei verschiedenen Möglichkeiten, wie die numerische Darstellung von Elementen realisiert sein kann.

Die Wahl einer numerischen Repräsentation hängt deshalb von der arithmetischen Methode ab, die als bequemer betrachtet wird.
Die erste Darstellungsmöglichkeit basiert auf der Repräsentation der Elemente durch Polynome. Die binären Koeffizienten eines Polynoms werden zur Bildung einer Binärfolge verwendet, die die Elemente repräsentiert. Für das GF(8) Beispiel aus Abschnitt 4.4 ergäbe sich:

$$
\begin{aligned}
0 &= 000 \\
1 &= 001 \\
\alpha &= 010 \\
\alpha^2 &= 100 \\
\alpha^3 &= \alpha + 1 = 011 \\
\alpha^4 &= \alpha^2 + \alpha = 110 \\
\alpha^5 &= \alpha^2 + \alpha + 1 = 111 \\
\alpha^6 &= \alpha^2 + 1 = 101
\end{aligned}
$$

Es wird also eine binäre 3-bit-Folge verwendet, um die Polynome der acht Feldelemente darzustellen. Die Addition entspricht der modulo 2-Addition der Bits gleicher Position. Die Multiplikation beinhaltet das Ablesen der Potenzen aus einer Tabelle (log-Tabelle), die modulo $(q-1)$-Addition der Potenzen und das anschließende Ablesen des Ergebnisses aus einer zur ersten inversen Tabelle (antilog-Tabelle).
In der zweiten Darstellungsmöglichkeit werden die Potenzen von α mehr oder weniger direkt dargestellt. Es stellt sich jedoch die Frage, ob der Wert 0 das Nullelement oder das Element α^0 darstellen soll. Man kann dieses Problem dadurch lösen, daß man den Wert $q-1$ als Repräsentant des Nullelements verwendet. Somit folgt die hier angegebene Darstellung für ein GF(8):

$$
\begin{aligned}
0 &= 111 \\
1 &= 000 \\
\alpha &= 001 \\
\alpha^2 &= 010 \\
\alpha^3 &= 011 \\
\alpha^4 &= 100 \\
\alpha^5 &= 101 \\
\alpha^6 &= 110
\end{aligned}
$$

Die Addition wird mit Hilfe des Zech-Logarithmus durchgeführt. Um zwei Elemente ungleich Null zu multiplizieren, berechnet man die modulo $(q-1)$-Summe der Repräsentanten.
Eine weitere Möglichkeit, die Konfusion über die Darstellung des Wertes 0 und des Nullelementes zu vermeiden, ist die Repräsentation der Potenzen von α durch das Komplement der oben angegebenen Werte. Für GF(8) ergibt sich also folgende Repräsentation:

$$0 \; = 000 \; (= 0)$$
$$1 \; = 111 \; (= 7)$$
$$\alpha \; = 110 \; (= 6)$$
$$\alpha^2 = 101 \; (= 5)$$
$$\alpha^3 = 100 \; (= 4)$$
$$\alpha^4 = 011 \; (= 3)$$
$$\alpha^5 = 010 \; (= 2)$$
$$\alpha^6 = 001 \; (= 1)$$

In dieser Darstellung wird der Multiplikations-Algorithmus zu einer einfachen Addition der Repräsentanten, wobei $q-1$ subtrahiert wird, wenn das Ergebnis $q-1$ übersteigt. Alternativ hierzu kann auch um 1 erhöht werden, sobald ein Überlauf des Bits höchster Ordnung auftritt. Die Addition ist ebenso einfach, vorausgesetzt man hat die Zech-Logarithmus-Tabelle der verwendeten Form vorliegen. So wäre z. B. die Tabelle 4.6 die geeignete für ein GF(8):

Tabelle 4.6

n	$Z(n)$
6	4
5	1
4	6
3	2
2	3
1	5

Beispiele für Multiplikationen in dieser Form der Feldrepräsentation:

$$\alpha^4 \times \alpha^5 = 3 + 2 = 5 = \alpha^2$$

$$\alpha^2 \times \alpha^3 = 5 + 4 = 9 = 2 = \alpha^5$$

Um α^4 und α^5 zu addieren, berechnet man $3 + Z(2-3) = 3 + Z(6) = 7$, was α^0 entspricht. Um α^6 und α zu addieren, berechnet man $1 + Z(5) = 2$, was α^5 entspricht.

4.7   Eigenschaften von Polynomen und Elementen der Galois-Felder

Es gibt verschiedene interessante und nützliche Aspekte in der Beziehung zwischen einem Feld GF(p) und seinem erweiterten Feld GF(p^m). In diesem Buch liegt das Hauptinteresse bei den binären Feldern und ihren Erweiterungen, aber es ist durchaus wert, sich bewußt zu machen, daß die Prinzipien auch auf andere Felder erweitert werden können. Viele der Ergebnisse werden eher dargestellt oder vorgeführt als bewiesen.

Wurzeln eines Polynoms

Polynome mit realen Koeffizienten müssen nicht immer reale Zerlegungen haben, können aber immer zerlegt werden, wenn komplexe Zahlen zugelassen sind. Dasselbe gilt für irreduzible Polynome in einem Galois-Feld. Sie können immer in weiterten Feldern zerlegt werden. So kann zum Beispiel $X^2 = 1$ in der komplexen enebene in die Terme $(X + j)(X - j)$ zerlegt werden, wobei die zwei Wurzeln +j sind und zu einem Polynom zweiten Grades korrespondieren. Entsprechend erlegt sich das binäre Polynom $X^3 + X + 1$ in einem GF(8) in $(X + \alpha)$ $X + \alpha^4$). Die Werte α, α^2 und α^4 werden Wurzeln von $X^3 + X + 1$ genannt, Werte für X repräsentieren, für die das Polynom zu Null wird.

irreduzibles q-wertiges Polynom, so hat es Wurzeln in einigen erweiter- GF(q^m), d. h. das Polynom kann als Produkt mehrerer Terme $(X + \beta_i)$ aargestellt werden, wobei die Terme β_i Elemente von GF(q^m) sind. Kann man darüber hinaus eine der Wurzeln β finden, so kann bewiesen werden, daß die anderen β^q, β^{q^2}, β^{q^3}, etc. lauten. Aufgrund der Analogie mit der Zerlegung echter Polynome kann man den Begriff *konjugiert* zur Bezeichnung der Werte der Wurzeln eines irreduziblen Polynoms verwenden. Für ein irreduzibles, binäres Polynom mit Wurzel β sind die konjugierten Wurzeln β^2, β^4, β^8, etc.

Die Existenz konjugierter Wurzeln eines Polynoms entspricht einer weiteren Eigenschaft der Wurzeln, nämlich:

$$f(X^q) = [f(X)]^q \tag{4.3}$$

Ist β eine Wurzel von $f(X)$, so ist β^q auch eine. Das Polynom $f(X)$ heißt das Minimalpolynom von β (oder von einer anderen seiner Wurzeln). Ist β ein primitives Element, dann ist $f(X)$ ein primitives Polynom. Es wurde bereits gezeigt, daß die Erzeugung eines Galois-Feldes mit Hilfe eines primitiven Elements geschieht, das als Wurzel des primitiven Polynoms eingesetzt wird.

Als Beispiel wird das durch das primitive Polynom $X^3 + X + 1$ erzeugte Galois-Feld GF(8) betrachtet. Setzt man $X = \alpha$, $X = \alpha^2$ oder $X = \alpha^4$, so führt dies zum Ergebnis 0. Das Polynom ist deshalb das Minimalpolynom von α, α^2 und α^4. Entsprechendes Einsetzen von α^3, α^6 und α^{12} in $X^3 + X + 1$ bestätigt die Annahme, daß sie Wurzeln sind. Das Minimalpolynom von α^0 ist $X + 1$.

Ist m der kleinste ganzzahlige Wert, für den $\beta^m = 1$, so ist β vom Grad m und muß eine Wurzel von $X^m + 1$ sein. Ist es auch eine Wurzel eines irreduziblen Polynoms $f(X)$, dann ist $f(X)$ ein Faktor von $X^m + 1$. Im obigen Beispiel ist der niedrigste Wert für m, für den $(\alpha^3)^m = 1$ ist, 7. Das Polynom $X^3 + X^2 + 1$ ist deshalb ein Faktor von $X^7 + 1$.

Galois-Feld-Elemente als Wurzeln eines Polynoms

Die Wurzeln von $X^{2^c-1} + 1$ sind die Elemente ungleich Null vom GF(2^c). Als Beispiel betrachte man das Galois-Feld GF(8). Es wurde bereits gezeigt, daß der Term $X^7 + 1$ in $X^3 + X + 1$, $X^3 + X^2 + 1$ und $X + 1$ zerlegbar ist. Ebenso wurde verdeutlicht, daß α eine Wurzel von $X^3 + X + 1$ ist, folglich sind α^2 und α^4 auch Wurzeln, α^3 wiederum ist Wurzel von $X^3 + X^2 + 1$, demnach sind α^6 und α^5 auch Wurzeln. Die Wurzel von $X + 1$ ist 1.

Wurzeln eines irreduziblen Polynoms

Man betrachte ein irreduzibles Polynom des Grades c. Es wird c Wurzeln in β, β^2, β^4, ..., $\beta^{2^{c-1}}$, und $\beta^{2^c} = \beta$ haben. Folglich ist:

$$\beta^{2^c-1} = 1$$

Demnach ist β eine Wurzel von X^{2^c-1}. Da die Wurzeln von $X^{2^c-1} + 1$ die Elemente ungleich Null vom GF(2^c) sind, kann gefolgert werden, daß ein irreduzibles binäres Polynom des Grades c immer Wurzeln im GF(2^c) hat. Im Gegensatz dazu enthalten die Faktoren von X^{2^c-1} alle irreduziblen Polynome des Grades c. Folglich sind $X^3 + X^2 + 1$ und $X^3 + X + 1$ die einzig irreduziblen Polynome 3. Grades.

Man beachte, daß sich $X^m + 1$ nur genau dann durch $X^n + 1$ teilen läßt, wenn sich m durch n teilen läßt. In Verbindung mit den vorigen Ergebnissen bedeutet dies, daß alle irreduziblen Polynome des Grades c primitiv sind, wenn $2^c - 1$ eine Primzahl ist. Da also 7 eine Primzahl ist, sind alle irreduziblen Polynome des 3. Grades primitiv. Andererseits sind die irreduziblen Polynome des 4. Grades nicht primitiv, da 15 keine Primzahl ist.

Zerlegung eines Polynoms

Will man das binäre Polynom $f(X)$ in Einzelfaktoren zerlegen, so muß man das Galois-Feld einführen, in dem diese Faktoren gefunden werden können. Zu diesem Zwecke sucht man zuerst die binären Faktoren des Polynoms (falls vorhanden) und den Grad des binären Polynoms, das sie repräsentiert. Nun sucht man das kleinste gemeinsame Vielfache, c', dieses Grades; die Faktoren des Polynoms finden sich im GF($2^{c'}$).

Beweis

$$2^{ab} - 1 = (2^a)^b - 1$$
$$2^{ab} - 1 = (2^a - 1)[(2^a)^{b-1} + (2^a)^{b-2} + (2^a)^{b-3} + \cdots + 1]$$

$2^{c'} - 1$ ist demnach ein Vielfaches von $2^c - 1$, wenn c' ein Vielfaches von c ist. Bei Auswahl eines c', das ein Vielfaches des Grades c eines binären Faktors ist, sind die Wurzeln dieses binären Faktors im GF(2^c) auch im GF($2^{c'}$) zu finden. Ist c' ein Vielfaches der Grade aller binärer Faktoren, so können alle Wurzeln im GF($2^{c'}$) dargestellt sein.

Als Beispiel soll das Polynom $X^5 + X^4 + 1$ dienen, das sich in $(X^3 + X + 1)(X^2 + X + 1)$ zerlegen läßt. Es besitzt demnach die Faktoren in GF(2^6).

4.8   Spezifizierung eines Cod⟨

Es ist möglich, einen polynomischen Code dadu⟨
die Codewörter seien linbfe Polynome mit spezifis⟨
z. B. die bestimmte Wurzel α vom GF(8), so weiß man,
$X^8 + X + 1$ lauten. Alle Codewörter müssen dann ß und Minß
sein. In diesem Fall dient das Minimalpolynom als Generator d⟨
Generatorpolynom ist im allgemeinen das kleinste gemeinsame Vie⟨
Rootpolynoms der spezifischen Wurzeln. Der Grad eines Polynoms der ⟨
der Paritätsbits im Code entspricht ist gleich der Zahl der voneinander versch⟨
nen Wurzeln. Demnach ergibt die Anzahl der Wurzeln eines Codes die Zahl ⟨
Paritätsprüfsymbole.

Hat ein Codepolynom $v(X)$ die Wurzel β, so gilt:

$$v(\beta) = 0$$

Ist v_n der Koeffizient von X^n, dann ist

$$v_{n-1}\,\beta^{n-1} + \cdots + v_2\beta^2 + v_1\beta^1 + v_0\beta^0 = 0$$

oder in Vektorform

$$\mathbf{v}\begin{bmatrix} \beta^{n-1} \\ \cdot \\ \cdot \\ \cdot \\ \beta^3 \\ \beta^2 \\ \beta^1 \\ \beta^0 \end{bmatrix} = 0 \tag{4.4}$$

Existieren j Wurzeln β_1 bis β_j, dann gilt dementsprechend:

$$\mathbf{v}\begin{bmatrix} \beta_1^{n-1} & \beta_2^{n-1} & \cdots & \beta_j^{n-1} \\ \cdot & \cdot & \cdots & \cdot \\ \cdot & \cdot & \cdots & \cdot \\ \cdot & \cdot & \cdots & \cdot \\ \beta_1^3 & \beta_2^3 & \cdots & \beta_j^3 \\ \beta_1^2 & \beta_2^2 & \cdots & \beta_j^2 \\ \beta_1^1 & \beta_2^1 & \cdots & \beta_j^1 \\ \beta_1^0 & \beta_2^0 & \cdots & \beta_j^0 \end{bmatrix} = 0 \tag{4.5}$$

wobei:

$$\mathbf{v}\mathbf{H}^{\mathrm{T}} = 0$$

d. h., daß die große Matrix oben als Transponierte die Paritätskontroll-Matrix des
Codes ergibt. Die Wurzeln sind Polynome in α und können demnach auch als zu
transponierende Vektoren betrachtet werden.

$$
H = \begin{bmatrix}
\beta_1^{n-1^T} & \cdots & \beta_1^{1^T} & \beta_1^{0^T} \\
\beta_2^{n-1^T} & \cdots & \beta_2^{1^T} & \beta_2^{0^T} \\
 & & & \\
 & & & \\
\beta_j^{n-1^T} & \cdots & \beta_j^{1^T} & \beta_j^{0^T}
\end{bmatrix}
\tag{4.6}
$$

Nur eine der Wurzeln β, β^2, β^4, β^8, etc muß in der Paritätskontroll-Matrix enthalten sein, da das Vorhandensein einer automatisch alle anderen einschließt.

4.9   Hamming-Codes

Hamming-Codes besitzen primitive Generatorpolynome. Folglich kann jedes primitive Element eine Wurzel des Codes sein. Nimmt man das Element α als Wurzel, so gilt:

$$
H = [\alpha^{n-1^T} \cdots \alpha^{1^T} \; \alpha^{0^T}]
\tag{4.7}
$$

Die Potenzen von α sind einfach alle Elemente des Feldes, die ungleich Null sind. Dies führt zu dem Schluß, daß die Spalten der Paritätskontroll-Matrix alle möglichen Kombinationen von 0 und 1 beinhalten muß. Betrachtet man z. B. den auf dem GF(8) basierenden Code, für den $\alpha^3 + \alpha + 1 = 0$ ist, so ergibt sich:

$$
H = \begin{bmatrix}
1 & 1 & 1 & 0 & 1 & 0 & 0 \\
0 & 1 & 1 & 1 & 0 & 1 & 0 \\
1 & 1 & 0 & 1 & 0 & 0 & 1
\end{bmatrix}
$$

Dies ist tatsächlich die Paritätskontroll-Matrix des zyklischen Hamming-Codes aus Kapitel 3.

4.10   BCH-Codes

Ein t-fehlerkorrigierender BCH-Code besitzt $2t$ aufeinanderfolgende Wurzeln im GF(q^m) und hat die Länge $q^m - 1$. Ein Einzelfehler korrigierender, binärer BCH-Code hätte dann die Länge $2^m - 1$ und würde zwei voneinander verschiedene Wurzeln im GF(2^m) besitzen. Wählt man diese Wurzeln zu α und α^2, so ist die zweite redundant, da sie in der ersten enthalten ist. Der Code ist deshalb, wie vorher, ein einfacher Hamming-Code.
Ein Doppelfehler korrigierender, binärer BCH-Code könnte die Wurzeln α, α^2, α^3 und α^4 besitzen. Von diesen sind nur α und α^3 unabhängig, alle anderen sind in α enthalten. Die Paritätskontroll-Matrix ergibt sich also wie folgt:

$$
H = \begin{bmatrix}
\alpha^{n-1^T} & \cdots & \alpha^{2^T} & \alpha^{1^T} & \alpha^{0^T} \\
\alpha^{3(n-1)^T} & \cdots & \alpha^{3\times 2^T} & \alpha^{3\times 1^T} & \alpha^{3\times 0^T}
\end{bmatrix}
\tag{4.8}
$$

BCH-Codes können mit algebraischen Methoden decodiert werden. Man betrachte den Fall, in dem $n = 15$ und Fehler in Position i und j existieren. Das Syndrom lautet:

$$\mathbf{s} = \mathbf{eH}^{\mathrm{T}}$$

Das Syndrom besitzt zwei Komponenten, $\mathbf{s}_1$ und $\mathbf{s}_3$.

$$\begin{aligned}
\mathbf{s}_1 &= \alpha^i + \alpha^j \\
\mathbf{s}_3 &= \alpha^{3i} + \alpha^{3j}
\end{aligned} \qquad (4.9)$$

Es ergibt sich:

$$\mathbf{s}_1^2 \alpha^i + \mathbf{s}_1 \alpha^{2i} + \mathbf{s}_1^3 + \mathbf{s}_3 = 0$$

Jeder Wert von α^i, der eine Wurzel dieser Gleichung ist, lokalisiert einen Fehler. Da die Bestimmung der Parameter i und j willkürlich ist, können beide Fehlerpositionen aus derselben Gleichung entnommen werden. Die Wurzeln können durch Einsetzen aller möglichen Werte ermittelt werden. Dies gestaltet sich einfacher, als alle möglichen Kombinationen der Positionen ausprobieren zu müssen, und auch einfacher als die Anwendung anderer Techniken.

Beispiel

Ein Doppelfehler korrigierender BCH-Code der Länge 15 besitze die Wurzeln α und α^3 im GF(16). Daraus resultiert die Paritätskontroll-Matrix:

$$\mathbf{H} = \begin{bmatrix} \alpha^{14^{\mathrm{T}}} & \alpha^{13^{\mathrm{T}}} & \cdots & \alpha^{2^{\mathrm{T}}} & \alpha^{1^{\mathrm{T}}} & \alpha^{0^{\mathrm{T}}} \\ \alpha^{12^{\mathrm{T}}} & \alpha^{9^{\mathrm{T}}} & \cdots & \alpha^{6^{\mathrm{T}}} & \alpha^{3^{\mathrm{T}}} & \alpha^{0^{\mathrm{T}}} \end{bmatrix} \qquad (4.10)$$

Die Spalten können durch die Konstruktion des Feldes GF(16) unter Zuhilfenahme des primitiven Polynoms $X^4 + X + 1$ aufgefüllt werden. Die Feldelemente können als Polynome in α ausgedrückt werden:

$$\begin{aligned}
\alpha^0 &= 0001 \\
\alpha^1 &= 0010 \\
\alpha^2 &= 0100 \\
\alpha^3 &= 1000 \\
\alpha^4 &= 0011 \\
\alpha^5 &= 0110 \\
\alpha^6 &= 1100 \\
\alpha^7 &= 1011 \\
\alpha^8 &= 0101 \\
\alpha^9 &= 1010 \\
\alpha^{10} &= 0111 \\
\alpha^{11} &= 1110 \\
\alpha^{12} &= 1111 \\
\alpha^{13} &= 1101 \\
\alpha^{14} &= 1001
\end{aligned}$$

Die Paritätskontroll-Matrix ergibt sich zu:

$$\mathbf{H} = \begin{bmatrix} 1\ 1\ 1\ 1\ 0\ 1\ 0\ 1\ 1\ 0\ 0\ 1\ 0\ 0\ 0 \\ 0\ 1\ 1\ 1\ 1\ 0\ 1\ 0\ 1\ 1\ 0\ 0\ 1\ 0\ 0 \\ 0\ 0\ 1\ 1\ 1\ 1\ 0\ 1\ 0\ 1\ 1\ 0\ 0\ 1\ 0 \\ 1\ 1\ 1\ 0\ 1\ 0\ 1\ 1\ 0\ 0\ 1\ 0\ 0\ 0\ 1 \\ 1\ 1\ 1\ 1\ 0\ 1\ 1\ 1\ 1\ 0\ 1\ 1\ 1\ 1\ 0 \\ 1\ 0\ 1\ 0\ 0\ 1\ 0\ 1\ 0\ 0\ 1\ 0\ 1\ 0\ 0 \\ 1\ 1\ 0\ 0\ 0\ 1\ 1\ 0\ 0\ 0\ 1\ 1\ 0\ 0\ 0 \\ 1\ 0\ 0\ 0\ 1\ 1\ 0\ 0\ 0\ 1\ 1\ 0\ 0\ 0\ 1 \end{bmatrix}$$

Bei einer empfangenen Folge 101010110010101 ist das Syndrom 10010110. Folglich:

$$\mathbf{s}_1 = \alpha^{14}$$

$$\mathbf{s}_3 = \alpha^5$$

Einsetzen in Gleichung (4.9) ergibt:

$$\alpha^{13+i} + \alpha^{14+2i} + \alpha^{12} + \alpha^5 = 0$$

Mit dem Wert $i = 2$:

$$\alpha^0 + \alpha^3 + \alpha^{12} + \alpha^5 = 0$$

Mit dem Wert $i = 13$:

$$\alpha^{11} + \alpha^{10} + \alpha^{12} + \alpha^5 = 0$$

Die Fehler befinden sich demnach in den Positionen 2 und 13, womit sich die übertragene Folge 111010110010001 ergibt. Das Syndrom dieser Folge ist Null, folglich handelt es sich um ein Codewort.

Man könnte dieses Ergebnis dadurch überprüfen, daß man den Code als zyklisch und von einem Polynom erzeugt betrachtet. Die Wurzel α hat ein Minimalpolynom im Term $X^4 + X + 1$, die Wurzel α^3 in $X^4 + X^3 + X^2 + X + 1$. Das Generatorpolynom ist das Produkt dieser beiden, so daß:

$$g(X) = X^8 + X^7 + X^6 + X^4 + 1$$

Der Code ist demnach ein (15,7) Code, und der Generator teilt sich in die decodierte Folge mit einem Polynomrest 0.

Die algebraische Decodierung von BCH-Codes wird in späteren Abschnitten dieses Kapitels behandelt.

Es ist unter Verwendung ähnlicher Techniken möglich, eine Paritätskontroll-Matrix eines drei Fehler korrigierenden Codes der Länge 15 herzustellen (siehe Übung 6). In diesem Fall ergibt sich jedoch, daß zwei Zeilen der Matrix nicht linear unabhängig von den übrigen sind. Werden sie entfernt, ergibt sich ein (15,5) Code. Die Zahl der bei der Konstruktion des Codes benötigten Paritätsbits könnte deshalb kleiner als erwartet sein. Dieser Punkt wird von einem anderen Aspekt aus auch noch in Abschnitt 4.13 behandelt.

4.11   Fourier-Transformation im Galois-Feld

Die Analogie zwischen Elementen eines Galois-Feldes und komplexen Zahlen kann eine Stufe weiterverfolgt werden, indem man zeigt, daß man unter gewissen Umständen eine diskrete Fourier-Transformation in einem Galois-Feld definieren kann. Darüber hinaus stellt sich heraus, daß diese so definierte Transformation durchaus von praktischem Wert ist. Sie ermöglicht Codierungs- und Decodierungstechniken und ein Verständnis für zyklische Codes, das speziell für alle im Bereich der digitalen Signalverarbeitung arbeitenden Leser von Interesse ist. Es wird von der allgemein üblichen Form der diskreten Fourier-Transformation ausgegangen und dann auf die Anwendung bei Galois-Feldern übergeleitet.

Die Definition der diskreten Fourier-Transformation (DFT) einer n-stelligen Folge in der komplexen Zahlenebene wird üblicherweise in Abhängigkeit der Relation zwischen Frequenzbereich-Abtastwerten X_k und den Zeitbereich-Abtastwerten x_i ausgedrückt.

$$X_k = \sum_{i=0}^{n-1} x_i e^{-j\,2\pi\,ik/n} \qquad (4.11)$$

Der Term $e^{-j\,2\pi\,ik/n}$ kann als Reihe von Potenzen von $e^{-j\,2\pi/n}$ ausgedrückt werden, die der n-ten Wurzel von 1 entsprechen.

Im Galois-Feld $GF(2^m)$ transformiert sich $v(X)$ wie bei der Fourier-Transformation in $V(z)$. Dies gilt jedoch nur bei Vorhandensein einer n-ten Wurzel von 1 innerhalb des Feldes, d. h. ein Term β, so daß $\beta^n = 1$. Dies ist so, wenn:

$$\frac{2^m - 1}{n} = c$$

wobei c eine ganzzahlige Zahl darstellt. Das zu transformierende Polynom muß nicht im gleichen Feld definiert sein wie die Transformation. Ein Polynom mit Koeffizienten aus einem $GF(2^l)$ kann in ein $GF(2^m)$ transformiert werden, vorausgesetzt m ist ein Vielfaches von l. Deshalb könnte z. B. ein binäres Polynom der Länge 7 in ein $GF(2^3)$ oder ein $GF(2^6)$ transformiert werden, ein Polynom der Länge 7 aus einem $GF(2^3)$ könnte in ein $GF(2^6)$ transformiert werden.

Im Allgemeinfall kann der Koeffizient V_k der Fourier-Transformation eines Polynoms $v(\alpha)$ wie folgt definiert werden:

$$V_k = \sum_{i=0}^{n-1} v_i(\alpha^c)\alpha^{cik} \qquad (4.12)$$

wobei der Term $v_i(\alpha^c)$ anzeigt, daß ein Koeffizient β im $GF(2^l)$ durch β^c in einem $GF(2^m)$ ersetzt wurde. Man beachte jedoch, daß der Wert von c durch das Verhältnis von $2^m - 1$ zu der Länge der transformierten Folge definiert ist, nicht durch den Wert $2^l - 1$.

Die Komponente von v_i der inversen Transformation lautet:

$$v_i = \sum_{k=0}^{n-1} V_k \alpha^{-cik} \qquad (4.13)$$

Abhängig von den durch die inverse Transformation entstandenen Werten könnte es dann möglich sein, die Koeffizienten zu Werten eines kleineren Feldes zu reduzieren.

Dabei treten zwei in diesem Kontext interessante Fälle auf. Einer ist der Fall, in dem ein binärer Vektor der Länge $2^m - 1$ in ein GF(2^m) transformiert wird, der andere ist die Transformation eines Vektors $2^m - 1$ aus einem GF(2^m) in sein eigenes Feld. In beiden Fällen ist $c = 1$ und

$$V_k = \sum_{i=0}^{n-1} v_i(\alpha)\alpha^{ik} \tag{4.14}$$

wobei sich die inverse Transformation wie folgt ergibt:

$$v_i = \sum_{k=0}^{n-1} V_k \alpha^{-ik} \tag{4.15}$$

Beispiel

Die Tranformation der Folge 0101100 im GF(8) lautet:

$$V_0 = 0+ 0 + 1 + 1 + 0 + 1 + 0 = 1$$
$$V_1 = \alpha^2 + \alpha^3 + \alpha^5 = 0$$
$$V_2 = \alpha^4 + \alpha^6 + \alpha^3 = 0$$
$$V_3 = \alpha^6 + \alpha^2 + \alpha = \alpha^3$$
$$V_4 = \alpha + \alpha^5 + \alpha^6 = 0$$
$$V_5 = \alpha^3 + \alpha + \alpha^4 = \alpha^5$$
$$V_6 = \alpha^5 + \alpha^4 + \alpha^2 = \alpha^6$$

Folglich ist die transformierte Folge $\alpha^6\alpha^50\alpha^3001$.

Später in diesem Buch, wenn Reed-Solomon-Codes behandelt werden, werden Beispiele der Transformation von Vektoren in ihre eigene Felder dargestellt.

4.12   Wurzeln und spektrale Komponenten

Es wurde bereits gezeigt, daß Codes durch Wurzeln im GF(2^m) definiert werden können. Wurzeln im Zeitbereich entsprechen Nullkomponenten der Transformation in GF(2^m). Ein Polynom $v(X)$ besitzt eine Wurzel aus α^k nur dann, wenn nur die Komponente V_k der Transformation 0 ist. Andererseits hat das Polynom $v(X)$ nur dann eine Nullkomponente v_i, wenn α^{-i} eine Wurzel des transformierten Polynoms $V(z)$ ist. Diese Eigenschaften ergeben sich aus den Definitionen der Transformation und der inversen Transformation.

Als Beispiel diene die binäre Folge 0101100, welche ein Codewort des aus dem Generator $X^3 + X + 1$ hergestellten (7,4) Hamming-Codes ist. Es ist bekannt, daß α, α^2 und α^4 Wurzeln sind. Man würde also erwarten, daß sich die Frequenzkomponenten V_1, V_2 und V_4 zu Null ergäben. Aus dem vorigen Abschnitt kann man entnehmen, daß dies auch der Fall ist.

4.13   BCH-Codes im Frequenzbereich

Ein primitiver t-Fehler korrigierender BCH-Code mit q Symbolwerten und Blocklänge $n = q^m - 1$ ist die Gruppe aller Wörter, deren Spektrum in $GF(q^m)$ in $2t$ aufeinanderfolgenden Komponenten Null ergibt. In vielen Fällen ist der Code binär ($q = 2$), und die Nullen nehmen die Position 1 bis $2t$ ein. Solche Codes werden ordnungsgemäß primitive, binäre BCH-Codes genannt, aber wenn nur der Begriff BCH-Codes auftaucht, so könnte auch dies denselben Code bezeichnen.

Als Beispiel habe ein 3-Fehler korrigierender Code der Länge 15 Nullen in den Position 1–6, folglich die Wurzeln α, α^2, ..., α^6 im Zeitbereich, von denen α, α^3 und α^5 unabhängig sind. Die Existenz konjugierter Wurzeln und das Verhältnis spektraler Nullen zu Wurzeln bedeutet, daß tatsächlich auch an anderen Stellen Nullen vorhanden sind. Position 1 zieht Nullen an den Positionen 2^c (modulo n) für ganzzahlige Werte von c nach sich, also Positionen 2, 4 und 8. Eine Null in Position 3 bewirkt Nullen in Positionen 6, 9 und 12, und die Null in Position 5 hat eine Null in Position 10 zur Folge. Es existieren folglich 10 Nullen, was 10 Paritätskontrollbits zur Folge hat. Der Code hat demnach $n = 15$ und $k = 5$ (man vergleiche das Ende des Abschnitts 4.10 und Übung 6).

Als einen weiteren Spezialfall kann ein q-wertiger Code der Länge $q-1$ definiert werden. Seine spektralen Nullen werden in $GF(q)$ definiert. Gilt beispielsweise $q = 16$, so ergibt sich ein Code der Länge 15 mit 16-wertigen Symbolen. Für einen 3 Fehler korrigierenden Code definiert man nochmals sechs aufeinanderfolgende Nullen, aber die Existenz einer Null in Position 1 zieht nun die Wurzeln α^{q^c} im Zeitbereich für ganzzahlige Werte von c nach sich. Führt man eine modulo q-Operation an den Potenzen durch, so ergibt sich, daß keine konjugierten existieren und folglich auch keine zusätzliche spektrale Nullen. Der Code besitzt demnach $2t$ spektrale Komponenten, die auf den Wert 0 gezwungen werden, was $2t$ Paritätskontrollen im Zeitbereich entspricht. Die Singleton-Grenze wird folglich erreicht (vergleiche Abschnitt 2.13). Mehrwertige BCH-Codes im $GF(q)$ mit Länge $q-1$ werden Reed-Solomon-Codes (RS-Codes) genannt.

Reed-Solomon-Codes können durch eine bequeme, wenn auch unsystematische Weise unter Verwendung des Frequenzbereiches codiert werden. Die geeigneten $n-k$ Symbole werden zu Null gesetzt, die Information wird in die k Symbole ungleich Null geschrieben, und eine inverse Transformation ergibt dann ein RS-Codewort. Diese Methode ermöglicht auch eine bequeme Möglichkeit der Decodierung im Frequenzbereich. Beispiele hierfür finden sich in späteren Abschnitten.

4.14   BCH-Decodierung und die BCH-Grenze

Es wurde bereits gezeigt, daß binäre BCH-Codes durch ein Polynom mit Wurzeln, die die Positionen der Fehler angeben, decodiert werden können. Im folgenden Abschnitt soll verdeutlicht werden, daß zum Decodierungsvorgang im Zeitbereich

Polynome verwendet werden, deren Nullkoeffizienten die Fehlerpositionen anzeigen. Im Frequenzbereich werden die Wurzeln der Polynome zur Fehlerkorrektur genutzt. Ein solches Polynom soll nun zur Veranschaulichung der Eigenschaften von BCH-Codes benutzt werden. Es soll gezeigt werden, daß $2t$ aufeinanderfolgende, spektrale Komponenten des Wertes 0 ausreichen, um eine t-Fehlerkorrektur zu ermöglichen.

Angenommen man hat ein Codepolynom $c(X)$ mit weniger als d Komponenten ungleich Null. Sein Spektrum $C(z)$ habe $d-1$ aufeinanderfolgende Nullen. Man definiert nun ein Polynom $\lambda(X)$ so, daß es sich zu Null ergibt, wenn $c(X)$ ungleich Null ist und bezeichnet die Positionen der Nullen mit i_j. Das Polynom $\lambda(X)$ wird üblicherweise das *Fehlerlokalisierungs-Polynom* genannt, da es, wie gleich gezeigt wird, abgesehen vom Nullwort kein Codewort gibt, das die definierten Bedingungen erfüllt.

Die Nullkomponente in $\lambda(X)$ bedeutet, daß jedes α^{-ij} eine Wurzel der Transformation $\Lambda(z)$ von $\lambda(X)$ ist, oder

$$\Lambda(z) = \prod_{j=1}^{v} (1 + z\,\alpha^{i_j})$$

Man beachte, daß aufgrund der obigen Definition von $\Lambda(z)$ Λ_0 gleich 1 ist. Nun wird im Zeitbereich $\lambda_i c_i = 0$ für alle i, d. h. im Frequenzbereich wird die Multiplikation durch Faltung ersetzt.

$$\sum_{j=0}^{n-1} \Lambda_j C_{k-j} = 0$$

Der Grad v von $\Lambda(z)$ ist höchstens $d-1$ und $\Lambda_0 = 1$, womit sich ergibt:

$$C_k = \sum_{j=1}^{d-1} \Lambda_j C_{k-j}$$

Dies ist die Gleichung des Ausgangs eines linearen, rückgekoppelten Schieberegisters mit dem Rückkoppelungspolynoms $\Lambda(z)$, wie in Abbildung 4.1 gezeigt.

Wenn nun irgendwelche $d-1$ aufeinanderfolgende Werte von C_j bekannt sind, können alle anderen mit Hilfe des rückgekoppelten Schieberegisters erzeugt werden. Man weiß jedoch, daß $d-1$ aufeinanderfolgende Nullen existieren. Benutzt man sie zur Initialisierung der rückgekoppelten Schieberegister, ergibt sich eine Nullfolge. Folglich muß C_j für alle j gleich Null sein, und alle Terme in $c(X)$ sind Null. Das beweist, daß die Codewörter ungleich Null bei Vorhandensein von $2t$ aufeinanderfolgenden Nullen im Spektrum ein Mindestgewicht von $2t+1$ haben müssen. Der Code kann also mindestens t Fehler korrigieren.

Obwohl die Möglichkeit besteht, daß der Code mehr als t Fehler korrigieren könnte, benutzt die BCH-Decodierungsmethode die $2t$ aufeinanderfolgenden Nullen in einer Weise, daß nur bis zu t Fehler korrigiert werden. Die überschüssige Korrekturfähigkeit des Codes wird für die Fehlererkennung genutzt.

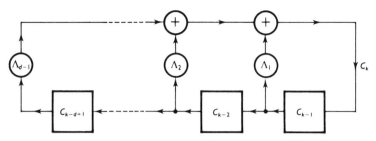

Abb. 4.1   Erzeugung des Fehlerlokalisierungs-Polynoms mit Hilfe von Schieberegistern

4.15   Decodieren im Frequenzbereich

Es wurde gezeigt, daß BCH-Codes mit algebraischen Techniken wie Umformen
und Lösen einer Gleichung decodiert werden können. Diese Gleichung wurde im
Zeitbereich gelöst, und ihre Wurzeln zeigten die Fehlerpositionen an. Bei mehrwertigen Codes wie den RS-Codes muß man auch den Wert der Fehler bestimmen.
Es stellt sich heraus, daß sich im Frequenzbereich die günstigste Decodierungsmethode für RS-Codes erreichen läßt, vorausgesetzt die Information ist im Frequenzbereich direkt zugänglich. Dieses Verfahren könnte auch auf andere BCH-Codes
angewendet werden, obwohl dort eher die oben beschriebenen Methoden gebräuchlich sind. Deshalb beziehen sich die Erklärung des Frequenzbereiches und
die folgenden Abschnitte hauptsächlich auf RS-Codes.
Angenommen man überträgt eine Codefolge $c(X)$, die nach Addition einer Fehlerfolge $e(X)$ empfangen wird. Man transformiert die empfangene Folge:

$$R(z) = C(z) + E(z)$$

wobei $R(z)$ die Transformation der empfangenen Folge, $C(z)$ die des Codewortes
und $E(z)$ die der Fehlerfolge darstellt. Es ist bekannt, daß $C(z)$ in $2t$ aufeinanderfolgenden spektralen Positionen Null ist, und man kann diese Positionen dazu
benutzen, ein Fenster in $E(z)$ zu erhalten. Dies bedeutet, daß $2t$ Komponenten von
$E(z)$ leicht zu erlangen sind und zur Bildung des Syndroms $S(z)$ verwendet werden
können. Unter der Annahme, daß $v \leqslant t$ Fehler existieren, definiert man ein
Fehlerlokalisierungs-Polynom $\lambda(X)$ so, daß es sich in den Positionen zu Null ergibt,
in denen $e(X)$ ungleich Null ist. Das Produkt aus empfangener Folge und der
Fehlerlokalisierungs-Folge im Zeitbereich ist demnach Null, d. h. die Faltung im
Frequenzbereich ist ebenfalls Null.

$$\sum_{j=0}^{t} \Lambda_j E_{k-j} = 0 \tag{4.17}$$

Hier wurde die Tatsache genutzt, daß $\lambda(X)$ maximal t Nullstellen besitzt, folglich
hat $\Lambda(z)$ maximal t Wurzeln und ist deshalb ein Polynom eines Grades kleiner oder

gleich t. Ist das Fehlerspektrum der Positionen m bis $m + 2t - 1$ bekannt, so können t Formeln gebildet werden, indem man k Werte von $m + t$ bis $m + 2t - 1$ zuordnet. Unter der Voraussetzung, daß die spektralen Nullen des Codes die Positionen Null bis $2t - 1$ belegen, gelten folgende Gleichungen:

$$\Lambda_0 E_t + \Lambda_1 E_{t-1} + \cdots + \Lambda_t E_0 = 0$$

$$\Lambda_0 E_{t+1} + \Lambda_1 E_t + \cdots + \Lambda_t E_1 = 0$$

$$\Lambda_0 E_{2t-1} + \Lambda_1 E_{2t-2} + \cdots + \Lambda_t E_{t-1} = 0$$

Diese Gruppe von t Gleichungen mit $t + 1$ Unbekannten wird *Schlüsselgleichung* genannt. Man kann sie für verschiedene Werte von Λ_j lösen, vorausgesetzt man setzt einen beliebigen Wert für eine der Wurzeln ein. Dies begründet sich in der Tatsache, daß der Wert des Fehlerlokalisierungs-Polynoms im Zeitbereich in den Positionen mit Werten ungleich Null willkürlich ist. In der Praxis ist die Bedingung $\Lambda_0 = 1$. Diese Methode des Lösens der Schlüsselgleichungen ist für kleine t einfach. Im allgemeinen jedoch müssen spezielle Methoden angewendet werden, die effiziente Berechnungen ermöglichen und die Tatsache berücksichtigen, daß die Anzahl der Fehler kleiner als t sein könnte. Eine dieser Methoden, der Euclid-Algorithmus, wird in einem späteren Abschnitt erklärt. Für den Augenblick möge das Wissen ausreichen, daß Lösungsalgorithmen existieren.
Sind einmal die Werte der Λ_j bekannt, so können alle anderen Werte E_k erzeugt werden. Dies geschieht durch die Verwendung der Werte von Λ als Rückkopplungs-Polynom für ein lineares Schieberegister.

$$E_k = \sum_{j=1}^{v} \Lambda_j E_{k-j} \tag{4.18}$$

Diese Vorgehensweise wird rekursive Erweiterung genannt.
Sobald das Spektrum des Fehlers bestimmt wurde, ergibt die inverse Transformation der korrigierten Folge im Frequenzbereich das Codewort im Zeitbereich. Dieser Schritt ist bei RS-Codes nicht nötig, vorausgesetzt sie werden im Frequenzbereich decodiert. Dies wird im nächsten Abschnitt gezeigt.

4.16   Beispiel einer Codierung und Decodierung

Als Beispiel einer Codierung und Decodierung im Frequenzbereich wird ein RS-Code betrachtet. Dieses Beispiel wurde aus zwei Gründen ausgewählt. Zum einen kann die Codierung im Frequenzbereich durch inverse Transformation vorgenommen werden. Dies bedeutet, daß die Fehler bereits im Frequenzbereich erkannt werden und, da hiermit das Ziel der Decodierung erreicht ist, ist eine Rücktransformation nicht notwendig. Zum zweiten ergibt sich mit dieser Methode im Frequenzbereich nicht nur die Position der Fehler, sondern auch ihrer Werte. Bei Standardtechniken für RS-Codes im Zeitbereich ergibt sich dagegen nur die Fehlerposition.

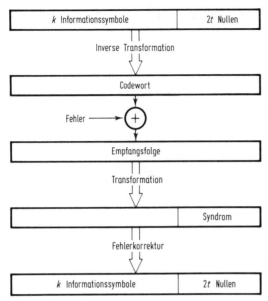

Abb. 4.2   Codierung und Decodierung von Reed-Solomon-Codes im Frequenzbereich

Zur Ermittlung der Werte der Fehler muß ein zweiter Schritt ausgeführt werden.
Der Codierungs- und Decodierungsvorgang ist in Abbildung 4.2 dargestellt.
Gewählt wurde ein Doppelfehler korrigierender (7,3) RS-Code aus $GF(2^3)$. Die
Information sei α^3, α, α^6; die Positionen 0 bis 3 im Frequenzbereich sind von Nullen
belegt. Die Informationsbits stehen demnach in den Positionen 4, 5 und 6 im
Frequenzbereich, so daß sich die Transformation des Codewortes wie folgt ergibt:

$$C(z) := \alpha^3 z^6 + \alpha z^5 + \alpha^6 z^4$$

Eine inverse Transformation (siehe Gleichung 4.15) erzeugt das Codewort wie
folgt:

$$
\begin{aligned}
c_0 &= \alpha^3 + \alpha + \alpha^6 = \alpha^2 \\
c_1 &= \alpha^3 \alpha^1 + \alpha \alpha^2 + \alpha^6 \alpha^3 = 1 \\
c_2 &= \alpha^3 \alpha^2 + \alpha \alpha^4 + \alpha^6 \alpha^6 = \alpha^5 \\
c_3 &= \alpha^3 \alpha^3 + \alpha \alpha^6 + \alpha^6 \alpha^2 = \alpha^4 \\
c_4 &= \alpha^3 \alpha^4 + \alpha \alpha + \alpha^6 \alpha^5 = \alpha^3 \\
c_5 &= \alpha^3 \alpha^5 + \alpha \alpha^3 + \alpha^6 \alpha = \alpha^6 \\
c_6 &= \alpha^3 \alpha^6 + \alpha \alpha^5 + \alpha^6 \alpha^4 = \alpha
\end{aligned}
$$

Das Polynom ist folglich:

$$c(X) = \alpha X^6 + \alpha^6 X^5 + \alpha^3 X^4 + \alpha^4 X^3 + \alpha^5 X^2 + X + \alpha^2$$

Es werden nun Fehler in zwei Symbolen $\alpha X^4 + \alpha^4 X$ eingeführt. Das empfangene
Polynom ist:

$$r(X) = \dot{\alpha}X^6 + \alpha^6 X^5 + X^4 + \alpha^4 X^3 + \alpha^5 X^2 + \alpha^5 X + \alpha^2$$

Nun beginnt das Decodieren. Die Transformation der empfangenen Folge wird unter Verwendung von Gleichung 4.14 wie folgt erreicht:

$$R_0 = \alpha + \alpha^6 + 1 + \alpha^4 + \alpha^5 + \alpha^5 + \alpha^2 = \alpha^2$$
$$R_1 = \alpha\alpha^6 + \alpha^6\alpha^5 + \alpha^4 + \alpha^4\alpha^3 + \alpha^5\alpha^2 + \alpha^5\alpha^1 + \alpha^2 = 0$$
$$R_2 = \alpha\alpha^5 + \alpha^6\alpha^3 + \alpha + \alpha^4\alpha^6 + \alpha^5\alpha^4 + \alpha^5\alpha^2 + \alpha^2 = 1$$
$$R_3 = \alpha\alpha^4 + \alpha^6\alpha + \alpha^5 + \alpha^4\alpha^2 + \alpha^5\alpha^6 + \alpha^5\alpha^3 + \alpha^2 = \alpha^2$$
$$R_4 = \alpha\alpha^3 + \alpha^6\alpha^6 + \alpha^2 + \alpha^4\alpha^5 + \alpha^5\alpha + \alpha^5\alpha^4 + \alpha^2 = \alpha^2$$
$$R_5 = \alpha\alpha^2 + \alpha^6\alpha^4 + \alpha^6 + \alpha^4\alpha + \alpha^5\alpha^3 + \alpha^5\alpha^5 + \alpha^2 = \alpha^5$$
$$R_6 = \alpha\alpha + \alpha^6\alpha^2 + \alpha^3 + \alpha^4\alpha^4 + \alpha^5\alpha^5 + \alpha^5\alpha^6 + \alpha^2 = \alpha^4$$

Demnach ergibt sich das transformierte Polynom:

$$R(z) = \alpha^4 z^6 + \alpha^5 z^5 + \alpha^2 z^4 + \alpha^2 z^3 + z^2 + \alpha^2$$

Man bildet nun die Schlüsselgleichung mit $t = 2$ und $\Lambda_0 = 1$. Es ist bekannt, daß die vier niedrigsten Koeffizienten von $R(z)$ einen Teil von $E(z)$ darstellen.

$$1 + \alpha^2\Lambda_2 = 0$$

$$\alpha^2 + \Lambda_1 = 0$$

In diesem Fall sind die Gleichungen leicht lösbar. Es ergibt sich $\Lambda_1 = \alpha^2$ und $\Lambda_2 = \alpha^5$. Die Konfiguration der Schieberegister ist in Abbildung 4.3 dargestellt. Der Wert α^4 wird nun in die äußerst linke Stufe der Schieberegister geschoben, alle anderen Stufen werden mit 0 belegt. Das zyklische Verschieben in den Registern erzeugt die Ausgangswerte α^2, 0, 1, α^2, 1, α^6, α^6. Folglich:

$$E(z) = \alpha^6 z^6 + \alpha^6 z^5 + z^4 + \alpha^2 z^3 + z^2 + \alpha^2$$

Addition mit dem Spektrum des empfangenen Signals ergibt:

$$C(z) = \alpha^3 z^6 + \alpha z^5 + \alpha^6 z^4$$

Es kann in diesem Fall also Doppelfehlerkorrektur erreicht werden.

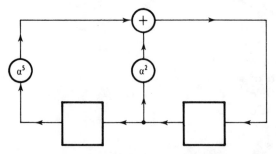

Abb. 4.3   Schieberegister für die rekursive Erweiterung

4.17   Weitere Beispiele für Reed-Solomon-Codes

Im vorangegangenen Abschnitt wurde ein Beispiel durchgearbeitet, bei dem die Zahl der Fehler der Fehlerkorrekturfähigkeit des Codes genau entsprach. Es existieren zwei weitere Fälle, bei denen der Ausgang nicht so offensichtlich ist, und die nun behandelt werden sollen. Es handelt sich um die Fälle, in denen die Zahl der Fehler größer oder kleiner ist als die Fehlerzahl, die vom Code korrigiert werden kann.

Es wird zuerst der Fall betrachtet, in dem weniger als die maximal korrigierbare Fehlerzahl vorliegt. Es ist offensichtlich, daß die Transformation des Codewortes bei fehlerfreier Übertragung Nullen in den erwarteten Positionen ergibt und ein Decodieren deshalb unnötig ist. Existieren einige Fehler, aber weniger als t, so enthält die Transformierte des Fehlerlokalisierungs-Polynoms weniger als t unbekannte Wurzeln, und die t resultierenden Gleichungen sind linear abhängig. Dies wird verdeutlicht, wenn man voriges Beispiel wiederholt, diesmal jedoch nur einen Fehler einführt.

Angenommen man empfängt die Folge

$$r(X) = \alpha X^6 + \alpha^6 X^5 + X^4 + \alpha^4 X^3 + \alpha^5 X^2 + X + \alpha^2$$

die der des vorangegangenen Beispiels entspricht, aber diesmal in Position 1 keinen Fehler besitzt. Der Einzelfehler befindet sich in Position 4. Die Transformierte ergibt sich zu

$$R(z) = \alpha^6 z^6 + \alpha^3 z^5 + \alpha^4 z^4 + \alpha^6 z^3 + \alpha^2 z^2 + \alpha^5 z + \alpha$$

von welcher sich die Schlüsselgleichungen ableiten lassen:

$$\alpha^2 + \alpha^5 \Lambda_1 + \alpha \Lambda_2 = 0$$

$$\alpha^6 + \alpha^2 \Lambda_1 + \alpha^5 \Lambda_2 = 0$$

Die zweite Gleichung kann durch Multiplikation der ersten mit α^4 hergestellt werden. Dies bedeutet, daß nur ein Fehler vorhanden ist, und man setzt deshalb Λ_2 zu Null. Die Lösung der Schlüsselgleichung lautet also

$$\Lambda_1 = \alpha^2 \alpha^{-5} = \alpha^4$$

und das Laden des Wertes α in das Schieberegister nach Abbildung 4.4 ergibt die Folge α, α^5, α^2, α^6, α^3, 1, α^4. Die Transformierte des decodierten Codewortes ist folglich:

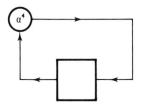

Abb. 4.4   Rekursive Erweiterung bei Einzelfehler

$$C(z) = \alpha^3 z^6 + \alpha z^5 + \alpha^6 z^4$$

was korrekt ist.

Die Tatsache, daß im obigen Beispiel jeder Term des Syndroms ein konstanter Faktor des vorangegangenen ist, ist charakteristisch für Einzelsymbolfehler. Die Position der Fehler im Zeitbereich kann aus dem Faktor komplett bestimmt werden. Weil in diesem Fall $S_j = \alpha^4 S_j - 1$ gilt, befindet sich der Fehler in Position 4, womit $\Lambda(z) = \alpha^4 z + 1$ und $\Lambda_1 = \alpha^4$ ist. Es ist üblicherweise lohnend, im Decodierer eine Kontrolle für Einzelfehler und eine spezielle Decodierungsmethode für diese einzuführen, da sie in vielen praktischen Anwendungen einen Großteil der Fehler einer Folge ausmachen.

Man nehme nun an, drei Fehler träten im übertragenen Codewort auf, so daß die empfangene Folge

$$r(X) = \alpha^3 X^6 + \alpha^6 X^5 + X^4 + \alpha^4 X^3 + \alpha^5 X^2 + \alpha^5 X + \alpha^2$$

wäre, wobei im Vergleich mit dem Beispiel aus Abschnitt 4.16 ein zusätzlicher Fehler des Wertes 1 in der Position 6 aufgetreten wäre. Die Transformierte ist:

$$R(z) = \alpha^2 z^6 + \alpha^3 z^5 + \alpha^5 z^4 + \alpha z^3 + \alpha^4 z^2 + \alpha^6 z + \alpha^6$$

Daraus lassen sich die folgenden Schlüsselgleichungen ableiten:

$$\alpha^4 + \alpha^6 \Lambda_1 + \alpha^6 \Lambda_2 = 0$$

$$\alpha + \alpha^4 \Lambda_1 + \alpha^6 \Lambda_2 = 0$$

Gleichsetzen von Λ_2 ergibt:

$$\alpha^2 + \alpha^3 \Lambda_1 = 0$$
$$\Lambda_1 = \alpha^6$$
$$\Lambda_2 = \alpha$$

Die Register für die rekursive Erweiterung sind in Abbildung 4.5 gezeigt. Nach Initialisierung mit den Werten α^6, α^6 ergibt sich eine Fehlerfolge $\alpha^6, \alpha^6, \alpha^4, \alpha, \alpha^4, \alpha^5$, 1. Die Transformierte des decodierten Codewortes lautet dann:

$$C(z) = \alpha^6 z^6 + \alpha^2 z^5 + z^4$$

Weil man die ursprüngliche Codefolge kannte, weiß man, daß die Decodierung falsch ist; die Frage lautet jedoch, ob ein solcher Decodierungsfehler erkannt werden kann oder ob es sich um einen unerkennbaren Fehler handelt. Bei einem Code mit minimaler Distanz 5 ist es ersichtlich, daß Fälle auftreten können, in denen Fehler in drei Symbolen nicht mehr von Doppelsymbolfehlern eines anderen Codewortes unterscheidbar sind. Andererseits müssen einige der Dreifachfehler bei einem Code, der nicht perfekt ist (und RS-Codes sind nicht perfekt) erkennbar sein. Wie kann man nun bestimmen, welche erkennbar sind?

Es ist anzunehmen, daß bei scheinbar einwandfreiem Arbeiten der Fehlererkennung, -positionsbestimmung und -korrektur jeder Decodierungsfehler erkennbar sein muß. Eine genauere Untersuchung ergibt jedoch, daß diese Prozesse niemals fehlerfrei sein können. Die Schlüsselgleichungen ergeben immer bis zu t Wurzeln,

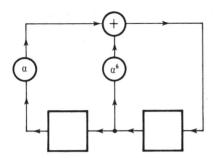

Abb. 4.5   Versuch einer rekursiven Erweiterung nach Auftreten dreier Fehler

und wenn weniger als *t* linear unabhängige Gleichungen vorhanden sind, so
reduziert man einfach die Zahl der Wurzeln. Sind die Wurzeln nun bekannt, so
werden sie immer mit dem bekannten Teil der Fehlerfolge übereinstimmen und die
Erzeugung der Fehler im Frequenzbereich wird dann scheinbar stichhaltige Resultate ergeben.
Will man unkorrigierbare Fehler erkennen, so muß die Methode erweitert werden.
Bei Anwendung der inversen Transformation zur Gewinnung des decodierten
Codewortes ist das Ergebnis:

$$c(X) = \alpha^3 X^5 + \alpha^5 X^4 + \alpha X^3 + \alpha X^2 + \alpha^2 X$$

Diese Form weist mehr als zwei Veränderungen zur empfangenen Folge auf (in der
Tat ist jede Position verändert), und man kann folglich erkennen, daß der Decodierungsvorgang fehlerhaft war. Die Fehler waren folglich erkennbar. Man möchte
jedoch vermeiden, die inverse Transformation im Decodierer durchzuführen, da
dies den ganzen Vorteil der Codierung im Frequenzbereich zerstören würde. Es
wäre demnach besser, wenn man die Beweise für das Auftreten von unkorrigierbaren Fehlern im Frequenzbereich vorfinden könnte.
Tatsächlich ist diese Erkennung im Frequenzbereich möglich, und zwar durch
rekursive Erweiterung. Stimmen die Wurzeln des Fehlerlokalisierungs-Polynoms
wirklich mit dem Muster von *t* oder weniger Fehlern im Zeitbereich überein, so ist
die durch die Schieberegister erzeugte Codefolge zyklisch und gleicher Länge wie
die des Codes. Nach Abschluß der Korrektur sollten die Inhalte der Schieberegister
gleich sein wie zu Beginn. Dies war für die Einzel- und Doppelfehlermuster oben
der Fall. Bei Muster von drei Fehlern ist dies jedoch nicht so. Dort halten die
Register am Ende die Werte 0, α, verglichen mit den Anfangswerten α^5, α^6. Man
kann also am Ende der rekursiven Erweiterung feststellen, ob der Vorgang
erfolgreich war.
Die Tatsache, daß im Frequenzbereich codiert und decodiert wurde, hat einen
bemerkenswerten Effekt im Fall, daß nicht-erkennbare Decodierungsfehler auftreten. In diesem Fall führt der Decodierer weitere *t* Fehler im Zeitbereich ein. Die
Information befindet sich jedoch im Frequenzbereich, in dem Decodierungsfehler
schwerer zu erkennen sind. Die beste Folgerung ist die, daß nach jedem Decodie-

rungsfehler jedes Symbol im Frequenzbereich einen Zufallsfehler enthält. Die Wahrscheinlichkeit dafür, daß ein Symbol korrekt ist, ist deshalb $(q-1)/q$. Hieraus resultiert, daß die Näherungsausdrücke für Restfehlerraten von denen in Abschnitt 1.7 angegebenen abweichen.

4.18   Decodierung binärer BCH-Codes

Als letztes Beispiel einer Fehlerkorrektur im Frequenzbereich soll der binäre (15,7) BCH-Codes aus Abschnitt 4.10 behandelt werden. Dort wurde die in Position 2 und 13 fehlerhafte Folge 101010110010101 empfangen. Es soll nun die Decodierung mit Hilfe einer Transformation im GF(16) untersucht werden. Das Feld wurde mit dem Polynom $X^4 + X + 1$ erzeugt.

Die Transformierte der empfangenen Folge lautet:

$$R(z) = \alpha^5 z^{12} + z^{10} + \alpha^{10} z^9 + \alpha^7 z^8 + \alpha^{10} z^6 + z^5 + \alpha^{11} z^4 + \alpha^5 z^3 + \alpha^{13} z^2 + \alpha^{14} z$$

Die Nullen sollten sich zwischen der Position 4 und 1 befinden, so daß sich folgende Schlüsselgleichungen ergeben:

$$\alpha^5 + \alpha^{13}\Lambda_1 + \alpha^{14}\Lambda_2 = 0$$

$$\alpha^{11} + \alpha^5\Lambda_1 + \alpha^{13}\Lambda_2 = 0$$

Auflösen nach Λ_2 ergibt:

$$\Lambda_1 = \alpha^{14}$$

Daraus

$$\Lambda_2 = 1$$

Die Decodierung kann nun anhand der Suche nach den Wurzeln von $z^2 + \alpha^{14} z + 1$ durchgeführt werden. Sie ergeben sich zu α^2 und α^{13}. Folglich befinden sich die Fehler entweder in den Positionen –2 und –13 oder 13 und 2. Da es sich um einen binären Code handelt, ist die Decodierung damit abgeschlossen. Man könnte auch die rekursive Erweiterung zur Erzeugung der Folge $\alpha^{14}, \alpha^{13}, \alpha^5, \alpha^{11}, 1, \alpha^{10}, \alpha^7, \alpha^7,$ $\alpha^{10}, 1, \alpha^{11}, \alpha^5, \alpha^{13}, \alpha^{14}, 0$ verwenden. Addiert man diese Werte zu denen der Positionen 1–14 und der Position 0 der Transformierten der empfangenen Folge, so ergibt sich:

$$C(z) = \alpha^{14} z^{14} + \alpha^{13} z^{13} + \alpha^{11} z^{11} + \alpha^7 z^7$$

Die inverse Transformation ergibt das ursprünglich übertragene Codewort.

4.19   Schlüsselgleichungen in Polynomform

In vorangegangenen Abschnitten wurden Gleichungssysteme gelöst, um Fehlerkorrektur durchzuführen. Dies kann manuell durch Substitution oder ähnliches erreicht werden. Um eine automatische Korrektur durchzuführen, muß eine Methode gefunden werden, die effizient und leicht realisierbar ist. Hierzu müssen zuerst die Schlüsselgleichungen in Polynome verwandelt werden.

Man möchte eine Lösung der Schlüsselgleichung finden, die folgende Form hat:

$$\sum_{j=0}^{t} \Lambda_j E_{k-j} = 0$$

für k-Werte von t bis $2t-1$. Dieser Ausdruck repräsentiert eine Faltung, die auch in Polynomform angegeben werden kann. Es wurde bereits an mehreren vorangegangenen Beispielen deutlich, daß die Faltung zweier Folgen dem Produkt der Polynome der Folgen entspricht. In diesem Fall entspricht sie allen Termen des Grades zwischen t und $2t-1$ in $\Lambda(z)E(z)$. Man kann folglich sagen:

$$\Lambda(z)E(z) = f(z)z^{2t} + \Omega(z) \qquad (4.19)$$

Die Terme des Grades t bis $2t-1$ der linken Seite sind Null. Die Terme des Grades $2t$ oder mehr werden durch $f(z)z^{2t}$ dargestellt. $\Omega(z)$ repräsentiert die Terme eines Grades, der kleiner als t ist, und wird Fehlerentwicklungs-Polynom genannt. Dies liegt daran, daß es bei mehrwertigen BCH-Codes, wie den RS-Codes, zu diesem Zweck bei der Decodierung im Zeitbereich eingesetzt wird.

Zwei Methoden werden üblicherweise zur Lösung der Schlüsselgleichung dieser Form verwendet: der Euclid-Algorithmus und der Berlekamp-Massey-Algorithmus. Letzterer ist effizienter und basiert auf Euclids Methode, ist aber schwieriger zu verstehen als dieser. Deshalb wird der Euclid-Algorithmus im folgenden detailliert behandelt, während die Methode des Berlekamp-Algorithmus nur grundsätzlich umrissen wird.

4.20   Euclid-Algorithmus

Der Euclid-Algorithmus wird häufig zur Suche der kleinsten gemeinsamen Vielfachen von Zahlen verwendet. Um dies zu tun, identifiziert der Algorithmus gemeinsame Faktoren, so daß diese bei der Berechnung des kleinsten gemeinsamen Vielfachen berücksichtigt werden können. Viele Verfasser beginnen eine Behandlung von Euclids Methoden mit der Illustration eines praktischen Beispiels für diesen Zweck. Unglücklicherweise ist die Verbindung zwischen einer solchen Anwendung und der Benutzung zur Lösung von Schlüsselgleichungen nicht leicht auszumachen. Zudem ist der numerische Gebrauch nicht sehr hilfreich für das Verständnis der Verwendung dieses Algorithmus für Polynome. Deshalb beschränkt sich dieses Buch auf die Behandlung von Lösungen von Gleichungen, die Polynome beinhalten. Euclids Methoden erlauben es, die Lösung niedrigsten Grades eines Polynoms $f(z)$ und $g(z)$ zu finden, so daß:

$$a(z)f(z) + b(z)g(z) = r(z)$$

wobei $r(z)$ einen Grad einnimmt, der niedriger als ein vorher bestimmter Wert ist. Im hier verwendeten Fall habe $r(z)$ einen Grad $< t, a(z) = z^{2t}$ und $b(z)$ sei das Syndrom-Polynom $S(z)$. Das Polynom $g(z)$ ergibt das benötigte $\Lambda(z)$. Die Methode beinhaltet mehrfache Polynomdivision bis der Polynomrest einen Grad $< t$ hat.
Der erste Schritt besteht aus der Division von $a(z)$ durch $b(z)$, um den Quotient $q_1(z)$ und den Polynomrest $r_1(z)$ zu finden.

$$a(z) = q_1(z)b(z) + r_1(z) \tag{4.20}$$

Ist der Grad von $r(z)$ kleiner als t, so wurde die Lösung $f(z) = 1$, $g(z) = q_1(z)$ und $r(z) = r_1(z)$ erreicht. Andernfalls setzt man $g_1(z) = q_1(z)$ und bearbeitet den nächsten Schritt.
Der zweite Schritt besteht aus der Division von $b(z)$ durch $r_1(z)$. Es ergibt sich:

$$b(z) = q_2(z)r_1(z) + r_2(z) \tag{4.21}$$

Man beachte, daß der Grad von $r_2(z)$ kleiner als der von $r_1(z)$ sein muß, damit diese Operation den Grad des Polynomrestes verringert. Eliminiert man $r_1(z)$ aus den Gleichungen (4.20) und (4.21), so erhält man:

$$q_2(z)a(z) = [q_2(z)g_1(z) + 1]\, b(z) + r_2(z) \tag{4.22}$$

Nun setzt man $g_2(z) = q_2(z)g_1(z) + 1$. Ist der Grad von $r_2(z)$ geringer als t, so ist $g(z) = g_2(z)$, andernfalls wird mit dem nächsten Schritt fortgefahren.
Der dritte Schritt läuft entsprechend ab, $r_1(z)$ wird durch $r_2(z)$ geteilt:

$$r_1(z) = q_3(z)r_2(z) + r_3(z) \tag{4.23}$$

Wieder verringert sich der Grad des Polynomrestes. Unter Verwendung der Gleichung (4.21) und (4.22) eliminiert man $r_1(z)$ und $r_2(z)$:

$$[1 + q_2(z)q_3(z)]a(z) = [g_1(z) + q_3(z)g_2(z)]b(z) + r_3(z) \tag{4.24}$$

Ist der Grad von $r_3(z)$ kleiner als t, so gilt $g(z) = g_3(z) = q_3(z)g_2(z) + g_1(z)$.
Das Verfahren wird in dieser Weise fortgesetzt, bis sich ein Polynomrest eines Grades kleiner als t ergibt. In jedem Schritt setzt man:

$$g_n(z) = q_n(z)g_{n-1}(z) + g_{n-2}(z) \quad [g_0(z) = 1,\ g_{-1}(z) = 0] \tag{4.25}$$

Zusammenfassung des Euclid-Algorithmus

Man setzt $g_{-1}(z) = 0$, $g_0(z) = 1$.
Man setzt $n = 1$ und teilt z^{2t} durch $S(z)$, um den Quotienten $q_1(z)$ und den Polynomrest $r_1(z)$ zu erhalten. Man berechne $g_1(z)$ aus Gleichung (4.25).
Solange der Grad des Restes größer oder gleich t ist, wird das Verfahren fortgesetzt. Man erhöht n um Eins, teilt den vorigen Teiler durch den vorigen Polynomrest und berechnet $g_n(z)$ mit Hilfe der Gleichung (4.25).
Wird der gewünschte Grad des Polynomrestes erreicht, so setzt man $\Lambda(z) = g_n(z)$.

Beispiel

Es soll nun die Schlüsselgleichung des Abschnitts 4.16 unter Verwendung des Euclid-Algorithmus gelöst werden. Das Syndrom $S(z)$ lautet:

$$S(z) = \alpha^2 z^3 + z^2 + \alpha^2$$

Division von z^4 durch $S(z)$ ergibt:

$$z^4 = (\alpha^5 z + \alpha^3)(\alpha^2 z^3 + z^2 + \alpha^2) + \alpha^3 z^2 + z + \alpha^5$$

Man setzt $g_1(z) = \alpha^5 z + \alpha^3$.

Division von $S(z)$ durch $\alpha^3 z^2 + z + \alpha^5$ ergibt dann:

$$\alpha^2 z^3 + z^2 + \alpha^2 = (\alpha^6 z + \alpha^6)(\alpha^3 z^2 + z + \alpha^5) + \alpha^3 z + \alpha$$

Man setzt nun $g_2(z) = (\alpha^6 z + \alpha^6)(\alpha^5 z + \alpha^3) + 1$. Da der Polynomrest von einem Grad kleiner als 2 ist, ist der Euclid-Algorithmus damit abgeschlossen. Multiplikation der Terme in $g_2(z)$ ergibt:

$$\Lambda(z) = \alpha^4 z^2 + \alpha z + \alpha^6$$

Dies entspricht nicht genau der üblichen Form der rekursiven Erweiterung, da vorher $\Lambda_0 = 1$ gesetzt wurde. Man kann dies durch Division mit α^6 erreichen, wobei sich ergibt:

$$\Lambda(z) = \alpha^5 z^2 + \alpha^2 z + 1$$

Die Terme dieses Polynoms ergeben dieselbe Anordnung für rekursive Erweiterung wie in Abschnitt 4.16.
Die Anwendung des Euclid-Algorithmus auf das Einzelfehler-Beispiel des Abschnitts 4.17 ergäbe ein Polynom ersten Grades. Dies sei dem Leser als eine Übung vorbehalten.

4.21   Der Berlekamp-Massey-Algorithmus

Eine weitere Methode, die Anordnung der rückgekoppelten Schieberegister für rekursive Erweiterung zu bestimmen, liegt in der Verwendung des Berlekamp-Massey-Algorithmus. Dieser Algorithmus ist schwer verständlich, aber leicht zu realisieren. Er soll daher hier beschrieben werden, aber es soll keine Erklärung seiner Arbeitsweise erfolgen. Im wesentlichen bildet dieser Algorithmus die am wenigsten aufwendige Anordnung von rückgekoppelten Schieberegistern zur Ausführung der rekursiven Erweiterung. In der folgenden Beschreibung beschreibe der Parameter l den Grad des Fehlerlokalisierungs-Polynoms und n den Grad des Syndrom-Polynoms, welches untersucht wird. Der Algorithmus ergibt sich wie folgt:

```
begin
l := 0;
```

```
n := 0;
k := -1;
Λ(z) := 1;
D(z) := zΛ(z);
while (n < 2t) do
begin
```

$$\delta := \sum_{i=0}^{l} \Lambda_i S_{n-i};$$

```
if (δ <> 0) then
    begin
    Λ*(z) := Λ(z) + δD(z)
    if (l < n − k) then
        begin
        l* := n − k;
        k:= n − l;
        D(z) := Λ(z)/δ;
        l := l*
        end;
    Λ(z) := Λ*(z)
    end;
D(z) := zD(z);
n := n + 1
end;
end.
```

Beispiel

Die folgenden Schritte beziehen sich auf das Doppelfehlerkorrektur-Beispiel der Abschnitte 4.16 und 4.20:

$$\delta: = \alpha^2$$
$$\Lambda^*(z): = \alpha^2 z + 1$$
$$l^*: = 1$$
$$k: = 0$$
$$D(z): = \alpha^5$$
$$l: = 1$$
$$\Lambda(z): = \alpha^2 z + 1$$
$$D(z): = \alpha^5 z$$
$$n: = 1$$
$$\delta: = \alpha^4$$
$$\Lambda^*(z): = 1$$
$$\Lambda(z): = 1$$
$$D(z): = \alpha^5 z^2$$

$n: = 2$
$\delta: = 1$
$\Lambda^*(z): = \alpha^5 z + 1$
$l^*: = 2$
$k: = 1$
$D(z): = 1$
$l: = 2$
$\Lambda(z): = \alpha^5 z^2 + 1$
$D(z): = z$
$n: = 3$
$\delta: = \alpha^2$
$\Lambda^*(z): = \alpha^5 z^2 + \alpha^2 z + 1$
$\Lambda(z): = \alpha^5 z^2 + \alpha^2 z + 1$
$D(z): = z^2$
$n: = 4$

Am Ende des Algorithmus beinhaltet $\Lambda(z)$ die korrekten Koeffizienten des Rück-kopplungs-Polynoms. Angewendet auf das Einzelfehler-Beispiel aus Abschnitt 4.17 ergibt sich auch bei einem Polynom des 1. Grades ein korrektes Resultat.

4.22   Erweiterte Reed-Solomon-Codes

Es ist möglich, einen q-wertigen RS-Code der Länge $q + 1$ zu erzeugen, der dann erweiterter Code genannt wird. Der Code ist immer noch in der Lage, $t = (n-k)/2$ Symbole zu korrigieren. Er kann auf zweierlei Arten realisiert sein: Man addiert entweder zwei Paritätssymbole zu einem Code, der $t-1$ Fehler korrigiert (Erweite-rung), oder man fügt zwei extra Informationssymbole zu einem Code hinzu, der t Fehler korrigiert. Der erweiterte Code ist nicht zyklisch, kann aber unter Verwen-dung der Techniken des Frequenzbereiches codiert und decodiert werden. Beweise der Eigenschaften von erweiterten RS-Codes finden sich bei Blahut (1983).
Der Codierungsvorgang ist wie folgt: Man bildet aus $k-2$ $(= q-1-2t)$ Informa-tionssymbolen und $2t$ aufeinanderfolgenden Nullen einen Vektor der Länge $q-1$. Man setzt nun die zwei verbliebenen Informationssymbole in die zwei äußeren Nullpositionen, eines an das niederwertigste, eines an das höchstwertige Ende, wie in Abbildung 4.6 gezeigt. Es ergibt sich das Spektrum eines $t-1$ Fehler korrigieren-den RS-Codes. Die letzten beiden Informationssymbole werden Randfrequenzen genannt.
Es wird nun am Vektor der Länge $q-1$ eine inverse Fourier-Transformation in $GF(q)$ vollzogen, um ein RS-Codewort hervorzubringen, welches $t-1$ Fehler korrigieren kann. Die Randfrequenz höherer Ordnung ist dabei am Beginn, die Randfrequenz niederer Ordnung am Ende des Codewortes untergebracht. Das Codewort hat nun die Länge $q + 1$. Dies wird auch in Abbildung 4.6 gezeigt.
Um eine empfangene Folge bei Verwendung eines erweiterten Codes zu decodie-

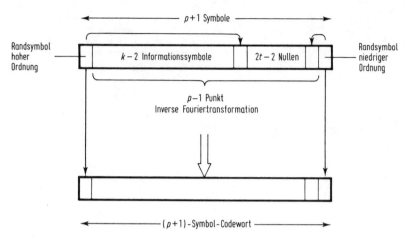

Abb. 4.6   Codierung eines erweiterten Reed-Solomon-Codes

ren, werden die Symbole am Beginn und am Ende der Folge entfernt. Die verbleibende Symbolfolge der Länge $q-1$ wird transformiert. Das vollständige Syndrom besteht aus der Summe der Randfrequenzen höherer Ordnung mit dem entfernten Symbol, das in der höheren Ordnung empfangen worden war, und den daraus entstandenen $2t-2$ Symbolwerten und der Summe aus der Randfrequenz niederer Ordnung mit dem entfernten Symbol, das in der niedrigsten Ordnung empfangen worden war. Dies ist in Abbildung 4.7 dargestellt. Der Decodierungsvorgang beginnt jedoch mit dem Versuch einer $t-1$ Fehlerkorrektur, wozu lediglich die mittleren $2t-2$ Symbole des Syndroms verwendet werden. Ein Standard-RS-Decodierer wird in Verbindung mit einiger zusätzlicher Additionslogik wie folgt verwendet:

1. Man entfernt die Randsymbole und führt eine $t-1$ Fehlerkorrektur an den verbleibenden Symbolen durch. Gelingt die Decodierung, so ist das Resultat zu akzeptieren, wenn mindestens eines der Randsymbole mit der zugehörigen Randfrequenz korrespondiert oder wenn $t-2$ oder weniger Symbole einer Korrektur bedurften. Andernfalls führt man den nächsten Schritt durch.

2. Ist die Decodierung aus Stufe 1 nicht erfolgreich oder das Resultat nicht akzeptiert worden, so werden die empfangenen Randsymbole als korrekt betrachtet. Das vollständige Syndrom wird zur t-Fehlerkorrektur an den verbliebenen Symbolen eingesetzt.

Beispiel

Man betrachte den Fall eines (9,5) RS-Codes im GF(8), basierend auf dem Beispiel aus 4.16. In diesem Fall hat man jedoch eine 5-Symbol-Informationsfolge 1, α^3, α, α^6, α^2. Man behandelt das erste und letzte Symbol als Randsymbole und setzt sie an

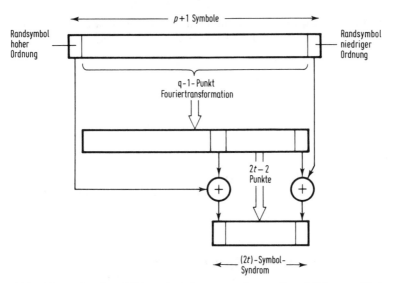

Abb. 4.7   Syndrombildung bei einem erweiterten Reed-Solomon-Code

Position 3 (das erste) und 0 (das letzte) im Frequenzbereich. Begonnen wird folglich mit dem Spektrum eines Einzelfehler korrigierenden RS-Codes:

$$C(z) = \alpha^3 z^6 + \alpha z^5 + \alpha^6 z^4 + z^3 + \alpha^2$$

Die inverse Transformation ergibt das Codewort eines (7,5) RS-Codes:

$$c(X) = \alpha^6 X^6 + \alpha^2 X^5 + \alpha^3 X^4 + \alpha^6 X^3 + X^2 + \alpha^3 X + 1$$

Die beiden zusätzlichen Informationssymbole werden nun an den Enden des Codewortes hinzugefügt. Es entsteht ein (9,5) RS-Codewort.

$$c'(X) = X^8 + \alpha^6 X^7 + \alpha^2 X^6 + \alpha^3 X^5 + \alpha^6 X^4 + X^3 + \alpha^3 X^2 + X + \alpha^2$$

Unter der Annahme, es entständen Fehler auf den Positionen 8 und 5, ergibt sich folgende empfangene Folge:

$$r'(X) = \alpha^3 X^8 + \alpha^6 X^7 + \alpha^2 X^6 + \alpha^5 X^5 + \alpha^6 X^4 + X^3 + \alpha^3 X^2 + X + \alpha^2$$

Die zusätzlichen Symbole werden von der Folge entfernt, womit sich ergibt:

$$r(X) = \alpha^6 X^6 + \alpha^2 X^5 + \alpha^5 X^4 + \alpha^6 X^3 + X^2 + \alpha^3 X + 1$$

Dies transformiert sich zu:

$$R(z) = \alpha^2 z^6 + \alpha^3 z^4 + \alpha^3 z^2 + \alpha^6 z$$

Die Terme in z^2 und z werden zur Erzeugung eines Einzelfehler korrigierenden Syndroms genutzt:

$$S(z) = \alpha^3 z + \alpha^6$$

Die Lösung der Schlüsselgleichung ist $\Lambda_1 = \alpha^4$. Das Spektrum der Fehlerfolge wurde durch rekursive Erweiterung gewonnen. Dabei wird mit der äußerst rechten

Syndromposition (Position 1) begonnen und mit der äußerst rechten Informations-
position (Position 0) geendet. Das Ergebnis ergibt sich zu:

$$E(z) = \alpha^5 z^6 + \alpha z^5 + \alpha^4 z^4 + z^3 + \alpha^3 z^2 + \alpha^6 z + \alpha^2$$

Dies wird zu $R(z)$ addiert:

$$C(z) = \alpha^3 z^6 + \alpha z^5 + \alpha^6 z^4 + z^3 + \alpha^2$$

Da eine der Randfrequenzen nun mit dem zugehörigen empfangenen Randsymbol
übereinstimmt, wird die Decodierung akzeptiert, und die gesamte Information ist
nun direkt von $C(z)$ abrufbar.

Die Decodierung in anderen Bedingungen wird dem Leser in Übung 11 überlassen.
Dort treten beide Fehler in den Randsymbolen oder beide im mittleren Teil des
Codes auf.

4.23   Löschungs-Decodierung bei BCH-Codes

Ein manchmal mit Decodierer für BCH-Codes verbundener Vorteil ist die Fähigkeit, durch sogenannte Löschung verlorene Symbole wieder zurückzugewinnen. Es
existieren Fälle, in denen bekannt ist, daß ein Symbol an einer bestimmten Stelle in
einer Codefolge vorhanden sein müßte, aber es fehlt jegliche Information über den
Wert des Symbols. Löschungs-Decodierung kann als erster Schritt zur Soft-Decision-Decodierung betrachtet werden, weil im Vergleich zu dem, was übertragen
wurde, ein weiterer Wert in die empfangene Folge eingeführt wurde. Unglücklicherweise erzielt die Löschungs-Decodierung keinen nennenswerten Gewinn auf
einem Gauß'schen Übertragungskanal, aber sie kann bei Vorhandensein bestimmter Interferenzarten nützlich sein. Sie beinhaltet auch einen wichtigen Teil bestimmter Strategien der Soft-Decision-Decodierung, für welche am Ende dieses
Kapitels auch Literaturhinweise gegeben werden.

Tritt eine Löschung auf, so entspricht die Decodierungsmethode auf maximale
Ähnlichkeit dem Vergleich der empfangenen Folge mit allen Codewörtern, wobei
der Symbolwert der gelöschten Position ignoriert wird. Der durch die Löschung
verursachte Leerplatz wird dann durch den entsprechenden Wert des ausgewählten
Codewortes ausgefüllt. Bei e Löschungen ergibt sich immer noch eine minimale
Distanz von $d_{min} - e$ zwischen den Codewörtern, wobei nur ungelöschte Positionen
gezählt werden. Man kann folglich eine Decodierung erreichen, solange $2t$ kleiner
als diese reduzierte minimale Distanz ist.

$$2t + e < d_{min} \tag{4.26}$$

Zu diesem Zeitpunkt mag man sich sehr wohl nach dem Sinn der Behandlung von
Löschungen auf einem binären symmetrischen Kanal fragen. Ein t-Fehler korrigierender Code kann bis zu $2t$ Löschungen auffüllen, aber wenn die Werte aller
Löschungen geschätzt würden, ergäben sich immer noch durchschnittlich 50%
richtig, und die Fehlerkorrektur würde den Rest bewältigen. Es wird bald deutlich

werden, daß Löschungs-Decodierung einen gewissen Vorteil bietet. Das Auffüllen der Löschungen entspricht der Ausführung einer Fehlerkorrektur an zwei möglichen Folgen mit wiederhergestellten Bitwerten, wobei die bessere gewählt wird. Andererseits kann ein Demodulator mit nur leichter Neigung zu einem der beiden Werte bewirken, daß die Strategie der Auswahl des wahrscheinlicheren Wertes besser ist als die der Löschung.

Für jeden binären Code existiert eine einfache, nicht-algebraische Decodierungsmethode. Man ersetzt alle gelöschten Bits mit Nullen und decodiert. Hätten nicht mehr als die Hälfte der Löschungen Einsen sein müssen, und wäre Gleichung (4.26) erfüllt, so wäre die Zahl der Fehler immer noch kleiner als $d_{\min}$, und die Decodierung wäre korrekt. Hätten andererseits mehr als die Hälfte den Wert 1 haben müssen, so könnte ein Decodierungsfehler auftreten, der zusätzliche Fehler in die Folge einfügt. In diesem Fall wäre die Ausfüllung der Löschungen mit Einsen erfolgreich. Die Methode besteht folglich aus zweimaligem Decodieren, wobei die Löschungen erst durch Nullen, dann durch Einsen ersetzt werden. Unterscheiden sich die decodierten Folgen, so wird die gewählt, die näher an der empfangenen Folge liegt.

Reed-Solomon-Codes können bei Vorhandensein von Löschungen mit Hilfe einer im folgenden erklärten, algebraischen Technik decodiert werden. Die minimale Distanz dieser Codes ist $n - k + 1$, was bedeutet, daß in Abwesenheit von Fehlern laut Gleichung (4.26) $n - k$ Löschungen ausgefüllt werden können. Man kommt also zu dem interessanten Ergebnis, daß ein RS-Codewort aus k korrekten Symbolen wiedergewonnen werden kann.

Zur algebraischen Decodierung ersetzt man die Löschungen durch einen willkürlichen Wert, meist Null. Es sei die polynomische Methode im Frequenzbereich gewählt. Man multipliziert ein Löschungs-Polynom $\Gamma(z)$ mit dem Produkt aus Syndrom-Polynom $S(z)$ und dem Fehlerlokalisierungs-Polynom $\Lambda(z)$. Das Löschungs-Polynom $\Gamma(z)$ ergibt sich aus den Positionen der Löschungen. Für jede zweite Löschung reduziert sich der Grad des Fehlerlokalisierungs-Polynoms um Eins, so daß der Grad des Produkts aus Löschungs- und Fehlerlokalisierungs-Polynom um Eins zunimmt. Die Zahl der Gleichungen, die gebildet werden können, wird sich folglich um Eins verringern, was der Verringerung der Zahl der Unbekannten entspricht. Dies klingt alles sehr kompliziert, ergibt sich aber bei Betrachtung eines Beispiels ziemlich einfach.

4.24 Beispiel einer Löschungs-Decodierung bei Reed-Solomon-Codes

Als Beispiel wird der erste Fall des Abschnittes 4.17 gewählt, in dem ein Fehler in der empfangenen Folge auftrat. Es werden jedoch zwei Löschungen hinzugefügt. Die empfangene Folge sei:

$$r(X) = \alpha X^6 + X^4 + \alpha^5 X^2 + X + \alpha^2$$

Die bekannten Löschungen befinden sich in den Positionen 5 und 3. Die Transformation der empfangenen Folge lautet:

$$R(z) = \alpha^6 z^6 + \alpha^5 z^5 + \alpha^6 z^4 + z^3 + \alpha^3 z^2 + 1$$

Die niederwertigen Terme von $R(z)$ bilden ein Syndrom der empfangenen Folge. Das Löschungs-Polynom lautet:

$$\Gamma(z) = (\alpha^5 z + 1)(\alpha^3 z + 1)$$

Das Fehlerlokalisierungs-Polynom ist:

$$\Lambda(z) = \Lambda_1 z + 1$$

Das Produkt der beiden ergibt sich demnach zu:

$$\Gamma(z)\Lambda(z) = \alpha\Lambda_1 z^3 + (\alpha + \alpha^2\Lambda_1)z^2 + (\alpha^2 + \Lambda_1)z + 1$$

Da dieses Polynom dritten Grades ist, kann nur eine Einzelpositions-Faltung mit einem bekannten Ausschnitt des Fehlerspektrums vorgenommen werden, um eine Schlüsselgleichung zu erzeugen. Man ist also nur an Termen dritten Grades interessiert, wenn man mit dem Syndrom

$$S(z) = z^3 + \alpha^3 z^2 + 1$$

multipliziert. Es ergibt sich die Schlüsselgleichung:

$$\alpha\Lambda_1 + \alpha^5 + \alpha^3\Lambda_1 + 1 = 0$$
$$\Lambda_1 = \alpha^4$$

Man kann diesen Wert nun in einen Ausdruck für $\Gamma(z)\Lambda(z)$ rücksubstituieren. Dies ist das Polynom, das die Fehler im Frequenzbereich durch rekursive Erweiterung erzeugt:

$$\Gamma(z)\Lambda(z) = \alpha^5 z^3 + \alpha^5 z^2 + \alpha z + 1$$

Dies ergibt den in Abbildung 4.8 gezeigten Aufbau der rekursiven Erweiterung. Werden die Register mit den Werten $1, 0, \alpha^3$ des Syndroms initialisiert, so ergeben sich die weiteren Terme des Fehlerspektrums zu $1, 0, \alpha^6, \alpha^4$. Addiert man dies zu $R(z)$, ergibt sich:

$$C(z) = \alpha^3 z^6 + \alpha z^5 + \alpha^6 z^4$$

Die Decodierung war demnach erfolgreich.

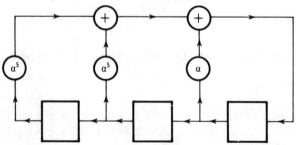

Abb. 4.8   Rekursive Erweiterung bei Auftreten eines Fehlers und zweier Löschungen

Der Euclid-Algorithmus kann zur Lösung des Rückkopplungs-Polynoms bei Vorhandensein von Löschungen verwendet werden. Man initialisiert $g_0(z)$ mit $\Gamma(z)$, wobei $S(z)\Gamma(z)\mathrm{mod}z^{2t}$ als erster Teiler verwendet wird. Man beendet den Vorgang, wenn der Grad des Polynomrestes kleiner als $t + e/2$ ist (t ist die Zahl der Fehler, die ohne Löschungen korrigiert werden können, e sei die Zahl der Löschungen und sei gerade). Zur Durchführung des Berlekamp-Massey-Algorithmus setzt man l und n zu e und initialisiert $\Lambda(z)$ zu $\Gamma(z)$.

4.25   Literaturhinweise

Der Stoff dieses Kapitels war wohl der am schwersten verständliche des gesamten Buches. Es wurde durch unkomplizierte Erklärungen und Beispiele der behandelten Themen versucht, den Inhalt so einfach wie möglich darzustellen. Trotzdem könnte der ernsthaft an Methoden der Galois-Felder interessierte Leser auf andere Quellen zurückgreifen wollen, und sei es nur, um ein klares Bild der gebräuchlichen Methoden im Zeitbereich zu gewinnen. Die meisten Bücher über Codierung zur Fehlerüberwachung beinhalten eine Behandlung dieser Thematik. Es sollen jedoch einige der Werke der Autoren beurteilt werden, die sich intensiver mit diesem Thema auseinandergesetzt haben.

Die Hauptquelle für Methoden im Frequenzbereich ist wahrscheinlich Blahut (1983). Er war vielleicht der führende Vertreter dieses Gebietes, und sein Buch beinhaltet im Grunde all das Material, welches er in jüngster Vergangenheit veröffentlicht hat. Der Leser findet bei ihm auch die vollständige Behandlung der Arithmetik von Galois-Feldern, Beweise der verschiedenen Eigenschaften von Polynomen und ihrer Faktoren, sowie eine Behandlung fortschrittlicherer Methoden, wie den Berlekamp-Massey-Algorithmus.

Der möglicherweise größte Vorteil von Blahuts Buch liegt jedoch in der Behandlung schneller Algorithmen für Fourier-Transformationen im Galois-Feld; dies ist ein Gebiet, das hier völlig ausgespart wurde. Es ist bekannt, daß die offensichtliche Methode der Berechnung von Fourier-Transformationen viele duplizierte Operationen enthält. Jedem, dem dies nicht bekannt ist, sei geraten, einen Blick in Brighams Buch (1988) zu werfen, in dem der Cooley-Tukey-Radix-2-Algorithmus für schnelle Fourier-Transformationen ausführlich beschrieben ist. Man beginnt dabei mit einer Anzahl von Punkten, die eine ganzzahlige Potenz von 2 sind und sich in eine Zahl von Zwei-Punkt-Transformationen zerlegen. Dies ist für die in diesem Buch beschriebenen Zwecke nicht sehr nützlich, da die Zahl der Punkte einer Folge für die Transformation im Galois-Feld im allgemeinen eine Zahl ist, die kleiner als eine ganzzahlige Potenz von 2 ist, z. B. eher 255 als 256. Der Cooley-Tukey-Algorithmus hingegen kann auch auf andere oder gemischte Basen angewendet werden und deshalb die Berechnungen verkürzen, wenn sich die Transformationslänge teilen läßt. Es existieren auch noch andere, möglicherweise nützliche Algorithmen, wie die Winograd- und Good-Thomas-Methoden, die alle von Blahut behandelt werden.

Clark und Cain (1981) wenden eine Methode im Frequenzbereich bei BCH- und RS-Codes an und behandeln auch den Zeitbereich gut. Das Studium ihrer Methoden ist immer lohnend. In diesem Kapitel wurde die Soft-Decision-Decodierung bei Block-Codes angesprochen, und auch hier sei wieder auf die entsprechenden Kapitel von Clark und Cains Buch hingewiesen. Die nicht-algebraische Löschungs-Decodierungsmethode für BCH- und andere binäre Codes von Abschnitt 4.23 ist dem Chase-Algorithmus für Soft-Decision-Decodierung sehr verwandt. Dies ist die am häufigsten angewendete Methode und ist von Clark und Cain gut beschrieben.

Michelson und Levesque (1985) decken beide Gebiete, Zeit- und Frequenzbereichsmethoden im Zusammenhang mit RS-Codes gut ab. Sie fügten ihrem Buch auch einen nützlichen Anhang bei. Er enthält eine vollständige Auflistung aller irreduziblen Polynome bis zum Grad 16 und eine etwas verkürzte Liste all derer bis zum Grad 34. Lin und Costello (1983) behandeln die Operationen im Galois-Feld gut, wenn auch sehr ausführlich, und befassen sich auch mit anderen, nicht so wichtigen, aber interessanten Dingen, wie z. B. Gruppen, Ringen und Vektorräumen. Ihre Behandlung von BCH- und RS-Codes spielt sich ausschließlich im Zeitbereich ab. Obwohl der Leser zu diesem Zeitpunkt das notwendige Wissen zur Konstruktion von Generator-Polynomen für BCH-Codes haben sollte, ist eine Auflistung solcher Generatoren in einem Anhang eine nützliche Referenzquelle.

4.26   Übungen

1   Man bilde unter Verwendung des primitiven Polynoms $X^3 + X^2 + 1$ eine polynomische Repräsentation der Feldelemente vom GF(8). Man berechne die Produkte $(111) \times (100)$, $(101) \times (010)$, $(011) \times (110)$ und die Divisionen $(100)/(101)$, $(111)/(110)$ und $(010)/(011)$.

2   Man konstruiere die Zech-Logarithmus-Tabelle für das GF(8) aus Übung 1. Anschließend bilde man die Summen $\alpha + \alpha^2$, $\alpha^5 + 1$, $\alpha^6 + \alpha^3$, $\alpha^4 + \alpha^5$.

3   Unter Verwendung des primitiven Polynoms $X^4 + X^3 + 1$ bilde man ein GF(16) in polynomischer Form. Man konstruiere die Zech-Logarithmus-Tabelle.

4    $Z(n)$ sei der Zech-Logarithmus. Man beweise, daß

$$Z[Z(n)] = n$$

und

$$Z(q-1-n) = Z(n)-n.$$

5   Man bestimme die Restpolynome für jedes Element mit einem Wert ungleich Null des GF(8), das in Übung 1 definiert wurde.

6   Ausgehend von der Paritätskontroll-Matrix eines Doppelfehler korrigierenden BCH-Codes der Länge 15 (Gleichung 4.10) konstruiere man die Paritätskontroll-Matrix des

3-Fehler korrigierenden Codes. Man zeige, daß zwei der zusätzlichen Zeilen der Matrix redundant sind und sie deshalb zu der eines (15,5) Codes korrespondiert.

7   Gegeben sei:

$$X^{15} + 1 = (X + 1)(X^4 + X + 1)(X^4 + X^3 + 1)(X^4 + X^3 + X^2 + X + 1)$$
$$(X^2 + X + 1)$$

Man bestimme das Generator-Polynom eines 3-Fehler korrigierenden BCH-Codes der Länge 15.

8   Für den durch Gleichung (4.10) definierten BCH-Code decodiere man die Folge 100010110010001.

9   Man bestimme die Transformierte und invers Transformierte der Binärfolge 101100100000000 im GF(16).

10   Man führe die Decodierung beim (7,3) RS-Code des Beispiels dieses Kapitels durch, wenn die Fehler

$$e(X) = \alpha^5 X^4 + \alpha^2 X^2$$

lauten. Man verwende den Euclid-Algorithmus zur Lösung der Schlüsselgleichungen.

11   Man codiere die 8-wertige Informationsfolge α^2, 0, α^6, 1, α in einen erweiterten (9,5) RS-Code und führe die Decodierung bei Vorhandensein folgender Fehler aus:

1 in Position 8 und α in Position 0

α^2 in Position 7 und α^3 in Position 2

12   Man lösche beim (7,3) RS-Code des in Abschnitt 4.16 verwendeten Beispiels die übertragenen Symbole der Positionen 6, 5, 3 und 0. Danach führe man die Decodierung durch.

5 Konvolutionelle Codes

5.1 Einführung

In Kapitel 1 wurde dargelegt, daß sich Codes zur Fehlerüberwachung grundsätzlich in zwei Kategorien aufteilen lassen, nämlich Block-Codes und konvolutionelle Codes. Die vorangegangenen drei Kapitel haben sich mit den Block-Codes zur Zufallsfehlerkorrektur befaßt, und nun sollen die konvolutionellen Codes behandelt werden. Es wird für diese Codes etwas weniger Platz aufgewendet als für die Block-Codes, aber diese Tatsache sollte nicht als Anhaltspunkt ihrer relativen Bedeutung gesehen werden. Tatsächlich sind die Gründe für die Schwierigkeiten, viel über konvolutionelle Codes zu sagen, auch die Begründung dafür, weshalb diese Codegruppe für Fehlerkorrektur besonders auf Gauß'schen Kanälen erwogen werden sollte.

Der am deutlichsten erkennbare Unterschied zwischen Block-Codes und konvolutionellen Codes ist, daß konvolutionelle nicht dieselbe Art algebraischen Aufwandes aufweisen. Konvolutionelle Codierer sind relativ einfach, und sie spalten sich nicht wie Block-Codes in Untergruppen auf. Zudem existiert eine definitiv beste Decodierungsmethode, die prinzipiell auf alle konvolutionelle Codes anwendbar ist und den Gebrauch von Soft-Decision-Decodierung mit nur geringem Mehraufwand erlaubt. Aus diesem Grund ist diese Methode, genannt Viterbi-Decodierung, die üblicherweise gewählte für Realzeit-Anwendungen. Es sind lediglich die Einschränkungen im Codeaufwand und der Decodierungsgeschwindigkeit, die die Viterbi-Methode davon abhält, ideal für sämtliche Anwendungen konvolutioneller Codes zu sein.

Vor einigen Jahren lief im britischen Fernsehen eine Werbung für eine wohlbekannte Biermarke. Die Botschaft dieser Werbung könnte sehr wohl auch auf konvolutionelle Codes zutreffen. Zwei Biertrinker sind in einer Bar und bestellen Bier, allerdings nicht die gleiche Biersorte. Einer hält daraufhin dem anderen einen Vortrag über die Vorzüge seiner speziellen Biersorte. Der zweite sagt nichts, trinkt aber sein Bier aus, bevor der andere überhaupt zum Trinken kommt. Die Pointe: „Je weniger darüber gesprochen wird, desto besser das Bier." Nun war weder dieses Bier meine Lieblingsmarke, noch bin ich ein besonderer Vertreter von konvolutionellen Codes, dennoch kann man sich dieser Argumentation nicht verschließen. Dies sei die Entschuldigung für die relativ lange Verzögerung bis zur Behandlung dieser Codeform.

Als Hintergrund für dieses Kapitel ist der Großteil von Kapitel 1 relevant, obwohl die Beispiele in Kapitel 1 auf Block-Codes basieren. Einige der Eigenschaften konvolutioneller Codes werden unter dem Aspekt der Analogie mit Block-Codes aufgeführt, so daß die Information über Block-Codes Voraussetzung ist. (Die Methode Block-Codes zuerst zu behandeln und dann zu konvolutionellen überzuleiten, ist nicht zwingend. Sie ist jedoch naheliegend, und selbst Verfasser, die persönlich konvolutionelle Codes bevorzugen, gehen in der Regel diesen Weg.)

Aufgrund der Bedeutung von Soft-Decision-Decodierung bei konvolutionellen Codes sind die Abschnitte 1.3 und 1.4 interessant. Die Betrachtung der Linearität in Kapitel 2 ist ebenfalls relevant, da konvolutionelle Codes linear sind. Die Eigenschaft der Block-Codes, daß Linearität die Existenz eines äquivalenten, systematischen Codes einschließt, trifft jedoch auf konvolutionelle Codes nicht zu.

5.2   Grundsätzliche Eigenschaften von konvolutionellen Codes

Ein Beispiel eines Codierers für konvolutionelle Codes ist in Abbildung 5.1 gezeigt. Man beachte, daß die Informationsbits nicht direkt zum Codebitstrom fließen, d. h. der Code ist nicht-systematisch. Der Unterschied zwischen systematischen und nicht-systematischen Codes ist nicht unbedeutend bei konvolutionellen Codes, und nicht-systematische können in Verbindung mit einem geeigneten Decodierungsverfahren eine bessere Leistungsfähigkeit haben.

Der Codierer arbeitet wie folgt: Der Eingang wird mit gespeicherten Werten vorangegangener Eingangsbits modulo 2-addiert, um die Ausgangswerte zu bilden, die für die Übertragung in Zwischenspeichern bereitgestellt werden (siehe 5.1). Das Eingangsbit wird in die Schieberegister aufgenommen, und alle anderen Bits werden nach links geschoben (Das äußerst linke, d. h. älteste Bit geht dabei verloren.). Der Codierer beginnt mit leeren Registern. Erscheint dann eine 1 am Eingang, so wird am Ausgang eine 11 erzeugt, und der Codierer enthält eine 1 in der rechten Schieberegisterstufe. Ist der folgende Eingangswert 0, so ergibt sich am Codiererausgang 10. Das rechte Schieberegister enthält den Wert 0, das linke den Wert 1.

Es gibt wenige genau definierte Familien von konvolutionellen Codes. Die Designer wählen normalerweise eine Decodierungsmethode aus und suchen dann mit Hilfe von Computertechniken einen geeigneten Code für diese Methode.

Studien über konvolutionelle Codes neigen deshalb dazu, sich mehr auf die Decodierung zu konzentrieren als auf die Codes selbst. Trotzdem ist eine gewisse Einsicht in den Codierungsprozeß wichtig.

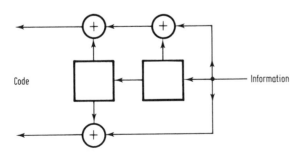

Abb. 5.1   Konvolutioneller Codierer

5.3   Generator-Polynome

Der Codierungsvorgang kann durch zwei Polynome beschrieben werden, je eines zur Repräsentation der aus dem Eingangsbit resultierenden Ausgangsbits. Für den obigen Code lauten sie:

$$g^{(1)}(X) = X^2 + X + 1$$
$$g^{(2)}(X) = X^2 + 1$$

Der Operator X repräsentiert eine einzelne Rahmenverzögerung.

Diese Polynome sind so zu interpretieren, daß das erste Ausgangsbit aus der modulo 2-Summe des Bits entsteht, das zwei Rahmendauern gespeichert wurde (X^2-Term), dem Bit, daß eine Rahmendauer gespeichert wurde (X) und dem Eingangsbit (1). Der zweite Ausgang ist die modulo 2-Summe aus dem Bit, das zwei Rahmendauern gespeichert wurde (X^2) und dem Eingangsbit (1).

Dieses Konzept der Generator-Polynome kann auch dann angewendet werden, wenn mehrere Bits gleichzeitig am Eingang ankommen. Es gäbe dann einen Generator zur Beschreibung der Art, wie jedes der Eingangsbits und die vorangegangenen Werte jedes der Ausgangsbits beeinflußt hat. So bräuchte z. B. ein Code mit 2 Eingangs- und 3 Ausgangsbits 6 Polynome bezeichnet mit $g_1^{(1)}(X)$, $g_1^{(2)}(X)$, $g_1^{(3)}(X)$, $g_2^{(1)}(X)$, $g_2^{(2)}(X)$ und $g_2^{(3)}(X)$.

5.4   Terminologie

Die Terminologie ist ein besonders trickreicher und verwirrender Bestandteil konvolutioneller Codes. Das Hauptproblem ist das Fehlen von Vereinbarungen über die Begriffe, die von verschiedenen Verfassern benutzt werden. So kommt es vor, daß zwei verschiedene Autoren verschiedene Bezeichnungen für dieselben Sachverhalte verwenden, oder sogar noch schlimmer, denselben Begriff für verschiedene Dinge. Deshalb kann auch über die hier verwendeten Bezeichnungen keine Übereinstimmung herrschen. Obwohl gute Gründe für die Begriffe hier sprechen, können deshalb keinem Verfasser Vorwürfe gemacht werden, der dieselben Begriffe für andere Sachverhalte verwendet.

Die hier verwendeten Begriffe zur Beschreibung konvolutioneller Codes lauten:

Eingangsrahmen (Input frame) – Zahl der Bits, k_0, die auf einmal in den Codierer aufgenommen werden

Ausgangsrahmen (Output frame) – Zahl der Bits, n_0, die auf einmal vom Codierer abgegeben werden

Speicherordnung (Memory order) – maximale Zahl, m, der Schieberegisterstufen im Pfad zu jedem Ausgangsbit

Speicher-Beeinflussungslänge (memory constraint length) – die Gesamtzahl, v, der Schieberegisterstufen im Codierer, ohne jegliche Zwischenspeicher von Eingangs- oder Ausgangsrahmen

Eingangs-Beeinflussungslänge (input constraint length) – die Gesamtzahl, K, der an der Codierung beteiligten Bits; entspricht $v + k_0$.

Ausgangs-Beeinflussungslänge (output constraint length) – die Zahl, n, der Ausgangsbits, die bei Eingang eines beliebigen Bits beeinflußt werden; entspricht $(m + 1) n_0$

Probleme bestehen besonders bei der Bezeichnung Beeinflussungslänge (constraint length). Verwendet man sie ohne Beiwort, könnte es sehr wohl auch das darstellen, was hier mit Eingangs-Beeinflussungslänge bezeichnet wurde. Es könnte ebenso einen der anderen Begriffe repräsentieren oder zu weiteren, anders definierten Parametern gehören. Interessanterweise finden die verwendeten Symbole (v, K oder n) eine viel größere Akzeptanz als die Begriffe, die sie beschreiben. Sie können also als Anhaltspunkt dienen. Die Botschaft lautet also: Vorsicht walten lassen, damit man sicher ist, welche Bezeichnung vom jeweiligen Autor für welchen Parameter verwendet wurde.

Konvolutionelle Codes können als (n_0, k_0, m) Codes oder konvolutionelle (n, k) Codes bezeichnet werde, wobei $k = (m + 1)k_0$. Letzteres gründet sich in einer Philosophie, die konvolutionelle Codes gleich wie Block-Codes behandelt, und wird hier nicht weiter verfolgt. Die Umwandlung zwischen beiden Darstellungsformen kann meist durch Einführung des Faktors $m + 1$ zwischen n und k erreicht werden. Die Termcoderate, k/n, wird ebenfalls oft bei konvolutionellen Codes verwendet.

Für dieses Beispiel sei $k_0 = 1$, $n_0 = 2$, $m = 2$, $v = 2$, $K = 3$ und $n = 6$. Der Code sei ein konvolutioneller (2,1,2) Code mit Coderate 1/2.

Konvolutionelle Codes sind Teil einer größeren Familie, genannt Baumcodes, die nicht-linear sein können und eine unendliche Beeinflussungslänge besitzen können. Hat ein Baumcode endliche Beeinflussungslänge, was in der Praxis bedeutet, daß der Codierer nicht rückgekoppelt ist, so wird er Trellis-Code genannt. Ein linearer Trellis-Code ist ein konvolutioneller Code.

5.5   Übergangsgraph des Codierers

Besitzt ein Codierer v Schieberegister, so können die Inhalte dieser Register 2^v Zustände einnehmen. Der Weg, wie der Codierer zwischen Zustände wechselt, hängt von den Eingangsbits in jedem Rahmen ab. Die Zahl der möglichen Eingangskombinationen des Codierers in einem einzelnen Rahmen ist 2^{k_0}. Folglich können nicht alle Zustände aufgrund eines einzelnen Rahmens erreicht werden, wenn $v > k_0$, da nur bestimmte Zustände über erlaubte Übergänge verbunden sind. Die Codiererzustände können in Form eines Übergangsgraphen angegeben werden, wobei Linien die erlaubten Übergänge und die damit verbundenen Eingangs- und Ausgangsrahmen anzeigen. In Abbildung 5.2 ist ein solcher Übergangsgraph zu sehen, der die Übergänge des Codierers aus Abbildung 5.1 zeigt. Die Beschriftung an jeder Stufe verdeutlicht die Inhalte der Speicher des Codierers, und die Bits

Convolutional codes

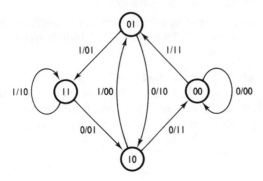

Abb. 5.2   Übergangsgraph eines Codierers

der Ein- und Ausgangsrahmen sind in einer willkürlich einmal festzulegenden Reihenfolge aufgelistet. Da der Eingangsrahmen von der Endzustands-Nummer repräsentiert wird, ist es nicht immer nötig, alle Eingangswerte im Übergangsgraphen zuzuführen.

Es ist auch ziemlich einfach, umgekehrt zu arbeiten und ein Codierer-Schaltbild oder das Generator-Polynom aus dem Übergangsgraph abzuleiten. Die Speicher-Beeinflussungslänge läßt sich leicht aus der Zahl der Zustände bestimmen. Die Zahl der Verbindungslinien, die von jedem Zustand ausgehen (und die Beschriftungen, falls die Eingänge mit aufgeführt wurden), erlauben es, die Größe des Eingangsrahmens festzulegen. Der kürzeste Pfad vom Nullzustand (leerer Speicher) zu dem Zustand, in dem der Speicher mit Einsen gefüllt ist, ergibt die Speicherordnung. Um das Generator-Polynom zu finden, das die Auswirkung eines einzelnen Bits im Eingangsrahmen auf den Ausgang beschreibt, beginnt man mit dem gelöschten Codierer. Nun wird ein Rahmen zugeführt, indem sich dieses eine Bit mit dem Wert 1 befindet, und dann werden so lange Rahmen mit ausschließlich Nullen zugeführt, bis der Codierer wieder gelöscht ist. Der erste Ausgangsrahmen erhält die Einheitsterme des Generator-Polynoms, der zweite ergibt die X-Terme des Polynoms und so weiter.

In diesem Beispiel wäre der erste Ausgangsrahmen 11, was anzeigt, daß der Einheitsterm in beiden Polynomen existiert. Der zweite Ausgangsrahmen, 10, sagt aus, daß ein X-Term in $g^{(1)}(X)$, aber nicht in $g^{(2)}(X)$ existiert. Der dritte, 11, zeigt dann an, daß beide Polynome den X^2-Term enthalten.

5.6   Distanzstruktur konvolutioneller Codes

Wie bei Block-Codes existieren Begriffe der minimalen Distanz, die die Korrektur-fähigkeit eines Codes bestimmen. Aufgrund der Linearität kann man die Distanzeigenschaften des Codes in Relation zum Pfad eines Nullwortes setzen, aber da die

Codefolge unendlicher Länge sein könnte, ist es nicht klar, wie lange die zu vergleichende Folge sein sollte. Es sind an jeder Codierungsoperation $m + 1$ Rahmen beteiligt. Dies bedeutet, daß die mindestens zu vergleichende Pfadlänge $m + 1$ Rahmen groß wäre, d. h. eine Folge von n Bits. Andererseits könnte man den Wunsch haben, unendliche Folgen zu vergleichen. Die Bedeutung dieser zwei möglichen Vorgänge kann erfaßt werden, wenn man den Übergangsgraph von Abbildung 5.2 betrachtet.

Es sollen zwei Pfade verglichen werden, die vom selben Ausgangspunkt ausgehen und sich dann teilen. Linearität bedeutet, daß von jedem Pfad für einen Vergleich ausgegangen werden kann. Das Nullwort ist wie beim Block-Code als Beginn sehr bequem. Es sei die minimale Distanz als das Gewicht der Folge niedersten Gewichts (ausgenommen des Nullwortes) der Länge $m + 1$ Rahmen definiert. Man sieht folglich für den betrachteten Code, daß die möglichen Pfade der Länge 3 in Betrachtung gezogen werden müssen. Der Pfad minimalsten Gewichts folgt der Zustandsfolge 00-01-10-01; dies ergibt $d_{min} = 3$.

Nun werde die Konsequenz einer Erweiterung der betrachteten Pfadlänge erwogen. Der Pfad mit dem geringsten Gewicht der Länge 4 folgt der Zustandsfolge 00–01–10–01–10 und hat das Gewicht 4. Der Pfad mit dem geringsten Gewichts mit 5 Rahmen lautet 00–01–10–01–10–01, wieder mit dem Gewicht 4. Kommt man nun zu einem 6 Rahmen-Pfad, so taucht ein neuer Pfad auf, nämlich 00–01–10–00–00–00–00, mit dem Gewicht 5, wie auch 00–01–10–01–10–01–10. Dieser Pfad hat jedoch die Eigenschaft, daß er zu unendlicher Länge ausgedehnt werden kann, ohne daß sich das Gewicht ändern würde. Dies geschieht bei Durchlaufen der Schleife von 00 zurück zu 00. Daraus folgt, daß ein Pfad unendlicher Länge in diesem Fall einen Mindestwert der Hamming-Distanz von 5 aufweist. Man nennt diesen Wert freie Distanz eines Codes und definiert ihn als das Gewicht der Folge mit dem niedrigsten Gewicht, die sich vom Nullpfad entfernt und ihn eine Anzahl von Rahmen später wieder erreicht. Das für die freie Distanz verwendete Symbol lautet d_{free} oder d_∞. Die Zahl der Rahmen im Nullwort des Pfades, die zur Berechnung der freien Distanz benötigt werden, wird freie Länge, n_{free}, des Codes genannt. Im Beispiel hier ist die freie Länge 6.

Von den zwei oben definierten Distanzen hängt die, die zur Bestimmung der Fehlerüberwachungseigenschaften eines Codes wichtig ist, von der verwendeten Decodierungsart ab. In einige Methoden wird nur auf je eine Ausgangs-Beeinflussungslänge zum selben Zeitpunkt geachtet, wodurch der Code fast wie ein Block-Code behandelt wird. In diesem Fall ist d_{min} wichtig. Echte Methoden der maximalen Wahrscheinlichkeit vergleichen dagegen die empfangene Folge mit möglichen Codefolgen, und hierfür ist d_∞ der angemessene Distanzparameter. Beim Beispielcode bedeutet eine freie Distanz von 5, daß die Decodierung mit maximaler Wahrscheinlichkeit bei Vorhandensein eines mit nicht mehr als 2 Bits betreffenden Fehlermusters die ursprüngliche Codefolge rückgewinnen würde. Natürlich können auch Fehler, die mehr als 2 Bits betreffen, erfolgreich decodiert werden, wenn die fehlerhaften Bits genügend weit auseinander liegen.

In diesem Zusammenhang wird die Bedeutung von nicht-systematischen Codes deutlich, weil sie zur Herstellung von Werten der freien Distanz höher als d_{min}

benötigt werden. Odenwald (1970) beschreibt Generatoren für Codes der Rate 1/2, die für optimale Restfehlerraten bei hohen Signal-Rausch-Verhältnissen ausgewählt wurden. Dies entspricht nicht notwendigerweise der Auswahl des besten Wertes der minimalen Distanz, obwohl offensichtlich eine enge Verbindung besteht. Diese Codes werden in Tabelle 5.1 gezeigt. Die Generatoren sind dabei als Oktalzahlen aufgelistet, so daß z. B. 15 das Muster 1101 oder $X^3 + X^2 + 1$ repräsentiert.

Tabelle 5.1   Konvolutionelle Codes der Rate ½

v	$g^{(1)}, g^{(2)}$	d_∞
2	7,5	5
3	17,15	6
4	35,23	7
5	75,53	8
6	171,133	10
7	371,247	10
8	753,561	12

5.7   Berechnung von Distanz und Gewichtsstruktur

Im vorangegangenen Abschnitt hingen die Methoden zur Auffindung von Pfaden mit minimalem Gewicht und unterschiedlicher Länge stark von der Beobachtungsgabe ab, und es hätte leicht etwas übersehen werden können. Beschränkt man sich auf Pfade, die im Nullwort-Zustand beginnen und enden, so existiert eine formalere Methode, die die Zahl der Pfade jedes Gewichtes oder Länge findet. Diese Methode soll im Zusammenhang mit dem vorangegangenen, auf den Übergangsgraphen von Abbildung 5.2 bezogenen Beispiel erklärt werden. Zuerst wird der Graph so umgeschrieben, daß der Zustand 00 an beiden Enden des Pfadnetzwerkes auftaucht und damit beide, den Anfangs- und den Endpunkt, der interessierenden Pfade repräsentiert. Dies wird in Abbildung 5.3 gezeigt.

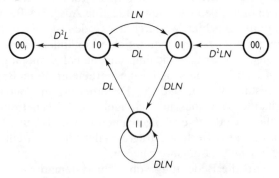

Abb. 5.3   Veränderter Übergangsgraph

Wenn der Codierer nun von einem Zustand zum anderen übergeht, geschehen drei bedeutende Dinge. Die Länge der Codefolge nimmt zu, und die Gewichte der Ein- und Ausgangsfolgen steigen entweder, oder sie bleiben gleich. Man definiert nun die Operatoren D (entspricht einem Anstieg des Gewichtes der Ausgangsfolge um 1), L (entspricht dem Anstieg der Codefolgelänge um eine Rahmenlänge) und N (entspricht dem Anstieg des Gewichtes der Eingangsfolge um 1). Man kann nun jeden Pfeil des modifizierten Übergangsgraphen mit den entsprechenden Operanden bezeichnen, wie in Abbildung 5.3 geschehen.

X_i repräsentiert nun die gespeicherten Gewichte und Längen, die zu einem Zustand i gehören. Man multipliziert die Ausgangswerte mit den Werten der Pfeile, um die Werte des Endzustandes zu erhalten. Natürlich kann jeder Zustand von verschiedenen Ausgangszuständen aus erreicht werden. Betrachtet man jedoch die Summe der Beiträge der möglichen Ausgangszustände, so tauchen alle möglichen Pfade durch den Codierer als separate Terme im Endausdruck auf. Man kann deshalb eine Zahl von Gleichungen aufstellen, die die verschiedenen Zustände repräsentieren:

$$X_{01} = D^2 L N X_{00} + L N X_{10}$$

$$X_{10} = D L X_{01} + D L X_{11}$$

$$X_{11} = D L N X_{01} + D L N X_{11}$$

$$X_{00_E} = D^2 L X_{10}$$

Will man nun wissen, was bei Übergang von 00_A zu 00_E geschieht (wobei die Indizes A und E den Anfangs- und Endzustand repräsentieren), so dividiert man X_{00_E} durch X_{00_A}, um die Eingangs- und Ausgangsgewichte und die Längen aller möglichen Pfade zu erhalten. Aus den obigen Gleichungen ergibt sich schließlich:

$$\frac{X_{00_E}}{X_{00_A}} = \frac{D^5 L^3 N}{1 - D L N (1 + L)}$$

Binominale Auflösung dieses Ausdruckes ergibt:

$$\frac{X_{00_E}}{X_{00_A}} = D^5 L^3 N [1 + D L N (1 + L) + D^2 L^2 N^2 (1 + L)^2 + \cdots]$$

$$\frac{X_{00_E}}{X_{00_A}} = D^5 L^3 N + D^6 L^4 N^2 + D^6 L^5 N^2 + D^7 L^5 N^3 + 2 D^7 L^6 N^3 + D^7 L^7 N^3 + \cdots$$

Dies bedeutet, es befindet sich zwischen Zustand 00_A und 00_E ein Pfad der Länge 3 mit Ausgangsgewicht 5 und Eingangsgewicht 1, ein Pfad der Länge 4 mit Ausgangsgewicht 6 und Eingangsgewicht 2, ein Pfad der Länge 5 mit Ausgangsgewicht 6 und Eingangsgewicht 2, ein Pfad der Länge 5 mit Ausgangsgewicht 7 und Eingangsgewicht 3, zwei Pfade der Länge 6 mit Ausgangsgewicht 7 und Eingangsgewicht 3, ein Pfad der Länge 7 mit Ausgangsgewicht 7 und Eingangsgewicht 3, etc.

Der Ausdruck für X_{00_E}/X_{00_A} wird *Generatorfunktion* oder *Transferfunktion* des Codierers genannt. Sie wird in Abschnitt 5.13 zur Auffindung der Eigenschaften konvolutioneller Codes bei Decodierung auf maximale Ähnlichkeit (maximum likelihood) verwendet werden.

5.8   Lawinenartige Fehlerfortpflanzung

Die Betrachtung des Übergangsgraphen des Codierers zeigt eine weitere wichtige Eigenschaft dieses Codes auf. Angenommen ein anderer Zustand, ungleich dem Nullzustand, habe eine Schleife mit Gewicht 0, die direkt zu ihm zurückführt. Es wäre dann möglich, eine Codefolge zu erfinden, die zwar vom Nullzustand ausgeht und mit einer Nullfolge endet, in der der Codierer aber nicht zum Nullzustand zurückgekehrt ist. Da der Codiererzustand aus verschiedenen Eingangswerten resultiert, ist es darüber hinaus nicht möglich, mit einer Folge von Nullen am Eingang den Codierer in diesem Zustand zu halten. Man kann demnach bei Vergleich dieses Zustandes mit dem Nullzustand entdecken, daß zwei in unendlichen Stellen verschiedene Informationsfolgen vorliegen könnten, die sich jedoch bei Codierung nur in einer endlichen Zahl von Plätzen unterscheiden. Dies hat schwerwiegende Folgen für den Decodierungsprozeß, da es bedeutet, daß eine endliche Zahl von Kanalfehlern in einer unendlichen Zahl von Decodierungsfehlern resultieren könnte. Dieses Phänomen wird lawinenartige Fehlerfortpflanzung genannt. Glücklicherweise ist es möglich, diese Eigenschaft der Fehlerfortpflanzung eines Codes aus der Existenz von gemeinsamen Teilern im Generator-Polynom des Codes oder aus der Unfähigkeit des Codes zur Lösung einer Generatorfunktion zu erkennen. Ein Computerprogramm zur Bildung guter konvolutioneller Codes kann deshalb Codes dieser Eigenschaft leicht vermeiden.

Beispiel

Ein konvolutioneller Code besitze die Generator-Polynome

$$g^{(1)}(X) = X + 1$$
$$g^{(2)}(X) = X^2 + 1$$

die den gemeinsamen Teiler $X + 1$ haben. Eine Eingangsfolge 1111 . . . resultiert in einer Ausgangsfolge 11010000. Daraus ist zu erkennen, daß eine einzelne Fehlerfolge endlicher Länge zu einem Empfang von 00000000 führen könnte, was eine unendliche Anzahl von Fehlern zur Folge hätte. Folglich liegt eine lawinenartige Fehlerfortpflanzung vor.

5.9   Decodieren auf maximale Ähnlichkeit

Im Prinzip ist der beste Weg der Decodierung zum Schutz gegen Zufallsfehler der Vergleich der empfangenen Folge mit jeder möglichen Codefolge. Dieser Prozeß

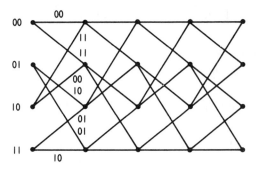

Abb. 5.4   Codierungsdiagramm

wird am besten mit Hilfe eines Codierungsdiagramms (wie in Abbildung 5.4 gezeigt) verdeutlicht, das die Information des Übergangsgraphen beinhaltet. Es zeigt alle möglichen Wege durch die Zustände und berücksichtigt auch den Zeitfaktor auf der horizontalen Achse. Ein solches Codierungsdiagramm wird sehr schnell kompliziert, wenn größere Beeinflussungslängen auftreten. Es soll deshalb nur das Beispiel vom Codierer aus Abbildung 5.1 in Abbildung 5.4 gezeigt werden.

Das offensichtliche Problem bei Decodierung auf maximale Ähnlichkeit ist, daß über L Coderahmen 2^{Lk_0} Pfade durch das Diagramm existieren. Der Vergleich der empfangenen Folge mit jedem möglichen Pfad scheint nicht möglich. Glücklicherweise hat Viterbi erkannt, daß nicht alle diese Pfade in Erwägung gezogen werden müssen. Es genügt, bei jeder Stufe 2^ν Pfade einzubeziehen, vorausgesetzt die Fehler zeigen keine Auswirkung auf andere Rahmen (gedächtnisloser Übertragungskanal). Viterbi entwickelte eine Technik, die das Problem der Decodierung vereinfacht, ohne jedoch irgendeine der Eigenschaften des Codes zu verletzen.

5.10   Der Viterbi-Algorithmus

Betrachtet man alle durch einen bestimmten Knoten gehenden Pfade des Diagramms und erwägt man lediglich den Teil vom Start der Übertragung bis zu diesem ausgewählten Knoten, so kann man die Distanz zwischen der empfangenen Folge und jedem dieser Pfade durch das Diagramm berechnen. Vergleicht man diese Distanzen, so zeigt sich wahrscheinlich ein Pfad, der eine geringere Distanz als alle anderen aufweist. Viterbi erkannte, daß zu diesem Zeitpunkt nicht-optimale Pfade niemals optimal werden können, wenn die auftretenden Kanalfehler Zufallsfehler sind. In anderen Worten bedeutet dies: Man muß nur je einen Pfad je Knoten speichern. Die Viterbi-Methode begnügt sich deshalb mit nur 2^ν Pfaden durch das Diagramm, und an jedem Rahmen wird entschieden, welcher Pfad gewählt und

welcher verworfen wird. Der Ablauf nach jedem empfangenen Rahmen lautet wie
folgt:

1. Für jeden der 2^v gespeicherten Pfade werde die Distanz zwischen empfangenen Rahmen und den 2^{k_0} Pfaden berechnet.

2. Für jeden der 2^v Knoten, die die Endzustände der Rahmen repräsentieren,
   werden die 2^{k_0} Pfade entwickelt, die an diesem Knoten enden. Der kürzeste
   hiervon wird ermittelt und gespeichert.

Der Decodierungsvorgang kann als ständiges Aktualisieren einer Tabelle nach
jedem Rahmen betrachtet werden. Diese Tabelle enthält folgende Parameter:

- Endzustand (2^v Werte)
- Anfangszustand (2^{k_0} Werte für jeden Endzustand)
- mit jedem Übergang verbundener Ausgangsrahmen
- Zweigabmessungen (Distanz zwischen Ausgangsrahmen und korrespondieren-
  dem empfangenen Rahmen)
- Ausgangspfadabmessungen (die gespeicherte Distanz zum Anfangszustand)
- Endpfadabmesssungen (Summe der beiden vorangegangenen Werte)
- Aussage darüber, ob der Pfad gespeichert werden soll

Die ersten drei Spalten stimmen für jeden Rahmen überein, da sie die Eigenschaften des Codes repräsentieren. Es ist nicht nötig, die zu jedem Übergang gehörenden
Eingänge zu protokollieren, da sie als Teil des Endzustandes gespeichert sind.
Allen Anfangszuständen außer Null werden unendliche Ausgangspfadabmessungen zugeordnet, um zu berücksichtigen, daß der Codierer immer im gelöschten
Zustand beginnt. Es muß zudem Speicher für alle zu protokollierenden Pfade
vorhanden sein. Tritt jemals ein Gleichgewicht bei der Frage nach dem zu speichernden Pfad auf, so wird willkürlich gewählt.

5.11   Beispiel einer Viterbi Decodierung

Betrachtet werde ein Beispiel, das auf Abbildung 5.4 basiert. Die Information sei
1011001, für welche die Codefolge aus Abbildung 5.1 oder aus dem Generator-
Polynom als 11 10 00 01 01 11 11 10 11 bestimmt werden kann. Dies beinhaltet zwei
zusätzliche mit Nullen gefüllte Eingangsrahmen zum Löschen des Decodierers. Die
Einführung zweier Fehler ergibt 11 11 00 01 00 11 11 10 11. In Abbildung 5.2 ist die
Tabelle aufgeführt, die bei diesem Beispiel nach Empfang des ersten Rahmens
entstanden ist. Die Endpfadabmessungen (E-Pfad in der Tabelle), die zu einem
bestimmten Endzustand korrespondiert, wird nun zur Anfangspfadabmessung (A-
Pfad in der Tabelle) des zum Anfangszustand korrespondierenden Zustandes
kopiert. So ist z. B. die niedrigste Endpfadabmessung für den Endzustand 00 gleich
2. Dies wird zur Anfangspfadabmessung des Startzustandes 00 des nächsten Rahmens, wie in Tabelle 5.3 gezeigt.

Tabelle 5.2   Erster Rahmen – 11 empfangen

Endzustand	Anfangszustand	o/p	Zweig	E-Pfad	A-Pfad	spei-chern
00	00	00	2	0	2	J
00	10	11	0	∞	∞	N
01	00	11	0	0	0	J
01	10	00	2	∞	∞	N
10	01	10	1	∞	∞	J
10	11	01	1	∞	∞	N
11	01	01	1	∞	∞	J
11	11	10	1	∞	∞	N

Tabelle 5.3   Zweiter Rahmen – 11 empfangen

Endzustand	Anfangszustand	o/p	Zweig	E-Pfad	A-Pfad	spei-chern
00	00	00	2	2	4	J
00	10	11	0	∞	∞	N
01	00	11	0	2	2	J
01	10	00	2	∞	∞	N
10	01	10	1	0	1	J
10	11	01	1	∞	∞	N
11	01	01	1	0	1	J
11	11	10	1	∞	∞	N

Die Tabellen für die nachfolgenden Rahmen sind in den Tabellen 5.4 bis 5.10 aufgeführt.

Tabelle 5.4   Dritter Rahmen – 00 empfangen

Endzustand	Anfangszustand	o/p	Zweig	E-Pfad	A-Pfad	spei-chern
00	00	00	0	4	4	N
00	10	11	2	1	3	J
01	00	11	2	4	6	N
01	10	00	0	1	1	J
10	01	10	1	2	3	N
10	11	01	1	1	2	J
11	01	01	1	2	3	N
11	11	10	1	1	2	J

Tabelle 5.5   Vierter Rahmen – 01 empfangen

Endzustand	Anfangszustand	o/p	Zweig	E-Pfad	A-Pfad	spei-chern
00	00	00	1	3	4	N
00	10	11	1	2	3	J
01	00	11	1	3	4	N
01	10	00	1	2	3	J
10	01	10	2	1	3	N
10	11	01	0	2	2	J
11	01	01	0	1	1	J
11	11	10	2	2	4	N

Tabelle 5.6   Fünfter Rahmen – 00 empfangen

Endzustand	Anfangszustand	o/p	Zweig	E-Pfad	A-Pfad	spei-chern
00	00	00	0	3	3	J
00	10	11	2	2	4	N
01	00	11	2	3	5	N
01	10	00	0	2	2	J
10	01	10	1	3	4	N
10	11	01	1	1	2	J
11	01	01	1	3	4	N
11	11	10	1	1	2	J

Tabelle 5.7   Sechster Rahmen – 11 empfangen

Endzustand	Anfangszustand	o/p	Zweig	E-Pfad	A-Pfad	spei-chern
00	00	00	2	3	5	N
00	10	11	0	2	2	J
01	00	11	0	3	3	J
01	10	00	2	2	4	N
10	01	10	1	2	3	J
10	11	01	1	2	3	N
11	01	01	1	2	3	J
11	11	10	1	2	3	N

Tabelle 5.8   Siebter Rahmen – 11 empfangen

Endzustand	Anfangszustand	o/p	Zweig	E-Pfad	A-Pfad	spei-chern
00	00	00	2	2	4	N
00	10	11	0	3	3	J
01	00	11	0	2	2	J
01	10	00	2	3	5	N
10	01	10	1	3	4	J
10	11	01	1	3	4	N
11	01	01	1	3	4	J
11	11	10	1	3	4	N

Tabelle 5.9   Achter Rahmen – 10 empfangen

Endzustand	Anfangszustand	o/p	Zweig	E-Pfad	A-Pfad	spei-chern
00	00	00	1	3	4	J
00	10	11	1	4	5	N
01	00	11	1	3	4	J
01	10	00	1	4	5	N
10	01	10	0	2	2	J
10	11	01	2	4	6	N
11	01	01	2	2	4	J
11	11	10	0	4	4	N

Tabelle 5.10   Neunter Rahmen – 11 empfangen

Endzustand	Anfangszustand	o/p	Zweig	E-Pfad	A-Pfad	spei-chern
00	00	00	2	4	6	N
00	10	11	0	2	2	J
01	00	11	0	4	4	J
01	10	00	2	2	4	N
10	01	10	1	4	5	J
10	11	01	1	4	5	N
11	01	01	1	4	5	J
11	11	10	1	4	5	N

An dieser Stelle erreicht man das Ende der empfangenen Folge. Es hat sich ein Pfad ergeben, der klar besser als die anderen ist. Hätte daran irgendein Zweifel

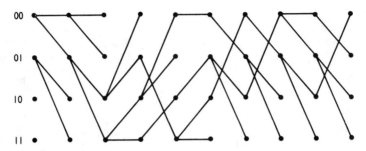

Abb. 5.5   Gespeicherte Pfade bei Viterbi-Decodierung

bestanden, so hätte man den Pfad auswählen können, der im Zustand 0 endet, da der Codierer am Ende bekanntlich gelöscht ist.

Verfolgt man den ausgewählten Pfad zurück, so ergibt sich die Codefolge 11 10 00 01 01 11 11 10 11, welche der übertragenen Folge entspricht. Reale Decodierer müssen sich deshalb eventuell überhaupt nicht mit der übertragenen Folge auseinandersetzen, sondern müssen lediglich ein Protokoll der Codiererzustände speichern. Die zu jedem Übergang gehörenden Eingangswerte können später aus dem niederwertigsten Bit des Endzustandes abgeleitet werden. Die Informationsfolge kann so als 1011001 mit zwei zusätzlichen, abschließenden Nullen zur Löschung des Codierers rückgewonnen werden.

An diesem Beispiel kann eine Reihe von Beobachtungen gemacht werden. Erstens: Obwohl die korrekte Codefolge die besten Ausmaße nach sieben Rahmen aufzeigte, führten die zwei abschließenden Rahmen, mit denen der Codierer gelöscht wurde, zu einer deutlicheren Entscheidung, da sie die Unterschiede zwischen den Pfaden weiter erhöhten. Zweitens: In manchen Fällen müssen willkürliche Entscheidungen zur Auswahl eines zu speichernden Pfades gemacht werden, aber keine dieser zweifelhaften Entscheidungen wirkt sich im Endresultat aus. Drittens: Werden alle gespeicherten Pfade durch das Codierungsdiagramm in jedem Zustand aufgezeichnet, wie in Abbildung 5.5 geschehen, so ist erkennbar, daß nach drei Rahmen alle protokollierten Pfade im ersten Rahmen übereinstimmen. Zu diesem Zeitpunkt hätte man folglich den ersten Rahmen eindeutig decodiert. Andererseits ist der zweite Rahmen nicht bestimmt, bis die Pfadauswahl abgeschlossen ist. Generell kann festgehalten werden, daß nicht bis zum Ende einer Nachricht gewartet werden muß, bis mit der Decodierung begonnen werden kann. Dies gilt, obwohl die Zahl der noch zu erwartenden Rahmen unbestimmt und von den Fehlern abhängig ist. Setzt man der Zahl der im Protokoll gespeicherten Rahmen eine Obergrenze, so zeigen sich erfahrungsgemäß wenig Probleme, solange dieses Decodierungsfenster mindesten viermal größer als die Speicherordnung ist.

5.12 Anwendungsgebiete konvolutioneller Codes

Viele der Eigenschaften des obigen Beispiels beeinflussen die Eignung konvolutioneller Codes für bestimmte Anwendungen, zumindest bei der Viterbi-Decodierung. Diese Faktoren sind: Die Notwendigkeit, die Information als kontinuierlichen Fluß zu behandeln, Berechnungsgrenzen durch die Leistung der verwendeten Codes und die Eigenart der auftretenden Decodierungsfehler. Dies sind möglicherweise, wenn auch nicht notwendigerweise, negative Faktoren, die gegen die Möglichkeit einer einfachen Miteinbeziehung von Soft-Decision in den Algorithmus abgewogen werden müssen.

Speist man Information in einen konvolutionellen Codierer ein, so wird der Speicher des Codierers am Ende des Informationsstromes nicht gelöscht sein, da er dann immer noch Informationen der vorangegangenen Rahmen enthält. Der Informationsfolge muß deshalb eine Gesamtzahl von m Rahmen mit zusätzlichen Nullen nachgestellt werden, um den Codierer zu löschen und die Codefolge abzuschließen. Folglich entsteht ein Anhang von mn_0 Bits am Code (obwohl bei einem systematischen Codes nicht die mk_0 Nullen übertragen werden müssen, sondern nur die $m(n_0 - k_0)$ Paritätsbits). Benutzt man Codierer mit hoher Speicherordnung, so kann dieser Anhang einen ernstzunehmenden Mehraufwand bei kurzen Übertragungen zur Folge haben. Da eine höhere Speicherordnung leistungsfähigere Codes zur Folge hat, sind konvolutionelle Codes überaus geeignet, wenn die Information als langer, kontinuierlicher Datenstrom betrachtet werden kann. Dies ist jedoch keine Einschränkung, wie es zuerst scheinen mag. Zeitmultiplexsysteme, in denen die Information jeder Übertragungsquelle an weit auseinander liegenden Zeitabschnitten untergebracht wird, müssen scheinbar immer am Ende jedes Zeitabschnittes gelöscht werden. Kann jedoch jeder Zeitabschnitt als komprimierter Abschnitt eines kontinuierlichen Datenflusses betrachtet werden, so kann die Codefolge kontinuierlich am Ende eines Zeitabschnittes bis zum Beginn des nächsten als derselben Quelle zugeordnet betrachtet werden.

Bei jedem empfangenen Rahmen muß der Codierer 2^ν Zustände aktualisieren und für jeden dieser Zustände sind 2^{k_0} Pfade zu entwickeln. Folglich ist die Menge der Berechnungen etwa proportional zu $2^{\nu+k_0} = 2^K$. Dies resultiert in einer Obergrenze für die Beeinflussungslänge der Codes, die auf diese Weise decodiert werden sollten. Diese Grenze variiert je nach Technik und erforderlicher Bitrate, aber Werte von $K = 8\text{--}10$ werden heutzutage üblicherweise als typisches Maximum betrachtet. Codes größerer Beeinflussungslänge, d. h. leistungsfähigere Codes, können nur bei Verwendung anderer Techniken, wie z. B. der in Abschnitt 5.15 behandelten sequentiellen Decodierung, mit vernünftigen Bitraten decodiert werden.

Macht der Decodierer einen Fehler, so gibt er eine lange Reihe von Fehlern aus. Die Länge dieses Fehlerbündels hängt vom genauen Fehlermuster und der Pfad- und Gewichtsverteilung des Codes ab. Deshalb ist oft eine Simulation nötig, um die Leistungsfähigkeit konvolutioneller Codes darzulegen. Typischerweise ist die Zahl der vom Fehlermuster umfaßten Rahmen um etwa viermal größer als die Speicherordnung des Codierers. Der Code findet glücklicherweise irgendwann zur korrek-

ten Synchronisation der Folgen zurück, vorausgesetzt der Code zeigt keine lawinenartige Fehlerfortpflanzung. Es sollte jedoch nicht davon ausgegangen werden, daß
dieses lange Fehlerbündel notwendigerweise ein Nachteil ist. In manchen Anwendungen sind schwere Fehler leichter zu erkennen als einfache. Wie überall müssen
die Erwägungen auch hier die Natur der Daten und das Ausmaß an tolerierbaren
Fehlern miteinbeziehen.

Einer der Vorteile konvolutioneller Codes in Verbindung mit Viterbi-Decodierung
ist es, daß die Soft-Decision-Decodierung leicht realisierbar ist. Es gibt keinen
Grund, weshalb die Berechnung der Distanz nicht mit Soft-Decision-Maßen vorgenommen werden kann, obwohl sich der Rechenaufwand vergrößert, weil mehr als
ein Bit zur Darstellung der Werte benötigt wird. Es zeigt sich jedoch, daß 3-bit-
Quantifizierung (achtstufig) des Kanals für die Ausnutzung der Vorteile der Soft-
Decision-Decodierung ausreichend ist. Für den kleinen Mehraufwand am Decodierer und natürlich den möglicherweise großen Mehraufwand am Demodulator
auszugleichen, können ungefähr 2 dB Codegewinn auf einem Gauß'schen Kanal
bereitgestellt werden. Dies ist ein deutlich höherer Codierungsgewinn, als er mit
Hilfe anderer Maßnahmen unaufwendig erreicht werden kann.

5.13   Leistungsvermögen konvolutioneller Codes

In Abschnitt 5.7 wurde gezeigt, wie die Gewichtsverteilung eines konvolutionellen
Codes zu berechnen ist. Das Leistungsvermögen konvolutioneller Codes bei Decodierung auf maximale Ähnlichkeit kann einfach aus der Transferfunktion $T(D,N)$
abgeleitet werden. $T(D,N)$ entspricht X_{00_E}/X_{00_A} mit eliminiertem Parameter L. Die
Obergrenze der Restbitfehlerrate ergibt sich folglich zu:

$$BER \leq \frac{1}{k_0} \left. \frac{\partial T(D,N)}{\partial N} \right|_{N=1,\ D=Z} \tag{5.1}$$

wobei Z eine Funktion der Kanalübertragungseigenschaften ist.
Ist $T_{d,n}$ der Koeffizient von $D^d N^n$ in $T(D,N)$, so ergibt sich aus Gleichung 5.1:

$$BER \leq \frac{1}{k_0} \sum_{d=d_x}^{\infty} A_d Z^d \tag{5.2}$$

wobei

$$A_d = \sum_{n=1}^{\infty} n T_{d,n} \tag{5.3}$$

Auf einem gedächtnislosen Q-wertigen Kanal mit binärem Eingang, d. h. ein
Zufallsfehlerkanal mit binärer Übertragung und Q Erkennungswerten ist der
Parameter Z wie folgt definiert:

$$Z = \sum_{j=0}^{Q-1} \sqrt{p(j|0)p(j|1)} \tag{5.4}$$

wobei $p(j|0)$ und $p(j|1)$ die Wahrscheinlichkeit des Empfanges des Wertes j bei Übertragung eines Symboles 0 oder 1 darstellt. Der Wert von Z bei Hard-Decision auf einem binären, symmetrischen Kanal ist:

$$Z = 2\sqrt{p(1-p)} \tag{5.5}$$

wobei p die Kanalbitfehlerrate darstellt.
Für einen binären AWGN-Kanal mit nicht-quantifizierter Soft-Decision ergibt sich der Parameter Z zu:

$$Z = e^{-RE_b/N_0} \tag{5.6}$$

R bezeichnet hier die Coderate.
Für den Code der Rate 1/2, dessen Transferfunktion in Abschnitt 5.7 zu finden ist, gilt demnach:

$$T(D,N) = D^5N + 2D^6N^2 + 4D^7N^3 + \cdots$$

Man erkennt also, daß $A_5 = 1$, $A_6 = 4$ und $A_7 = 12$. Die Restbitfehlerrate lautet folglich:

$$BER \leq Z^5 + 4Z^6 + 12Z^7 + \cdots$$

Da Z üblicherweise klein ist, wird der Ausdruck der Bitfehlerrate normalerweise von den ersten Termen dominiert, obwohl die Koeffizienten zunehmen.
Der meistverwendete konvolutionelle Code besitzt die Rate 1/2 und eine Eingangs-Beeinflussungslänge von $K = 7$. Er besitzt folgende Generatoren:

$$g^{(1)}(X) = X^6 + X^5 + X^4 + X^3 + 1$$
$$g^{(2)}(X) = X^6 + X^4 + X^3 + X + 1$$

Die Obergrenze der Restbitfehlerrate dieses Codes ist folglich:

$$BER \leq 36Z^{10} + 211Z^{12} + 1404Z^{14} + 11633Z^{16} + \cdots$$

Generatoren und Fehlerraten anderer, guter, konvolutioneller Codes können dem Werk von Michelson und Levesque (1985) entnommen werden.

5.14 Punktierte konvolutionelle Codes

Obwohl es möglich ist, gute Generatorgruppen für konvolutionelle Codes jeglicher Rate zu definieren und die Viterbi-Decodierung zu verwenden, kann die Berechnung bei hohen Raten sehr aufwendig werden. Man betrachte als Beispiel einen Code der Rate 3/4, für den $\nu = 3$ und $K = 6$ sei. Es müssen 64 Pfadberechnungen bei der Decodierung jedes 4-bit-Ausgangsrahmens vorgenommen werden, wobei jeder einen 4-bit-Vergleich miteinschließt. Nun werde statt des obigen Codes ein Code der Rate 1/2 verwendet und in jedem dritten Rahmen sollen zwei Ausgangsbits gelöscht werden. Um ihn weiter vergleichen zu können, habe der Code immer noch $\nu = 3$, aber $K = 4$. Dies ergibt 16 Pfadberechungen je Rahmen, wobei drei

Tabelle 5.11   Codes der Rate ½ punktiert auf Rate ⅔ und ¾

ν	Generator $R = \frac{1}{2}$	d_∞	Generator $R = \frac{2}{3}$	d_∞	Generator $R = \frac{3}{4}$	d_∞
2	7, 5	5	7, 5, 7	3	7, 5, 5, 7	3
3	15, 17	6	15, 17, 15	4	15, 17, 15, 17	4
4	31, 33	7	31, 33, 31	5	31, 33, 31, 31	3
4	37, 25	6	37, 25, 37	4	37, 25, 37, 37	4
5	57, 65	8	57, 65, 57	6	65, 57, 57, 65	4
6	133, 171	10	133, 171, 133	6	133, 171, 133, 171	5
6	135, 147	10	135, 147, 147	6	135, 147, 147, 147	6
7	237, 345	10	237, 345, 237	7	237, 345, 237, 345	6

Rahmen zur Erzeugung des dem originalen 4-bit-Ausgangsrahmen entsprechenden Rahmen benötigt werden. Es gibt also 48 Vergleiche jeweils nur der Länge eines oder zweier Bits. Ähnliche Betrachtungen zeigen, daß die berechenbaren Gewinne bei höheren Raten sogar noch mehr zunehmen und sogar Raten von 2/3 lohnenswert machen.

Diese Betrachtungen der Berechnungen wären natürlich nutzlos, wenn der entstandene Code, der punktierter Code genannt wird, nicht vergleichbare Leistungsfähigkeit aufweisen würde. Glücklicherweise existieren jedoch viele punktierte Codes mit einer Leistungsfähigkeit, die, in Codegewinn ausgedrückt, der des optimalen Codes bis 0,1 oder 0,2 dB nahekommt. Es macht deshalb wenig Sinn, andere Codes als die punktierten bei hohen Raten zu verwenden. Die auf Daten von Cain *et al.* (1979) basierende Tabelle 5.11 zeigt Codes mit der Rate 1/2, die zur Erzeugung guter Codes der Rate 2/3 oder 3/4 punktiert wurden. Für die Codes der Rate 2/3 wurden die ersten zwei Generatoren (oktal) zur Erzeugung des ersten 2-bit-Ausgangsrahmens verwendet. Beim darauffolgenden Rahmen wurde nur der dritte Generator (der gleich wie einer der anderen beiden ist) verwendet. Für Codes der Rate 3/4 existiert dann noch ein dritter Rahmen, in dem der vierte Generator verwendet wird.

Abgesehen vom Argument des Berechnungsaufwandes sind punktierte Codes auch deshalb wichtig, da sie es ermöglichen, mehrere Codes verschiedener Raten auf einem Decodierer zu vereinen. Es wäre z. B. möglich, mit einem Code der Rate 3/4 unter normalen guten Empfangsbedingungen zu arbeiten und dem Sender und Empfänger zu erlauben, auf Raten von 2/3 und 1/2 umzuschalten, sobald die Rauschpegel zunehmen und höhere Werte für d_∞ erforderlich sind. Dies wird *adaptives Codieren* genannt.

5.15   Sequentielle Decodierung

Der Viterbi-Algorithmus ist aufgrund der Zahl der Pfade, die gespeichert und aktualisiert werden muß, nur für Codes von relativ kurzer Beeinflussungslänge

befriedigend. Untersucht man die Aktionen eines Viterbi-Decodierers, so zeigt sich
üblicherweise, daß eine kleine Anzahl von Pfaden sehr oft verwendet werden,
während die anderen gespeicherten seltener vorkommen. Die sequentielle Decodierung zielt darauf ab, die Aufgabe der Decodierung durch Konzentration auf die
wahrscheinlicheren Pfade zu vereinfachen. So können Codes größerer Beeinflussungslänge verwendet werden. Es gibt verschiedene, leicht voneinander abwei-
chende Ausführungen des sequentiellen Decodierens, aber zwei von ihnen – der
Fano-Algorithmus und der Stack-Algorithmus – verdeutlichen die grundsätzlichen
Verfahrensweisen sehr gut.

Der Fano-Algorithmus arbeitet einen Rahmen nach dem anderen ab, untersucht
die empfangene Folge, entscheidet sich für den wahrscheinlichsten Coderahmen
und geht zum entsprechenden Knoten im Codierungsdiagramm über. Die zu
minimierende Pfadabmessung bei l Rahmen ist:

$$- \sum_{j=1}^{l} \sum_{i=1}^{n_0} \left[\log_2\left(\frac{p(v_{ij}|u_{ij})}{p(v_{ij})}\right) - R \right]$$

wobei j die Rahmennummer repräsentiert, i das Bit im Rahmen, v_{ij} das empfangene
Bit, u_{ij} das dem folgenden Übergang entsprechende Bit und R die Coderate. Diese
Menge wird *Fano-Abmessung* oder auch *Fano-Metrik* genannt.

In jeder Stufe der Decodierung werden die Pfadabmessungen mit einem laufenden
Schwellwert verglichen, um zu entscheiden, ob der Decodierer den Pfad weiterge-
hen oder ihn zurückverfolgen soll. Bei der ersten Ankunft an einem Knoten im
Diagramm ist der Schwellwert so niedrig wie möglich gesetzt. Grundsätzlich sollte
die Abmessung (Metrik) nicht größer als der Schwellwert sein. Wird der Schwell-
wert überschritten, so muß der Decodierer entscheiden, ob er zum letzten Knoten
zurückgeht oder den Schwellwert erhöht. Letzteres wird dann getan, wenn das
Zurückgehen kein Unterschreiten des Schwellwertes bewirkt. Veränderungen am
Schwellwert werden in Vielfachen eines festgelegten Wertes Δ vorgenommen.
Dieser Wert ist ein Parameter, der vom Entwickler gewählt wird. Zu kleine Werte
Δ erhöhen die Zahl der Rückschritte, zu große bewirken, daß der Decodierer
falschen Pfaden eine zu lange Distanz folgt, ehe er mit dem Rückschreiten be-
ginnt.

Der Stack-Algorithmus besitzt nicht die Tendenz des Fano-Algorithmus, bestimmte Knoten öfters anzufahren. Deshalb werden Berechnungen eingespart,
allerdings auf Kosten eines erweiterten Speichers. Eine Zahl vorher untersuchter
Pfade und ihrer Abmessungen werden im Stack gespeichert, wobei sich der Pfad
niedrigster Abmessung oben befindet. Der Decodierer nimmt diesen obersten
Pfad, bildet 2^{k_0} nachfolgende Pfade, berechnet ihre Abmessungen und plaziert sie
an den entsprechenden Stellen im Stack. Der Stack mag überlaufen, aber die so
verlorenen Pfade haben große Abmessungen und sind wahrscheinlich ohnehin
nicht in einer Lösung auf maximale Ähnlichkeit enthalten. Das Abspeichern der
Pfade ist ebenfalls ein Problem, aber Jelinek (1969) schlug ein Verfahren vor, das
weithin aufgegriffen wurde.

Beide, die Fano- und die Stack-Methode, arbeiten wie Viterbi-Decodierer in einem
festgelegten Decodierungsfenster und geben den ersten Rahmen nach einem

kompletten Decodierungsfenster aus. Es gibt noch weitere spezielle Eigenschaften der sequentiellen Decodierung, die ihre Einsätze in praktischen Anwendungen beeinflussen könnte. Die Decodierungsgeschwindigkeit hängt von der verwendeten Methode ab. Sie ist jedoch unbeständig, was Probleme bei Echtzeit-Operationen zur Folge haben kann. Diese Unbeständigkeit kann durch Installieren eines Zwischenspeichers für die eingehenden Rahmen ausgeglichen werden. Unter gewissen Umständen könnte es jedoch notwendig sein, den Decodierer zu einem bestimmten Pfad oder zur Aufgabe der Decodierung einer Sektion des Codes zu zwingen. Dies ist nicht notwendigerweise eine schlechte Vorgehensweise; guter Entwurf kann dafür sorgen, daß Probleme dieser Art hauptsächlich dann auftreten, wenn die Fehlerraten so hoch sind, daß Decodierungsfehler ohnehin sehr wahrscheinlich gewesen wären. Dann ist wenigstens bekannt, daß ein Problem auftrat. Trotzdem ist die sequentielle Decodierung eher für rechnerunabhängige Anwendung ohne Echtzeit-Einsatz geeignet.

Der hauptsächliche Vorteil sequentieller Decodierung liegt darin, daß der reduzierte Rechenaufwand die Benutzung größerer Beeinflussungslängen erlaubt, wobei Werte bis 40 üblich sind. Dies bedeutet, daß leistungsfähigere Codes mit höheren Werten der freien Distanz und höheren Codegewinnen verwendet werden können. Andererseits bewirkt die Soft-Decision-Decodierung, obwohl prinzipiell einfach zu realisieren, eine starke Verlangsamung des Decodierers bei seiner Pfadsuche durch das Codierungsdiagramm. Als Folge dieser Tatsache findet man Soft-Decision mit sequentieller Decodierung weniger häufig als mit Viterbi-Decodierung, und der Gewinn an Beeinflussungslänge bewirkt wenig mehr als die Kompensation des Verlustes der Soft-Decision.

5.16   Syndrom-Decodierung

Es existieren verschiedene Decodierungsmethoden für konvolutionelle Codes, in denen das Decodierfenster aus $m - 1$ Rahmen besteht, der Code systematisch ist und Fehlerkorrektur bis zu einem Maximum von $(d_{min} - 1)/2$ Bits in jedem Durchgang von $m + 1$ Rahmen erlaubt. Alle diese Methoden behandeln den Code eher als Block-Code und berechnen ein Syndrom zur Identifikation des Fehlers. Sie alle opfern etwas der Leistungsfähigkeit konvolutioneller Codes und der Soft-Decision-Decodierung zur Erhöhung der Geschwindigkeit und zur Reduzierung des Aufwandes. Die Namen, die diesen Methoden gegeben werden, lauten unter anderem Syndrom-Decodierung, Tabellenablese-Decodierung, Rückkopplungs-Decodierung, Mehrheitslogik-Decodierung oder Schwellwert-Decodierung, wobei einige dieser Begriffe für dasselbe stehen können.

Das Syndrom eines systematischen, konvolutionellen Codes kann in einer Weise definiert werden, die exakt äquivalent zu der Definition eines Block-Codes ist. Die empfangenen Informationsbits werden codiert und die berechneten Paritätsbits mit den empfangenen verglichen (modulo 2-addiert).

Betrachtet werde z. B. ein systematischer (4,3,2) Code mit folgenden Generatoren:

$$g_1^{(1)}(X) = 1 \qquad\qquad g_2^{(1)}(X) = 0 \qquad\qquad g_3^{(1)}(X) = 0$$

$$g_1^{(2)}(X) = 0 \qquad\qquad g_2^{(2)}(X) = 1 \qquad\qquad g_3^{(2)}(X) = 0$$

$$g_1^{(3)}(X) = 0 \qquad\qquad g_2^{(3)}(X) = 0 \qquad\qquad g_3^{(3)}(X) = 1$$

$$g_1^{(4)}(X) = X^2 + X + 1 \quad g_2^{(4)}(X) = X + 1 \quad g_3^{(4)}(X) = X^2 + 1$$

Dieser Code hat eine minimale Distanz von 3 und kann folglich einen Bitfehler je $m + 1$ (3) Rahmen korrigieren. Betrachtet man eine Folge, die abgesehen von einer 1 nur Nullen enthält, so wird die Summe aus berechneten und empfangenen Paritätsbits bei Durchlauf des Fehlers durch den Decodierer für bis zu drei Rahmen ungleich Null sein. Wenn man Bit 1 des Rahmens und das älteste Syndrombit links in die Folge schreibt, so hängen die Resultate von der Position des Fehlers ab (wie in Tabelle 5.12 gezeigt). Ist der Fehler in Bit 2, so ist das Syndrom 0, wenn der Fehler in den Decodierer eintritt, und 1 für die nachfolgenden zwei Rahmen. Die Anwesenheit eines Fehlers im ältesten Rahmen kann leicht aus der Tatsache erkannt werden, daß das älteste Bit des Syndroms 1 ist. Die beiden anderen Bits bestimmen die Position. Angenommen die Folge 1100010010100011 kommt am Decodierer an, so lautet die Syndromfolge 0101. Folglich befand sich im zweiten Rahmen ein Fehler, und die nachfolgenden Bits werden in einer Tabelle zur Lokalisierung des Fehlers verwendet. Der Fehler befand sich in Bit 3 dieses Rahmens. Die korrekte Codefolge lautet deshalb 11000110 10100011 und die Informationsfolge 110011 101001.

Tabelle 5.12

Fehlermuster	Syndrom
1 0 0 0	1 1 1
0 1 0 0	1 1 0
0 0 1 0	1 0 1
0 0 0 1	1 0 0

Hätte es sich beim obigen Code um einen mit der Fähigkeit zur Korrektur mehrerer Fehler gehandelt, so wäre es möglich gewesen, Fehler im ältesten Rahmen zu finden und zu korrigieren und immer noch korrigierbare Fehler in den nachfolgenden Rahmen zu haben. Wenn das Syndrom nach Korrektur der Fehler im ältesten Rahmen verändert wird, um über die Korrektur Rechnung zu tragen, dann sagt man: „Der Decodierer verwendet Rückkopplung." Das Prinzip ist dasselbe wie das, welches in mehr Fehler korrigierenden Meggit-Decodierern für zyklische Block-Codes gefunden werden kann (Abschnitte 3.14 und 3.15). Die Rückkopplung kann eine gefährliche Sache sein, da sich ein Decodierungsfehler durch die gesamte nachfolgende Decodierung ausbreiten könnte. Ist dies einzig eine Folge des Decodierer-Algorithmus, so nennt man es *gewöhnliche Fehlerfortpflanzung*. Dies steht im Gegensatz zur lawinenartigen Fehlerfortpflanzung, die sich alleine aus den Eigenschaften des Codes ableitet.

Eine besonders interessante Form ergibt sich, wenn die Syndrombits in Gruppen aufgespaltet werden können. Jede dieser Gruppen besteht aus einer Zahl von Stimmen über die Korrektheit eines empfangenen Bits. Übersteigt die Zahl der Stimmen, die dagegen sind (das bedeutet, die Zahl der Syndrombits ungleich Null), einen gewissen Schwellwert, so wird der Bitwert umgekehrt. Dies wird Schwellwert-Decodierung genannt oder Mehrheitslogik-Decodierung, wenn der Schwellwert bei 50% der Stimmen liegt.

Der Vorteil der Syndrom-Decodierung liegt in der Geschwindigkeit und in der Tatsache, daß der Decodieraufwand nur linear mit der Beeinflussungslänge wächst. So können größere Beeinflussungslängen verwendet werden als bei anderen Methoden. Der Nachteil ist, daß die Codes nicht so leistungsfähig sind wie andere äquivalente, nicht-systematische Codes, die zum vollen Vorteil ausgenutzt werden. Zudem ist Soft-Decision-Decodierung nicht immer anwendbar. Schwellwert-decodierbare Codes sind insbesondere nicht sehr leistungsfähig, könnten aber die einzig mögliche Wahl bei extrem hohen Bitraten sein.

5.17   Literaturhinweise

Wirklich alle Bücher über Codierung behandeln konvolutionelle Codes, aber das von Lin und Costello (1983) scheint das umfangreichste und verständlichste zu sein. Es behandelt andere Methoden, die Vorgänge eines konvolutionellen Codierers darzustellen. Zudem bewertet es eine Überwachungsregel, die von Masen und Zimmerman (1960) aufgestellt wurde, um die Generatorfunktion aus dem veränderten Zustandsdiagramm abzuleiten. Es beinhaltet getrennte Kapitel für Decodierung auf maximale Ähnlichkeit, sequentieller Decodierung und Mehrheitslogik-Decodierung. Lin und Costello behandeln die Herleitung und Bedeutung der Generatorfunktion jedoch nicht sehr gut. Für dieses Gebiet sind Michelson und Levesque (1985) zu empfehlen. Sie verdeutlichen vor allem die Analogie zur Z-Transformation.

Jeder, der einen Viterbi-Decodierer entwirft, muß durch den Prozeß der schwerwiegenden Entscheidungen gehen, wie der Algorithmus zu realisieren sei und wie am besten mit all den Informationen Schritt gehalten werden kann, die der Decodierer speichern muß. Clark und Cain (1981) behandeln wie immer praktische Aspekte wie diese sehr gut. Ebenso leisten dies Michelson und Levesque (1985). Trotzdem hätte dieser Bereich eine noch viel intensivere Behandlung in einem Buch verdient. Clark und Cain sind die Anführer der Punktierungs-Techniken und sollten bei diesem Thema auch beachtet werden.

5.18 Übungen

1   Ein Codierer besitzt folgende Generatorpolynome:

$$g_1^{(1)}(X) = X + 1$$
$$g_1^{(2)}(X) = X$$
$$g_1^{(3)}(X) = X$$
$$g_1^{(4)}(X) = X + 1$$
$$g_2^{(1)}(X) = X^2$$
$$g_2^{(2)}(X) = X + 1$$
$$g_2^{(3)}(X) = 0$$
$$g_2^{(4)}(X) = X^2 + X + 1$$
$$g_3^{(1)}(X) = 0$$
$$g_3^{(2)}(X) = X$$
$$g_3^{(3)}(X) = X^2 + 1$$
$$g_3^{(4)}(X) = X^2 + 1$$

Man zeichne das Block-Diagramm des Codierers. Anschließend codiere man die Folge 101 011 100 010 und bestimme folgende Größen:

(a) Eingangsrahmen
(b) Ausgangsrahmen
(c) Eingangs-Beeinflussungslänge
(d) Ausgangs-Beeinflussungslänge
(e) Speicherordnung
(f) Speicher-Beeinflussungslänge

2   Ein Codierer besitzt folgende Generatorpolynome:

$$g^{(1)}(X) = X^3 + X^2 + 1$$
$$g^{(2)}(X) = X^3 + X^2 + X + 1$$

Man zeichne den Übergangsgraphen und bestimme die Werte $d_{\min}$ und d_∞.

3   Man bestimme die Generatorfunktion des Codes aus Übung 2. Anschließend überprüfe man den Wert von d_∞. Wie sind die Längen und Eingangsgewichte all der Pfade mit den drei niedrigsten Werten des Ausgangsgewichtes?

4   Ein Code besitzt folgende Generatoren:

$$g^{(1)}(X) = X^2 + 1$$
$$g^{(2)}(X) = X^2 + X$$

Aufgrund des Zustandsdiagramms oder durch Betrachtung der Codierung der Folge 1111 ... zeige man, daß der Code lawinenartige Fehlerfortpflanzung aufweist.

5   Aus dem folgenden Codierer-Zustandsdiagramm bestimme man die Generatorpoly-
     nome des zugehörigen Codes:

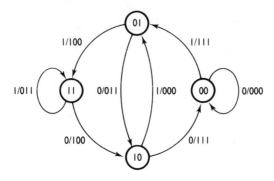

6   Man decodiere die Folge 1101 1100 1000 01 11 11 für den konvolutionellen Codierer der
     Abbildung 5.1.

7   Man betrachte den Code der Rate 1/2 mit $K = 3$, dessen Gewichtsstruktur in
     Abschnitt 5.7 behandelt wurde, bei einer Bitfehlerrate von 10^{-5}. Man bestimme den
     Hard-Decision-Codierungsgewinn für binäre PSK-Modulation. Wie verändert sich der
     Codierungsgewinn, wenn unquantifizierte Soft-Decision verwendet wird?

8   Man wiederhole Übung 7 für einen Code mit der Rate 1/2 mit $K = 7$. Dessen
     Bitfehlerrate ist in Abschnitt 5.13 angegeben. Man gehe jedoch davon aus, daß die
     Soft-Decision in 8 Stufen quantifiziert sei.

9   Man beweise für einen konvolutionellen Code der Rate R, der auf einem binären PSK-
     Kanal (Bitfehlerrate ist in Gleichung 1.15 angegeben) übertragen wird, daß der
     Codierungsgewinn bei niederen Bitfehlerraten $Rd_\infty/2$ für Hard-Decisision Decodie-
     rung und Rd_∞ für Soft-Decision-Decodierung beträgt.

10   Ein Decodierer für den systematischen Code aus Abschnitt 5.16 empfängt die Folge
     0111 0001 1000 0100 1101 1111 0011. Man bestimme die Ausgangsfolge des Decodierers.

6 Codierung auf Kanälen mit bündelartiger Fehlerstruktur

6.1 Einführung

Obwohl die ersten fünf Kapitel ein weites Gebiet von Codierungstechniken behandelt haben, waren sie alle gegen Fehler gerichtet, die keine Wechselwirkung auf andere Symbole aufzeigten. Aus diesem Grund zielten diese Codierungstechniken darauf ab, die Symbol zu Symbol Diskrepanzen zwischen empfangener Folge und Codefolge zu verringern. Wenn nun aber Fehler dazu neigen, in Bündeln aufzutreten, dann sind andere Decodierungsmaßstäbe anzulegen. Es können folglich auch andere Codes erforderlich sein, um die Leistungsfähigkeit in Bezug auf diese Anforderungen zu optimieren. Dieses Kapitel behandelt die Frage, welche Techniken für bündelartige Fehlerformen verfügbar und geeignet sind.

Obwohl auf den meisten Kanälen Zufallsfehler vorhanden sind, kann nur von wenigen gesagt werden, sie verhalten sich wie reine AWGN-Kanäle. Ein Übertragungskanal im Weltraum ist dem AWGN-Kanal vermutlich am nächsten. Sobald jedoch irgendeine erdgebundene Verbindung, Funk- oder Satellitenzwischenglieder, im System enthalten sind, treten Fehlerüberwachungsprobleme auf, die sich in gewissen Beziehungen von denen des AWGN-Falles unterscheiden. Diese Probleme entstehen unter anderem durch Interferenz, Mehrwegeausbreitung (multipath), Abschattungen und inkonstanter Dämpfung durch Materialanlagerung oder -ablagerung. Es ist natürlich nicht das Ziel hier, die Ursachen und Charakteristiken dieser Faktoren zu diskutieren. Allgemein könnten sie jedoch wichtigen Einfluß auf beides, Codeentwurf und die Vorteile, die durch Codierung erreichbar sind, haben.

Prinzipiell sollten bündelartige Fehler für eine gegebene Symbolfehlerrate leichter zu bekämpfen sein als Zufallsfehler, da der Standort eines einzelnen Zufallsfehlers keine Aufschlüsse über die wahrscheinlichen Standorte anderer zuläßt. Dagegen weiß man bei bündelartig auftretenden Fehlern, daß es einige benachbarte Symbole gibt, die eine relativ hohe Fehlerwahrscheinlichkeit haben. Die theoretisch beste Methode bündelartige Fehler zu bekämpfen ist, die höchstwahrscheinlichen Fehlermuster durch Untersuchung der besonderen Charakteristik eines Kanals zu bestimmen. Praktisch könnte jedoch die Kanalcharakteristik nicht hinreichend gut bekannt sein. Darüber hinaus könnte das Fehlerkontrollschema eher zur Widerstandsfähigkeit gegen eine Reihe anderer Möglichkeiten als zur Optimierung vorliegender Kanaleigenschaften entworfen sein. Besonders häufig kann eine Mischung aus bündelartigen und Zufallsfehlern angetroffen werden. Ein Kanal, bei dem dies auftritt, wird *real (compound, difuse)* genannt.

Die Faktoren, die die Wahl einer Fehlerüberwachungsmethode beeinflussen, zeigen auch Auswirkung auf die Erwartung über den Nutzen der Codierung. Sind die Kanaleigenschaften nicht gut bekannt, so ist es schwierig, den Codierungsgewinn abzuschätzen. Ist dagegen eine Voraussage durch theoretische Analyse oder durch Messung möglich, so sind die erreichten Codierungsgewinne üblicherweise viel höher als dies auf AWGN-Kanälen möglich wäre. Sie messen sich vielleicht eher der Größenordnung einiger 10 dB als in 3 oder 4 dB. In der Tat können manche uncodierte Kanäle eine minimale Bitfehlerrate aufweisen, die unabhängig von der Signalstärke nicht weiter verbessert werden kann. Könnte die Codierung diesen Wert unterschreiten, so wäre der Codierungsgewinn theoretisch unendlich! Andererseits ist ein gesundes Mißtrauen bei der Interpretation theoretischer Codierungsgewinne geboten. Es empfiehlt sich besonders nachzuprüfen, ob die angenommenen Kanaleigenschaften und E_b/N_0 einem realen Demodulator die Funktion nahe den theoretischen Fehlerraten erlauben würden.

Verständnis der Kapitel 1–3 und 5 sind zum Verständnis dieses Kapitels vonnöten, obwohl der nur an Block-Codes interessierte Leser auf Kapitel 5 verzichten könnte. Die nur an konvolutionellen Codes Interessierten könnten einiges des Kapitels 2 und das gesamte Kapitel 3 weglassen. Die korrekte Fehlerkontrolle auf realen Kanälen ist jedoch ein solch schwieriges und wichtiges Problem, daß es nicht empfehlenswert scheint, auch nur eine der verfügbaren Methoden nicht in Erwägung zu ziehen.

6.2   Beschreibung bündelartiger Fehler

Üblicherweise wird ein Fehlerbündel mit seiner Bündellänge beschrieben. Dies entspricht der Zahl der vom Bündel umfaßten Bits, d. h. der Länge vom ersten bis zum letzten Bit, wobei Anfangs- und Endbits mitgezählt werden. Ein so definiertes Bündel der Länge 10 ist in Abbildung 6.1 dargestellt. Man beachte, daß nicht alle Bits im Bündel notwendigerweise falsch sein müssen und daß aus diesem Grund verschiedene Definitionen eines bestimmten Fehlermusters auftreten können. So kann z. B. das Fehlerbündel aus Abbildung 6.1 als ein Bündel der Länge 2 und eines der Länge 7 betrachtet werden oder als eines der Länge 2, eines der Länge 3 und eines der Länge 1 oder sogar als 6 Bündel der Länge 1.

Die Fehlerkontrollschemata für Kanäle mit bündelartigen Fehlern werden üblicherweise nach der Zahl und der Länge der Bündel eingeteilt, die sie in einer gegebenen Zeitspanne auf dem Kanal korrigieren können. Ein weiterer Punkt ist der, ob sie bündelartige, gemischte oder nur reine Zufallsfehler korrigieren können. Wie gezeigt wurde, existieren verschieden Möglichkeiten, ein Fehlerbündelmuster zu beschreiben. Geht man jedoch von der Leistungsfähigkeit eines Codes aus, so kann klar entschieden werden, ob ein bestimmtes Fehlermuster korrigierbar ist oder nicht.

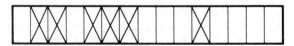

Abb. 6.1   Fehlerbündel der Länge 10

6.3   Block-Codes zur Korrektur von einzelnen Fehlerbündeln

Es gibt eine Zahl von Block-Codes, die einzelne Bündel in einem Block korrigieren können. Dabei werden meist zyklische Codes aufgrund ihrer besonderen Eigenschaft zur Fehlerbündelerkennung gewählt. Dies bedeutet jedoch nicht, daß alle zyklischen Codes für die Korrektur von Fehlerbündeln geeignet sind. Deshalb muß eine Auswahl getroffen werden.
Wie in Kapitel 3 gesehen, kann ein zyklischer (n,k) Code in systematischer Weise mit den $n-k$ Paritätskontrollsymbolen in den niederwertigen Positionen dargestellt werden. Die zyklische Eigenschaft bedeutet jedoch, daß beliebige aufeinander folgende $n-k$ Symbole in die Paritätspositionen eingeschoben werden können, und es dann immer noch ein Codewort ist. Jeder nur in den Paritätssymbolen auftretende Fehler beeinflußt das Codewortergebnis nicht, da die Paritätssymbole sicher durch die Information bestimmt sind. Daraus folgt, daß ein Fehler, der $n-k$ oder weniger Symbole eines Codewortes umspannt, keine Codewortänderung zur Folge haben kann und deshalb erkennbar ist. Fehler, welche die ersten und letzten Symbole betreffen, können aufgrund der zyklischen Natur des Codes als ein einzelnes Fehlerbündel (end-around) betrachtet werden. Abbildung 6.2 zeigt ein Fehlermuster, das bei normaler Betrachtung ein Bündel der Länge 14 wäre, aber in der beschriebenen Weise wie ein (end-around-)Bündel der Länge 6 behandelt werden kann.

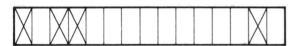

Abb. 6.2   Fehlerbündel (end-around) der Länge 6

Ist ein Code für Fehlerbündelkorrektur geeignet, so ergibt sich die maximale Länge eines einzelnen, korrigierbaren Bündels in einem Codewort zu $(n-k)/2$. Dieses Ergebnis, bekannt unter dem Namen *Reiger-Grenze*, kann in Analogie mit den Zufallsfehlern gesehen werden, in denen die Fehlerkorrekturfähigkeit halb so groß wie die Fehlererkennungsfähigkeit ist. Es kann auch durch Betrachtung der Grundlage der Decodierung deutlich werden, die aussagt, daß das kürzest mögliche Fehlerbündel das wahrscheinlichste Fehlermuster ist.
Die übliche Decodierungsmethode wird im Englischen *error trapping* genannt und ist der Meggit-Decodierung sehr ähnlich. Erinnert man sich daran, daß das Syndrom eines Fehlers in den Paritätssymbolen äquivalent zum Fehlermuster selbst ist, so wird deutlich, daß bei Verschiebung des Syndroms durch einen Meggit-Decodierer schließlich ein Punkt erreicht wird, bei dem das Syndrom direkt in den Registern steht. Umschließt das Fehlermuster bis zu $(n-k)/2$ aufeinanderfolgende Symbole, so kann diese Bedingung durch die Existenz von $(n-k)/2$ aufeinanderfolgenden Nullen im Syndrom erkannt werden. Die Zahl der Verschiebungen bis zum Erreichen dieses Zustandes zeigt an, wo sich das Bündel befindet.

Beispiel

Ein zyklischer (15,9) Code wird erzeugt durch:

$$(X) = X^6 + X^5 + X^4 + X^3 + 1$$

Er kann Fehlerbündel bis zu einer Länge von 3 korrigieren. Ein Fehlermuster

$$e(X) = X^9 + X^8 + X^7$$

hat das durch einen Schaltkreis wie in Abbildung 3.3 gebildete Syndrom

$$s^{(6)}(X) = X^5 + X + 1$$

Dieses Muster 100011 ergibt bei Verschiebung 111111, 000111, 001110, 011100 und 111000. Es stehen nun drei Nullen in den niederwertigen Bits des Syndroms und das Fehlermuster in den höherwertigen. Die Tatsache, daß fünf zusätzliche Verschiebungen zum Erreichen dieses Zustandes benötigt wurden, zeigt an, daß das Fehlerbündel in Bit 9 beginnt, d. h. es betrifft die Bits 9, 8 und 7. Man hat also das Muster und den Standort des Fehlers korrekt identifiziert.

6.4   Fire-Codes

Fire-Codes sind zyklische, einzelne Fehlerbündel korrigierende Codes mit einem für schnellere Decodierung in zwei Teile aufteilbaren Syndrom. Die Form eines Generator-Polynoms für eine Fire-Code, der einzelne Fehlerbündel bis zur Länge l korrigieren kann, ist:

$$g(X) = (X^{2l-1} + 1)h(X)$$

$h(X)$ ist ein irreduzibles, binäres Polynom vom Grad $m \geqslant l$, daß kein Faktor von $X^{2l-1} + 1$ sein darf, d. h. die Periode p von $h(X)$ ist kein Faktor von $2l-1$. Die Länge des Codes ist das kleinste gemeinsame Vielfache von p und $2l-1$.
Als Beispiel sei $h(X) = X^4 + X + 1$. Dies ist ein primitives Polynom vierten Grades, das demnach kein Faktor von $X^7 + 1$ ist. Das Polynom

$$g(X) = (X^7 + 1)(X^4 + X + 1)$$

erzeugt also einen (105,94) Fire-Code, der einzelne Fehlerbündel der Länge 4 korrigieren kann.
Man kann einen Decodierer entwerfen, in dem die empfangene Folge die Schieberegister durchläuft, ehe die Rückkopplung angelegt wird. Der Decodierer aus Abbildung 3.1 wäre ein solcher, basiert aber für den Fire-Code auf $g(X)$. Tritt in diesem Fall ein Fehlerbündel auf, welches die Bits $n + l - i - 1$ bis $n - i$ (beide Werte modulo n) betrifft, so tauchen die Fehler nach weiteren i Verschiebungen in den Registern in den Bits $l - 1$ bis 0 des Syndroms auf. Es werden maximal $n - 1$ Verschiebungen benötigt, um den Zustand zu erreichen, in dem der Fehler erkannt und lokalisiert werden könnte.

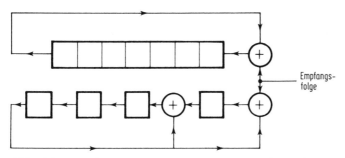

Abb. 6.3   Aufgeteilte Syndrombildung für den (105,94) Fire Code

Es gibt eine andere, schnellere Decodiererstruktur, in der das Generator-Polynom in seine Faktoren $X^{2l-1} + 1$ und $h(X)$ aufgeteilt wird. Solch eine Anordnung ist in Abbildung 6.3 zu sehen. Jedes Fehlermuster, das kein Codewort ist, hinterläßt einen Polynomrest ungleich Null in einem oder beiden Syndromregistern. Es ist deutlich, daß kein Fehlermuster der Länge $2l-1$ oder weniger einen Null-Polynomrest hinterlassen kann, wenn durch $X^{2l-1} + 1$ dividiert wird. Ebenso könnte kein Fehlermuster der Länge 4 oder weniger einen Polynomrest mit Wert 0 bei Division durch $h(X)$ hinterlassen. Die korrigierbaren Fehlermuster lassen also einen Rest ungleich Null in beiden Registern zurück.

Wenn bei einem korrigierbaren Fehlermuster in allen durch $X^{2l-1} + 1$ teilbaren Register verschoben wird, so taucht das Fehlermuster nach λ_1 Verschiebungen in den l niederwertigen Bits der Register auf, wobei alle $l-1$ höherwertigen Bits auf 0 belassen werden. Da die Periode dieser Register $2l-1$ ist, würde dasselbe Fehlermuster nach allen weiteren $2l-1$ Verschiebungen auftauchen. Einer dieser Fälle würde mit der Zahl der Verschiebungen (i) übereinstimmen, die nötig waren, um den Fehler in einem wie oben angesprochenen Standard-Decodierer mit *error trapping* aufzuspüren. Folglich:

$$i = A_1(2l - 1) + \lambda_1 \tag{6.1}$$

wobei A_1 eine unbekannte, ganze Zahl ist.

Im nächsten Schritt werden all die Inhalte der Register verschoben, die durch $h(X)$ teilbar sind. Das Fehlermuster taucht nach λ_2 Verschiebungen in den Registern auf und wird erkannt, weil es dasselbe wie das in den anderen Registern ist. Die Periode von $h(X)$ ist p und aus Analogiebetrachtungen folgt:

$$i = A_2 p + \lambda_2 \tag{6.2}$$

wobei A_2 eine unbekannte, ganze Zahl ist.

Eliminiert man i aus den Gleichungen (6.1) und (6.2), so ergibt sich:

$$A_1(2l - 1) - A_2 p = \lambda_2 - \lambda_1 \tag{6.3}$$

und sie können auch kombiniert werden, womit sich ergibt:

$$i(\lambda_2 - \lambda_1) = A_1(2l - 1)\lambda_2 - A_2 p \lambda_1 \tag{6.4}$$

Man kann sicherlich ein Paar ganzer Zahlen A_1 und A_2 finden, die Gleichung (6.3) erfüllen und sich dann in (6.4) übertragen lassen. Besser ist es jedoch, das Paar ganzer Zahlen I_1 und I_2 zu finden, die folgende Gleichung erfüllen:

$$I_1(2l - 1) - I_2p = 1 \qquad (6.5)$$

Nimmt man nun $(\lambda_2 - \lambda_1)I_1$ und $(\lambda_2 - \lambda_1)I_2$ als Lösungen der Gleichung (6.3), so ergibt sich folgender Ausdruck für Gleichung (6.4):

$$i = I_1(2l - 1)\lambda_2 - I_2p\lambda_1 \qquad (6.6)$$

Am Wert von i wird eine modulo n-Operation durchgeführt. Der Vorteil dieser Vorgehensweise liegt darin, daß I_1 und I_2 im voraus berechnet werden können. Ihre Werte können zur Verwendung für Gleichung (6.6) gespeichert werden, sobald λ_1 und λ_2 bekannt sind. In diesem Fall z. B., in dem $2l - 1$ gleich 7 und p gleich 15 ist, ist der Wert für I_1 gleich 13, der von I_2 ist 6.

Will man in der Lage sein, Fehlerbündel bis zur Länge l zu korrigieren und gleichzeitig Bündel bis zur Länge $d(d > l)$ zu erkennen, so kann ein Fire-Code-Generator konstruiert werden:

$$g(X) = (X^c + 1)h(X)$$

wobei $c = l + d - 1$ und $h(X)$ kein Faktor von $X^c + 1$ ist.

6.5   Konvolutionelle Codes zur Korrektur bündelartiger Fehler

Werden konvolutionelle Codes zur Korrektur bündelartiger Fehler verwendet, so muß eine fehlerfreie Schutzzone zwischen den Fehlerbündeln sein. Sollen alle Bündel der Länge b von einem Code der Rate R korrigiert werden, so ist das Verhältnis von Schutz- zu Bündellänge

$$\frac{g}{b} \geq \frac{1 + R}{1 - R}$$

Dieses Resultat wird *Gallager-Grenze* genannt.
Die bekanntesten konvolutionellen Codes für die Korrektur bündelartiger Fehler sind die Iwadare-Massey-Codes, die Bündel bis zu einer Länge λn_0 für jedes beliebige, ganzzahlige λ korrigieren können und eine Schutzlänge von $n_0(m + 1) - 1$ erfordern. Sie sind $(n_0, n_0 - 1)$ Codes mit Speicherordnung $m = (2n_0 - 1)\lambda + 2n_0 - 3$. Ein zweiter Typ ist die Gruppe, deren Speicherordnung $(2n_0 - 1)\lambda + (n_0^2 - n_0 - 2)/2$ beträgt. Keine der beiden ist im Bezug auf die Gallager-Grenze optimal. Es wird eine Form des rückgekoppelten Decodierens verwendet.
Wird dem Decodierer erlaubt, einen kleinen Bruchteil von Bündeln passieren zu lassen, so kann die Anforderung an die Schutzlänge etwas gelockert werden. Sie ergibt sich dann ungefähr zu:

$$\frac{g}{b} \geq \frac{R}{1 - R}$$

Eine Familie der mit Mehrheitslogik decodierbaren, konvolutionellen Codes, die Gallager-Codes genannt werden, kommt dieser Untergrenze sehr nahe.

6.6 Codes zur Korrektur von innerhalb gewisser Grenzen des Codes auftretenden Fehlerbündeln

Es existieren Codes, bei denen die Korrekturfähigkeiten von dem Standort des Bündels abhängen. Solche Codes, im Englischen phased-burst error correcting codes genannt, arbeiten am besten, wenn die Bündel innerhalb bestimmter, natürlicher Grenzen des Codes auftreten. Es existieren zwei Familien von Block-Codes, die sogeartete Fehlerbündel korrigieren können, nämlich Burton-Codes und RS-Codes. Berlekamp-Preparata-Codes sind eine Familie konvolutioneller Codes, die diese innerhalb gewisser Grenzen des Codes auftauchenden Fehlerbündel korrigieren.
Burton-Codes sind eng verwandt mit Fire-Codes und besitzen einen Generator der Form:

$$g(X) = (X^m + 1)h(X)$$

wobei $h(X)$ ein irreduzibles, binäres Polynom des Grades m und der Periode p darstellt. Die Länge des Codes entspricht dem kleinsten gemeinsamen Vielfachen von p und m. Der Code kann als in eine Zahl (σ) von Unterblöcken der Länge m aufgeteilt betrachtet werden und ist ein ($\sigma m, \sigma m - 2m$) Code. Er kann jeden Fehler korrigieren, der nur innerhalb einer Untergruppe auftaucht. Die Parameter und Fehlerkorrektureigenschaften des Codes sind jedoch die gleichen wie die eines entsprechenden RS-Codes zur Einzelfehlerkorrektur. Die RS-Codes haben deshalb die Burton-Codes weitestgehend abgelöst.
Die wichtigsten Codes zur Korrektur von innerhalb gewisser Grenzen auftauchenden Fehlerbündeln sind die RS-Codes. Sie stellen einen Spezialfall der mehrwertigen BCH-Codes dar und haben folglich aus mehreren Bits bestehende Symbole. Ihre Fehlerkorrekturfähigkeit wird im Verhältnis zur Zahl der korrigierbaren Symbolfehler gebildet und nicht im Verhältnis zur Zahl der korrigierbaren Bitfehler.
Für einen t-Fehler korrigierenden RS-Code mit aus l Bits bestehenden Symbolen gilt:

$$n = 2l - 1$$
$$n - k = 2t$$

Man beachte, daß n und k in l-bit-Symbolen gemessen wird, und t die Zahl der korrigierbaren Symbole darstellt. Ist z. B. ein (31,15) RS-Code 155 Bits lang, von denen 75 Informationen tragen, so können unabhängig von der Anzahl der falschen Bits in den einzelnen Symbolen bis zu acht Symbolfehler korrigiert werden. Da die Symbolgrenzen an festgelegten Stellen des Codes sind, sind RS-Codes mehrwertige

Codes zur Korrektur von in gewissen Grenzen des Codes auftretenden Fehlerbündeln (phased bursts).

Reed-Solomon-Codes können für ihre Rate sehr leistungsfähig sein, besonders wenn gebündelte Fehler auftreten. Sie sind Einzelsymbolfehler korrigierende Codes und können sehr vorteilhaft auf realen Kanälen eingesetzt werden. Gegen binäre Zufallsfehler jedoch könnten sie ein wenig ineffizient sein, wenn die Zahl der Symbolfehler der Zahl der Bitfehler nahekommt. Acht Bitfehler können acht Symbole verfälschen und somit die Leistungsfähigkeit des Codes überschreiten. Treten die acht Bitfehler dagegen als Bündel auf, so wären nur zwei oder drei Symbole betroffen, womit sogar noch etwas Freiplatz für die Korrektur weiterer Bündel oder Zufallsfehler bliebe.

Die Codierung und Decodierung von RS-Codes wurde in Kapitel 5 behandelt. Decodierer für RS-Codes erlauben üblicherweise das Ausfüllen von Löschungen, d. h. von Symbolen, deren Wert völlig unbekannt ist. Ist die Zahl der Löschungen e, so ist:

$$d_{\min} > s + t + e \quad (s \geqslant t)$$

Dies zeigt die Untergrenze der erreichbaren Kombination aus Fehlerkorrektur, Fehlererkennung und Ausfüllen von Löschungen.

Berlekamp-Preparata-Codes sind systematische Codes der Rate $(n_0-1)/n_0$, die bezüglich der Gallager-Grenze für diese innerhalb gewisser Grenzen auftretenden Fehlerbündel optimal sind, d. h. für Bündel, die nur einen einzelnen Rahmen mit n_0 Bits betreffen. Für Codes dieser Rate ist das Verhältnis von Schutzlänge zu Bündellänge:

$$\frac{g}{b} = 2n_0 - 1$$

Die korrigierbare Bündellänge entspricht einer einzelnen Rahmenlänge, und die Schutzlänge ist lediglich m Rahmen lang, wobei m die Speicherordnung ist. Die Speicherordnung ist folglich gleich $2n_0-1$.

Werden Berlekamp-Preparata-Codes bis zum Grad λ verschachtelt (siehe Abschnitt 6.8), so können sie Bündel korrigieren, die λ Rahmen betreffen, wenn die Schutzzeit $m\lambda$ Rahmen beträgt. Wird λ länger, so verliert die Natur der innerhalb bestimmter Grenzen des Codes auftretenden Bündel ihre Bedeutung, und der verschachtelte Code erreicht die Leistungsfähigkeit eines normalen Bündelfehler korrigierenden Codes, der bezüglich der Gallager-Grenze optimal ist.

6.7   Techniken für reale Kanäle

Beinhaltet ein Kanal eine Mischung aus gebündelten und Zufallsfehlern, so können verschiedene Techniken zur Fehlerkontrolle erwogen werden. Diese Techniken gehören zu den gebräuchlichsten Codeschemata, da reale Kanäle in der Praxis weitverbreitet sind.

Es ist möglich, einen Fehlerbündel korrigierenden Block-Code auch zur Handhabung von Zufallsfehlern zu verwenden. Die Idee ist die, daß ein zyklischer Code mit dem Generator-Polynom $g(X)$ = kleinstes gemeinsames Vielfaches von $[a(X)$, $b(X)]$ verwendet wird, wobei $a(X)$ der Generator eines Fehlerbündel korrigierenden Codes (zum Beispiel ein Fire-Code) und $b(X)$ der eines Zufallsfehler korrigierenden Codes ist. Die Register zur Syndromberechnung werden einzeln für jeden Faktor von $g(X)$ konstruiert und zur getrennten Decodierung verwendet. Stimmen die Ergebnisse überein oder gibt ein Code ein korrigierbares und der andere ein unkorrigierbares Fehlermuster an, so kann der Fehler korrigiert werden. Kann keiner der beiden den Fehler korrigieren, so wird ein unkorrigierbarer Fehler angezeigt.

Bei Verwendung konvolutioneller Codes ist es manchmal möglich zu bestimmen, ob ein Bündel- oder ein Zufallsfehlermuster empfangen wurde, und es kann zum geeigneten Schaltkreis umgeschaltet werden. Als Alternative hierzu existieren spezielle Codes, die besondere Kombinationen aus Bündel- und Zufallsfehlern korrigieren. Es gibt z. B. systematische Codes der Rate 1/2, die Bündel bis zur Länge 2λ korrigieren und für die der Generator des redundanten Bits

$$g^{(2)}(X) = X^{3\lambda+1} + X^{2\lambda} + X^{\lambda} + 1$$

ist. Diese Codes besitzen $m = 3\lambda + 1$ und

$$\frac{g}{b} = \frac{6\lambda + 2}{2\lambda}$$

Sie sind folglich für große λ nahe an der Gallager-Grenze für Codes der Rate 1/2.

Viele wichtige reale Kanäle haben die Eigenschaft, daß sie im wesentlichen Gauß'sche Kanäle sind, aber manchmal von Rausch- oder Interferenzbündeln verfälscht werden. In diesem Fall wäre es möglich, das Auftreten von gebündeltem Rauschen zu erkennen und die betroffenen Symbole zu löschen. Symbollöschung ist unter diesen Umständen eine nahezu optimale Strategie, während sie bei reinen Gauß'schen Kanälen von geringem Nutzen ist. Es wurde in Abschnitt 4.22 angeführt, daß eine einfache, algebraische Decodierungsstrategie bei Anwesenheit von Löschungen existiert, die für jeden binären Block-Code verwendet werden kann. Auch für BCH-Codes existieren algebraische Methoden, und sie werden üblicherweise zur Decodierung von RS-Codes eingesetzt (siehe Abschnitt 4.23).

Es wurde bereits in Abschnitt 5.13 klar, daß konvolutionelle Codes mit willkürlich eingeführten Löschungen decodiert werden können, wenn ein Code punktiert ist. Dieselben Prinzipien treffen auch auf Viterbi-decodierte, konvolutionelle Codes zu, wenn Löschungen durch gebündeltes Rauschen verursacht werden. Die gelöschten Symbole beeinflussen die Zweigabmessungen nicht, und die Decodierung hat keine Probleme mit den Löschungen, vorausgesetzt die Zahl der betroffenen Symbole ist im Vergleich zur Beeinflussungslänge klein.

Andere, für reale Kanäle geeignete Techniken sind Verschachtelung und Produkt-Codes. Diese werden in den kommenden Abschnitten behandelt.

6.8   Verschachtelung

Verschachtelung (interleaving) ist eine oft bei Kanälen mit Bündelfehlern oder realen Kanälen eingesetzte Technik, die darauf abzielt, die Fehlerbündel in Zufallsfehler umzuwandeln. Dann können sie von einem Zufallsfehler korrigierenden Code korrigiert werden. Die drei Hauptmethoden der Verschachtelung sind konvolutionelle, Block- und Pseudozufallsverschachtelung. Die Pseudozufallsverschachtelung (pseudorandom interleaving) wird hauptsächlich zur Bekämpfung von Blockierung verwendet. Versucht beispielsweise jemand, mit Wissen über das System Fehlerbündel zu produzieren, um das System zu blockieren, so kann dies mit dieser Methode verhindert werden. Konvolutionelle Verschachtelung eignet sich zur Vermeidung periodischer Interferenzen besser als die Blockverschachtelung, ist aber auch aufwendiger. Deshalb wird die Blockverschachtelung vor der konvolutionellen behandelt.

Die Blockverschachtelung ist in Abbildung 6.4 dargestellt. Eine Anzahl (λ) von Codewörtern wird so in ein Feld geschrieben, daß jede Zeile aus einem Codewort besteht. Das Feld wird dann zur Übertragung spaltenweise ausgelesen. Tritt ein Fehlerbündel von bis zu λ Symbolen Länge auf dem Kanal auf, so wird nicht mehr als ein Symbol je Codewort verfälscht. Das Bündel ist über eine Zahl von Codewörtern verteilt. Der Parameter λ wird Grad der Verschachtelung genannt.

Blockverschachtelung kann bei konvolutionellen Codes durch Parallelschaltung von λ Codierern oder durch Verwendung eines Codierers, der λ Schieberegisterstufen für je eines in einem Einzelcodierer besitzt, erreicht werden. Jedes Bit kommt deshalb alle λ Stufen zur Codieroperation. So könnte z. B. der durch den konvolu-

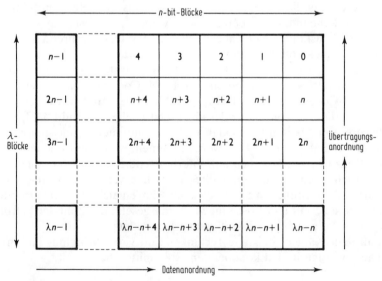

Abb. 6.4   Blockverschachtelung

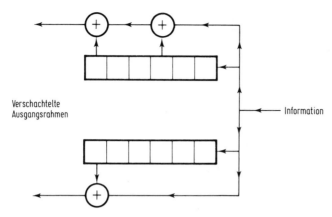

Abb. 6.5   Konvolutioneller Codierer der Rate ½ mit Verschachteler 3. Grades

tionellen Codierer aus Abbildung 6.5 gebildete Code mit Grad 3 verschachtelt werden. Man beachte jedoch, daß alle Bits eines jeden Ausgangsrahmens im übertragenen Bitstrom aufeinander folgen, so daß es eher die Rahmen sind als die Bits, die mit Grad 3 verschachtelt sind.

Wird eine Syndromdecodierungsmethode verwendet, so kann derselbe Trick der Benutzung mehrerer Schieberegisterstufen zur Bildung des Syndroms und zur Entschachtelung der empfangenen Folge verwendet werden.

Die konvolutionelle Verschachtelung kann als Blockverschachtelung mit einer anschließenden Zusatzoperation betrachtet werden. Dort werden die Bits jedes Ausgangsrahmens verschachtelt, und damit wird gleichzeitig ein Schutz vor den

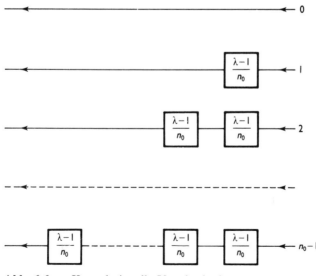

Abb. 6.6   Konvolutionelle Verschachtelung

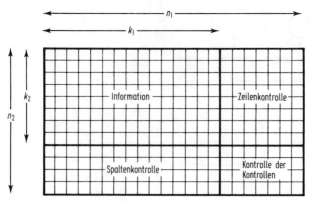

Abb. 6.7   Produkt-Code

Fehlerbündeln eingeführt, die mit derselben Periode wie die Verschachtelung auftreten. Wie in Abbildung 6.6 gezeigt wird, werden die n_0 Bits jedes Ausgangsrahmens ähnlich wie beim Multiplexbetrieb um gestufte Zeitabstände verzögert. Kanal $i(0 \leqslant i \leqslant n_0-1)$ besitzt $i(\lambda-1)/n_0$ Verzögerungsstufen, wobei λ den Grad der Verschachtelung darstellt. Es wird angenommen, daß λ so gewählt wurde, daß $\lambda-1$ ein Vielfaches von n_0 ist. Da alle n_0 Bits eine Verzögerungsstufe hinzukommt, beträgt die Gesamtverzögerung auf dem Kanal $i(\lambda-1)$. Ist z. B. $n_0 = 3$ und $\lambda = 4$, so wäre eine Gruppe des Bitstroms von $v_{-\infty}$ bis v_∞ gleich $v_0, v_{-2}, v_{-4}, v_3, v_1, v_{-1}, v_6, v_4, v_2, v_9$, etc. Am Empfangsende (Senke) werden die Kanäle wieder demultiplext und durch $(n_0-i-1)(\lambda-1)/n_0$ Verzögerungsstufen geführt, um alle Verzögerungen zu kompensieren. Danach wird in λ parallele Decodierer weiter demultiplext.

6.9   Produkt-Codes

Produkt-Codes sind den verschachtelten Codes insofern gleich, als auch ihre Codewörter in Felder geschrieben werden. Es wird jedoch auf die Spalten ein zusätzlicher Code angewendet. Dies wird in Abbildung 6.7 dargestellt. Der mit Kontrolle der Kontrollen markierte Teil bleibt gleich, egal ob der Zeilen- oder der Spalten-Code zuerst angewendet wurde.

Produkt-Codes sind ein Weg, aufwendige Codes mit einfachen Bauelementen zu bilden. Sind z. B. beide, Zeilen- und Spaltencode einfache Paritätskontrollen (Einzelfehlererkennung), so kann der Gesamtcode Einzelfehler korrigieren. Jeder Fehler verfälscht eine Reihen- und eine Spaltenparitätskontrolle, was zur Lokalisierung des Fehlers verwendet wird. Allgemein gilt: Ist die minimale Distanz des Zeilencodes d_1, wodurch t_1 Fehler korrigiert werden, und die des Spaltencodes d_2, wodurch t_2 Fehler korrigiert werden, so ergibt sich für den Produkt-Code eine minimale Distanz von $d_1 d_2$, wodurch $2t_1 t_2 + t_1 + t_2$ Fehler korrigiert werden können. Da die Strategie des Zeilen- und Spaltendecodierens jedoch nicht leicht zu definieren ist, kann sich das Erreichen dieser Leistungsfähigkeit in der Realität schwierig gestalten.

Man betrachte als Beispiel das Produkt zweier Einzelfehler korrigierender Codes, die vier Zufallsfehler korrigieren sollten. Werden diese Fehler so angeordnet, daß sich zwei Fehler in je zwei Spalten und zwei Zeilen befinden, so macht die einfache Strategie des abwechselnden Korrigierens von Spalten und Zeilen die Fehler nur noch schlimmer. Die Zeilenkorrektur fügt einen zusätzlichen Fehler in jede der betroffenen Zeilen hinzu, und die Spaltenkorrektur bewirkt dasselbe für die behandelten Spalten. Der Produkt-Code wird folglich falsch decodiert.

Es existiert jedoch eine Decodierungsmethode, die ein Codewort, das sich innerhalb $(d_1 d_2 - 1)/2$ der empfangenen Folge befindet, immer findet. Ausgehend davon, daß die Übermittlung zeilenweise geschieht, stützt sich diese Methode auf fehlerkorrigierende Decodierer für die Zeilen und fehler- und löschungskorrigierende Decodierer für die Spalten.

1. Die Zeilen werden decodiert. Jede Zeile, die nicht decodiert werden kann, wird gelöscht. Für jede Zeile i, in der Korrekturen vorgenommen wurden, wird die Zahl der Korrekturen ω_i festgehalten.

2. War die Zahl der Zeilenlöschungen ungerade, so wird eine weitere Zeile gelöscht, wobei die gewählt wird, für die ω_i am größten ist.

3. Die Fehlerkorrekturfähigkeit des Produkt-Codes wird aus $[d_1(d_2 - e) - 1]/2$ berechnet, wobei e die Zahl der gelöschten Zeilen repräsentiert.

4. Eine Spalte wird decodiert. Ist die Decodierung erfolgreich, so wird die Subtraktion $d_1 - \omega_i$ für jede Position, deren Wert korrigiert wurde, durchgeführt. Zudem werde ω_i für jede (ungelöschte) Position, deren Wert nicht korrigiert wurde, um 1 erhöht. Ist der gezählte Wert kleiner oder gleich der Fehlerkorrekturfähigkeit des Codes, so wurde die Spalte korrekt decodiert. Andernfalls, oder wenn die Originalcodierung ausfällt, werden zwei weitere Spalten gelöscht (die mit dem höchsten Wert ω_i). Die Fehlerkorrekturfähigkeit wird erneut berechnet, und der Vorgang wiederholt sich.

5. Nach dem erfolgreichen Decodieren einer Spalte wird zur nächsten übergegangen. Gelöschte Zeilen bleiben dabei gelöscht.

Man betrachte, was passiert, wenn ein Produkt aus Einzelfehler korrigierenden Codes mit einem zwei Spalten und zwei Zeilen betreffenden 4-bit-Fehlermuster wie oben beaufschlagt wird. Die Zeilen- und Spaltencodes seien der in Kapitel 3 beschriebene zyklische (7,4) Hamming-Code, und Zeilen 5 und 2 enthielten Fehler in Bits 5 und 3, wie in Abbildung 6.8 gezeigt. Der Zeilendecodierer führt nun Fehler im Bit 2 jeder dieser Zeilen ein und protokolliert eine Einzelfehlerkorrektur der Zeilen (Abbildung 6.9).

Der Spaltendecodierer decodiert zuerst die Spalte 6, ohne daß Fehlerkorrektur notwendig wäre. Er zählt die zwei stattgefundenen Zeilenkorrekturen, vergleicht sie mit der Fehlerkorrekturfähigkeit des Codes (4) und akzeptiert deshalb die Decodierung der Spalte. Bei der Decodierung von Spalte 5 jedoch wird ein zusätzlicher Fehler in Bit 3 der Spalte eingeführt. Da in Zeile 3 keine Fehler korrigiert worden waren, hätte das Akzeptieren der Decodierung 3 Fehler in dieser Zeile plus den zwei korrigierten in Zeile 5 und 2 zur Folge. Dies hätte eine

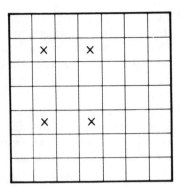

Abb. 6.8   4-Fehler korrigierender Produkt-Code mit vier Fehlern

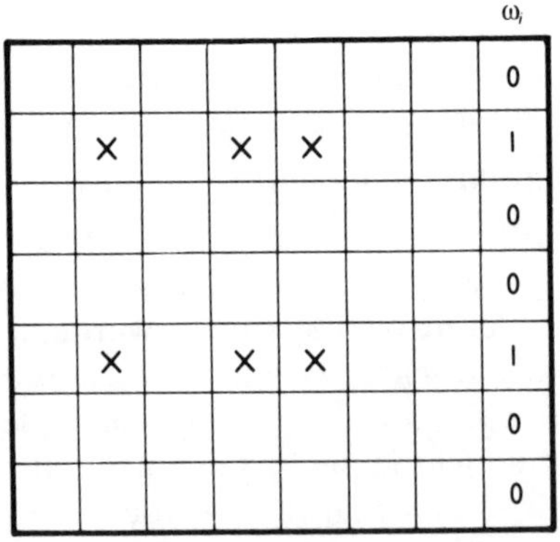

ω_i

								0
	×		×	×				1
								0
								0
	×		×	×				1
								0
								0

Abb. 6.9   Produkt-Code nach Decodierung einer Zeile

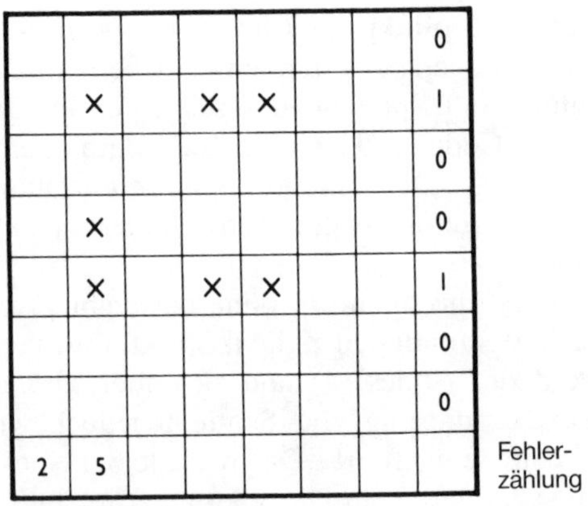

ω_i

								0
	×		×	×				1
								0
	×							0
	×		×	×				1
								0
								0
2	5								Fehler- zählung

Abb. 6.10   Produkt-Code nach Decodierung zweier Zeilen

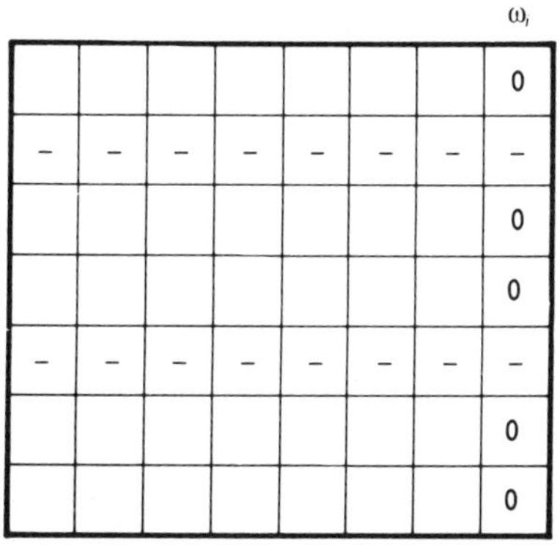

ω_i

Abb. 6.11   Produkt-Code nach Zeilenlöschung

Gesamtzahl von 5 Fehlern zur Folge und würde die Fehlerkorrekturfähigkeit des Codes überschreiten (Abbildung 6.10). Die Spaltendecodierung wird folglich nicht akzeptiert, Zeilen 5 und 2 werden gelöscht (Abbildung 6.11). Die Fehlerkorrekturfähigkeit des Codes berechnet sich folglich neu zu $[3(3-2)-1]/2 = 1$, und der Spaltendecodierer kann die Löschungen nun erfolgreich ausfüllen.

Aufgrund der Verschachtelung korrigiert ein Produkt-Code Fehlerbündel wie auch Zufallsfehler. Bündel einer Länge bis zu $n_1 t_2$ können korrigiert werden, vorausgesetzt es wird zeilenweise übertragen. Darüber hinaus kann der Code Bündel dieser Länge oder Zufallsfehler zur selben Zeit korrigieren. Dies bedeutet nicht, daß ein Feld eine volle Anzahl beider, zufälliger Fehler und Fehlerbündel, enthalten kann. Es kann jedoch niemals Unklarheit über zufällige Fehlermuster oder Fehlerbündel herrschen, solange beide innerhalb der Fehlerkorrekturfähigkeit des Codes liegen. Die beiden Muster haben verschiedene Syndrome und können deshalb prinzipiell von einem einzigen Decodierer decodiert werden. Wird die obige Decodierungsmethode mit spaltenweiser Übertragung benutzt, so ist offensichtlich, daß der Effekt der Verschachtelung dafür sorgt, daß Fehlerbündel wie auch Zufallsfehler korrigiert werden können. In der Tat ist dies auch bei zeilenweiser Übertragung der Fall. Falsch korrigierte Zeilen, die das Bündel enthalten, werden gelöscht, sobald die Decodierung der Spalten mißlingt.

Besitzen n_1 und n_2 keinen gemeinsamen Teiler und die Spalten- und Zeilencodes sind beide zyklisch, so kann der gesamte Produkt-Code in einen zyklischen Code verwandelt werden, vorausgesetzt es wurde eine angemessene Übertragungsanordnung gewählt. Dadurch eröffnen sich neue Möglichkeiten, ein Feld in einer Operation zu decodieren. Die Anordnung der Übertragung ist so zu wählen, daß sich Bit j des übertragenen Bitstroms in Spalte $j \bmod n_1$ wiederfindet, wie in Abbildung 6.12 gezeigt. Das Generator-Polynom des zyklischen Produkt-Codes ist der größte gemeinsame Faktor aus $X^{n_1 n_2} + 1$ und $g_1(X^{bn_2})g_2(X^{an_1})$. Dabei stellt $g_1(X)$ den Generator der Zeile und $g_2(X)$ den der Spalte dar, und die ganzen Zahlen a und b werden so gewählt, daß

$$an_1 + bn_2 = 1$$

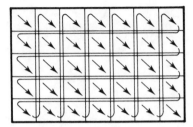

Abb. 6.12   Zyklische Anordnung für einen Produkt-Code

Die Zufallsfehler- und Fehlerbündelkorrektureigenschaften des Codes werden durch die Anordnung der Übertragung in dieser Weise nicht vermindert. Ein geeigneter Decodierer für den zyklischen Produkt-Code sollte also maximale Decodierungsfähigkeit garantieren.

6.10   Literaturhinweise

Die hier verwendete Beschreibung von Fehlerbündeln findet sich in den meisten Büchern wieder. Wainberg und Wolf (1972) schlugen jedoch andere Maße vor, die auch von Farrell und Daniel (1984) aufgegriffen wurden. Bündel werden als beginnend definiert, jedoch nicht notwendigerweise als endend. Ein Fehler wird so definiert, daß Bündel einer bestimmten Länge alle kürzeren Längen beinhalten. Dabei wird geltend gemacht, daß eine Bündeldistanz, ähnlich der Hamming-Distanz, auf diese Weise einfacher zu ermitteln sei, wodurch eine Decodierung mit minimaler Bündeldistanz erreicht werden könne.

Die verschiedenen in diesem Kapitel kurz erwähnten Fehlerbündel korrigierenden Codes, wie Iwadare-Massey, Gallager, Berlekamp-Preparata und Burton-Codes werden ausführlicher bei Lin und Costello (1983) behandelt. Lin und Costello behandeln auch alle anderen Themen dieses Kapitels, teilen jedoch zwischen Block-Codes und konvolutionellen Codes auf. Ihre Behandlung von Produkt-Codes und konvolutioneller Verschachtelung ist besonders empfehlenswert.

Die bündigste Beschreibung von Fire-Codes und der Beweise ihrer Eigenschaften findet sich bei Blahut (1983). Die prinzipiellen Techniken zur Zufallsfehlerkorrektur mit Produkt-Codes sind dort auch mit Beweisen und näheren Details behandelt.

Abramsen (1968) beschreibt eine kaskadische Decodierungsmethode für zyklische Produkt-Codes. Es stellt sich heraus, daß das Funktionieren dieser Methode auf einem von ihm anders definierten Generator-Polynom beruht. Der Trick ist es, die Anordnung der übertragenen Symbole so zu vertauschen, daß der Code zwar zyklisch bleibt, jedoch in zwei Stufen decodiert werden kann. Clark und Cain (1981) haben in ihrem Werk einen Abschnitt, der sich mit Codierung auf Kanälen mit

Rauschbündeln befaßt. Dabei konzentrieren sie sich auf Löschungstechniken und die Leistungsfähigkeit von Codes bei Anwesenheit von Löschungen. Es empfiehlt sich immer ihre Arbeit durchzulesen.

6.11   Übungen

1   Wie groß ist die maximale Bündellänge, die garantiert von einem zyklischen Hamming-Code der Länge 15 erkannt werden kann? Könnte der Code so decodiert werden, daß er verläßlich Korrektur von Bündeln bis zur Länge 2 erlaubt?

2   Man konstruiere ausgehend von dem Polynom $X^3 + X + 1$ den Generator eines Fire-Codes der Länge 35, der alle Bündel bis zur Länge 3 (einschließlich) erkennen und korrigieren kann. Man decodiere die Folge

$$X^{34} + X^{32} + X^{31} + X^{30} + X^{29} + X^{25} + X^{23} + X^{22} + X^{18} + X^{15} + X^3 + X + 1$$

3*   Man beweise, daß das Polynom $X^{15} + X^{10} + X^9 + X^6 + X + 1$ einen Fire-Code erzeugt und bestimme seine Länge und die maximal korrigierbare Bündellänge. Man verbessere den Generator so, daß der Code auch alle 2-bit-Zufallsfehler erkennen und korrigieren kann.

4   Man vergleiche die Bündelkorrekturfähigkeit eines (15,11) RS-Codes mit denen eines mit Grad 4 verschachtelten (15,11) BCH-Codes. Für eine Zufallskanalbitfehlerrate von 10^{-2} vergleiche man die Restbitfehlerraten beider Codes. Zur Vereinfachung gehe man davon aus, daß jeder Decodierungsfehler des RS-Codes 5 Symbolfehler mit je zwei Bitfehlern zur Folge habe und daß ein Decodierungsfehler in einem BCH-Block in drei Bitfehlern resultieren würde.

5   Ein konvolutioneller Code der Rate 1/2 sei mit dem Grad 5 konvolutionell verschachtelt. Wieviele parallele Codierer werden benötigt, und wie viele Verzögerungsstufen sind in jeder Reihe des konvolutionellen Verschachtelers nötig? Die Bits, die dem Verschachteler zugeführt wurden, seien mit den Zahlen 0, 1, 2, 3 etc. numeriert. Wie lautet die Ausgangsfolge des Verschachtelers?

6   Ein Produkt-Code verwendet einen (7,4) Hamming-Code für die Zeilen und einen (15,11) Hamming-Code für die Spalten. Man bestimme die minimale Distanz des Codes und beschreibe ein Codewort, das ein Gewicht hat, das dieser Distanz entspricht. Man vergleiche die Fehlerbündelkorrekturfähigkeiten, wenn der Code zeilenweise oder spaltenweise überträgt.

7*   Im Beispiel der Produkt-Code-Decodierung, wie in den Abbildungen 6.8–6.11 gezeigt, stellt sich heraus, daß der Produkt-Code während der Decodierung der letzten Spalte immer noch dazu fähig ist, einen weiteren Fehler zu korrigieren. Bedeutet dies, daß ein Fünffehlermuster hätte decodiert werden können?

7   Verkettete Codes

7.1   Einführung

Bei der Decodierung fehlerkorrigierender Codes treten früher oder später Decodierungsfehler auf. Diese Fehler weisen unvermeidlich bündelartige Form auf, ganz unabhängig davon, welcher Code verwendet wurde. Bei Block-Codes beschränkt sich der Decodierungsfehler auf den Block, in dem er auftrat. Viterbi-decodierte konvolutionelle Codes zeigen Decodierungsfehler, die für einige Beeinflussungslängen anhalten. Die Verkettung ist eine Methode, bei der ein zweiter Code über den ersten gelegt wird, um die Mehrzahl der bei der ersten Decodierung auftretenden Fehler zu korrigieren. Der zweite, oder äußere Code muß ein Fehlerbündel korrigierender Code sein und kann für die praktische Betrachtung immer als Reed-Solomon-Code (RS) angenommen werden.

Verkettung kann als Umwandlung von Kanalfehlern in Fehlerbündel angesehen werden, so daß sie von einem Fehlerbündel korrigierenden Code verbessert werden können. Es wird darauf hingewiesen, daß bei gleicher Bitfehlerrate Fehlerbündel prinzipiell leichter zu bekämpfen sind als Zufallsfehler. Es zeigt sich zudem, daß die Fehlerbündel in vielen Fällen in gewisse natürliche Grenzen gezwungen werden können, die mit den natürlichen Grenzen des äußeren RS-Codes korrespondieren. Auf diese Weise kann die Verkettung den effektivsten Nutzen aus RS-Codes ziehen.

Dieses Kapitel verlangt keine Detailkenntnisse der vorangegangenen, aber ein relativ gutes Allgemeinverständnis des bisher behandelten Stoffgebietes. Themen, auf denen dieses Kapitel aufgebaut ist, sind Codeeigenschaften (Kapitel 1), Block-Code-Charakteristiken (Kapitel 2), Charakteristiken konvolutioneller Codes (Kapitel 5), RS-Codes und Verschachtelung (Kapitel 6).

7.2   Prinzip der Verkettung

Verkettung (concatenation) oder Ineinanderstellung von Codes wird durch einen zweistufigen Codierungs- und Decodierungsvorgang wie in Abbildung 7.1 erreicht. Der erste auf die Daten angewendete Code wird äußerer Code genannt. Es wird ein RS-Code sein, und das Symbol N repräsentiert die Länge, K repräsentiert die Dimension. Es soll daran erinnert sein, daß RS-Codes mehrwertige Codes sind, so daß jedes Symbol aus mehreren Bits besteht. Wieviele Bits pro Symbol gewählt werden, hängt von der Charakteristik des zweiten angewendeten Codes ab.

Der als zweites angewendete Code wird innerer Code genannt. Es kann sich dabei entweder um einen Block-Code oder einen konvolutionellen Code handeln. Die Kombination aus innerem Code und Kanal produziert einen Superkanal, der, so hofft man, eine niedrigere Bitfehlerrate als der uncodierte Kanal hat, und die

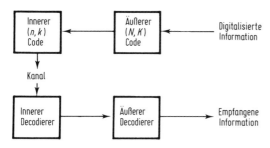

Abb. 7.1   Verkettung eines Codes

Fehler werden in Bündel bekannter Länge umgewandelt. Für einen inneren Block-Code produziert der Decodierer Ausgangsblöcke aus k Bits, und manche oder alle dieser Bits könnten bei Auftreten von Decodierungsfehlern falsch sein. Bei Verwendung eines inneren konvolutionellen Codes bewirkt ein Decodierungsfehler eine Ausgangsfolge, die mehrere Fehler beinhaltet. Diese Fehlerfolge hat mindestens die Länge einer Eingangs-Beeinflussungslänge, sie ist vielleicht sogar drei- oder viermal länger, je nach der Struktur des Codes und je nach dem Effekt von Kanalfehlern während der Erholungszeit.

Die Symbolgröße des äußeren Codes wird so gewählt, daß Fehler bei der inneren Decodierung nur relativ wenige Symbole betreffen, oft sogar nur eines. Ist der innere Code folglich ein kurzer Block-Code, so wird seine Dimension k üblicherweise als Symbolgröße des äußeren Codes verwendet. Fehler der inneren Decodierung ziehen demnach nur einen Symbolfehler beim äußeren Code nach sich. Ist der innere Code konvolutionell, so ist die Wahl der Symbolgröße schwieriger. Normalerweise wird die Symbolgröße dann gleich einem Vielfachen des Eingangsrahmens des inneren Codes gewählt. Decodierungsfehler betreffen mehrere aufeinanderfolgende Symbole, und der äußere Code muß deshalb in der Lage sein, mehrfache Symbolfehler zu korrigieren. Dies wird oft dadurch erreicht, daß eine Zahl von Blöcken des äußeren Codes Symbol für Symbol verschachtelt werden.

Wird ein kurzer Block-Code als innerer Code verwendet, so besteht jedes Symbol aus k Bits und es existieren K Informationssymbole im äußeren Block-Code. Der Ausgang des äußeren Codierers besteht aus N Symbolen, jedes bestehend aus k Bits. Diese Symbole werden dann als k-bit-Informationsblöcke für den inneren Code verwendet und in n-bit-Blöcke codiert. Der innere Codierer besteht folglich aus N Blöcken, jeder dieser Blöcke aus n Bits. Der gesamte erzeugte Code ist demnach ein (Nn, Kk) Code.

Die Erzeugung eines angemessenen, verketteten Schemas ist mit großen Problemen verbunden, besonders aufgrund des benötigten Gleichgewichts zwischen der relativen Fehlerkorrekturfähigkeit beider Codes. Für eine festgelegte Gesamtcoderate könnte es möglich sein, die Rate eines Codes zu reduzieren und seine Leistungsfähigkeit zu erhöhen und dies mit einer reduzierten Leistungsfähigkeit und einer erhöhten Rate des anderen zu kompensieren. Irgendwo existiert ein optimales Gleichgewicht, aber es ist nicht leicht zu finden. Der innere Code muß eine vernünftige Fehlerkontrolle des Kanals erreichen können. Es könnte zudem die Verpflichtung auftreten, daß er Bündel korrigierend oder verschachtelt sein muß, wenn die Kanalcharakteristik vorwiegend bündelförmiger Natur ist. Ist der innere Code nicht leistungsfähig genug oder nicht gut an den Kanal angepaßt, so ist er nutzlos und dient nur dazu, die Fehlerraten, die der äußere Code zu bearbeiten hat, noch zu erhöhen. Unter solchen Umständen wäre es besser, wenn nur der äußere Code vorhanden wäre. Dementsprechend muß der äußere Code mit den Symbolfehlerraten des Superkanals zurecht kommen.

7.3   Verkettung unter Verwendung eines Block-Codes als innerer Code

Prinzipiell kann jeder Block-Code als innerer Code verwendet werden. Die Wahl einer Dimension des inneren Codes, die gleich der Symbolgröße des äußeren ist, sichert maximale Effizienz dadurch, daß die Superkanalfehler mit den Symbolgrenzen des äußeren Codes in Phase sind. Diese Wahl beschränkt jedoch die Werte von k, die man wegen des steigenden Aufwandes von RS-Decodierung größerer Symbole verwenden möchte. Andererseits ermöglichen kurze Codes oft die Verwendung von Soft-Decision-Codes, um einen lohnenden, zusätzlichen Gewinn zu erzielen.

Es existieren bestimmte Familien von Block-Codes, die zur Verwendung als innere Codes vorgeschlagen und entwickelt wurden. Dies sind prinzipiell die Codes maximaler Länge (Simplex), orthogonale Codes und bi-orthogonale (Reed Muller) Codes, die durch korrelative Methoden decodiert werden können und eine optimale oder zumindest nahezu optimale Leistungsfähigkeit ermöglichen. Der Nachteil all dieser Codes ist jedoch, daß sie eine sehr niedrige Rate haben, so daß auch einige Möglichkeiten mit höherer Rate erwogen werden sollten. Diese werden üblicherweise mit Soft-Decision decodiert, wobei Methoden wie der Chase-Algorithmus (wird später besprochen) zur Erreichung einer größtmöglichen Leistungsfähigkeit verwendet werden.

7.4   Codes maximaler Länge

Codes maximaler Länge sind Codes der Länge $n = 2^k - 1$, wobei k die Dimension darstellt. Sie sind die dualen Codes der Hamming-Codes, was bedeutet, daß die Generator-Matrix eines Hamming-Codes als Paritätskontrollmatrix für einen Codes maximaler Länge verwendet werden kann und umgekehrt. Sie können als zyklische Codes hergestellt werden, wobei von folgendem Polynom ausgegangen wird:

$$g(X) = \frac{X^n + 1}{p(X)}$$

$p(X)$ sei dabei ein primitives Polynom des Grades k.

Die Codewörter sind aus dem Nullwort und den n Positionen der Generatorfolge gebildet. Folglich gibt es n - 1 Codewörter, die die oben gezeigte Relation von n und k ergeben.

Die minimale Distanz eines Codes maximaler Länge ist 2^{k-1}, und alle Codewörter ungleich Null sind genau um diese Distanz vom Nullwort entfernt. Die Linearität bedeutet jedoch, daß sich die Distanzstruktur von jedem Codewort aus gleich ergibt, so daß man zu dem Ergebnis kommt, daß jedes Codewort die gleich Distanz zu jedem anderen hat.

Für einen festen äußeren Code mit der Symbolgröße k erlaubt ein geeigneter Code maximaler Länge Operationen beim niedrigst möglichen Wert von E_b/N_0.

7.5   Orthogonale Codes

Orthogonales Signalisieren ist eine weit verbreitete Technik, die entweder als Modulation oder als ein Code niedriger Rate betrachtet werden kann. Sieht man es als Code, so ist es nahe verwandt mit den Codes maximaler Länge. Ein orthogonaler Signalsatz kann als innerer Code eines verketteten Schemas verwendet werden.

Zwei Signale $S_n(t)$ und $S_m(t)$ sind mit einer Periode T orthogonal, wenn

$$\int_0^T S_n S_m \, \mathrm{d}t = \begin{cases} 0 & m \neq n \\ K & m = n \end{cases}$$

wobei K eine positive Konstante ist.

Orthogonale Signalsätze werden üblicherweise auf Kosten der Bandbreite bei der Benutzung von mehrstufiger Frequenzumtastung (MFSK = multilevel frequency-shift keying) zur Verfügung gestellt. Ein anderer Weg ist die Verwendung eines orthogonalen Codes.

Ein orthogonaler Code entsteht bei Addition einer Gesamtparitätskontrolle mit einem Code maximaler Länge. Es entsteht ein $(2^k, k)$ Code, der einen Satz von 2^k orthogonalen Signalen besitzt; ein Symbol für jedes der möglichen Eingangswerte. Der Code ist jedoch weniger effizient als ein Code maximaler Länge, da die zusätzliche Paritätskontrolle immer 0 ist und nichts zur minimalen Distanz des Codes beiträgt.

7.6   Reed Muller-Codes

Fügt man zur Generator-Matrix eines orthogonalen Codes das nur aus Einsen bestehende Codewort hinzu, so verdoppelt sich die Zahl der möglichen Codewörter, und es entsteht ein bi-orthogonaler Code. Die Zahl der Informationsbits ist verglichen mit dem orthogonalen Code derselben Länge um 1 gestiegen, die minimale Distanz bleibt dagegen unverändert. Es ergibt sich folglich $n = 2^{k-1}$ und $d_{min} = 2^{k-2}$. Bi-orthogonale Codes werden auch Reed Muller-Codes erster Ordnung genannt.

Die Generator-Matrix der Reed Muller-Codes erster Ordnung besitzt k Zeilen und 2^{k-1} Spalten. Behält man ihre Ableitung aus Codes maximaler Länge im Auge, so kann man sie in drei Stufen entwickeln. Zuerst produziert man eine $(k-1) \times (n-1)$ Matrix, deren Spalten aus allen Kombinationen der $k-1$ Bits besteht, ausgenommen des Nullwortes. Dadurch wird die Paritätskontroll-Matrix eines Hamming-Codes als Generator für einen Code maximaler Länge verwendet. Nun fügt man eine mit Nullen gefüllte Spalte zur Repräsentation der Gesamtparitätskontrolle des orthogonalen Codes hinzu. Es entsteht eine $(k-1) \times n$ Matrix. Schließlich wird eine aus Einsen bestehende Zeile hinzugefügt, wodurch eine $k \times n$ Matrix entsteht.

Zeilen der Generator-Matrix von Reed Muller-Codes höherer Ordnung können dadurch gebildet werden, daß alle Produkte der Paare in den ersten $k-1$ Zeilen für zweite Ordnung, dann alle Tripels für dritte Ordnung gebildet werden, etc. So werden Codes höherer Rate produziert, wobei die minimale Distanz jedoch um den Faktor 2 für jede Inkrementierung der Ordnung reduziert wird.

Alle Reed Muller-Codes können durch Mehrheitslogik decodiert werden, obwohl für Codes höherer Ordnung mehrere Stufen notwendig werden. Das Interesse hier liegt jedoch bei den bi-orthogonalen Codes, da sie mit Codes maximaler Länge eng verwandt sind und eine ähnliche Leistungsfähigkeit zeigen. Es bestehen zudem einige Vorteile bei ihrer Realisation. Für kleine k kann Soft-Decision-Decodierung unter Verwendung von Techniken verwendet werden, bei denen eine Anzahl passender Filter nach einzelnen Codewörtern suchen. Da eine Hälfte des Codewortes eines Reed Muller-Codes das Komplement der anderen Hälfte ist, genügt die halbe Anzahl der Filter und das Identifizieren des Vorzeichens der Korrelation zur Entscheidung, welches der beiden Codewörter empfangen wurde.

7.7   Block-Codes bei Soft-Decision-Decodierung

Die Codes der vorangegangenen drei Abschnitte waren alle von niedriger Rate, und ihre Verwendung in verketteten Codeschemata reduzierte die Rate sogar noch weiter. Zur Erzeugung von Gesamtcoderaten von 0.5 oder größer werden deshalb oft andere Block-Codes verwendet. Soft-Decision wird dabei zum bestmöglichen Gesamtgewinn vorgezogen, vorausgesetzt es ist praktikabel.

Es existieren verschiedene Möglichkeiten der Soft-Decision-Decodierung von Block-Codes, die dann praktikabel sind, wenn die Codes kurz sind und deren Leistungsfähigkeit ähnlich derer der Decodierung auf maximale Ähnlichkeit ist. Der Chase-Algorithmus ist wahrscheinlich der am weitesten verbreitete und ist natürlich auf verkettete Schemata anwendbar. Deshalb soll zuerst die Methode dieses Algorithmus studiert werden, bevor die Codes betrachtet werden, auf die er anwendbar ist.

Das Ziel des Chase-Algorithmus ist die Erzeugung einer Liste von Codewörtern, die fast immer das Codewort maximaler Ähnlichkeit enthält. Die Vorgehensweise ist in drei Schritte aufgeteilt. Zuerst wird Hard-Decision-Decodierung bei den Bits der empfangenen Folge durchgeführt. Dann wird eine Reihe von Fehlerfolgen generiert und zu der mit Hard-Decision empfangenen Folge addiert. Schließlich werden alle so gewonnenen Folgen decodiert und mit den (durch Soft-Decision) empfangenen verglichen. Die Folge, die am nächsten dazu liegt, wird ausgewählt.

Der wichtigste Teil des Algorithmus dieser Methode ist die Erzeugung der Testmuster. Ist das Hard-Decision-decodierte Wort selbst nicht das beste Resultat, so wird es üblicherweise eines der näherliegenden Codewörter sein. Das Ziel der Fehlermuster nach der Decodierung sollte die Erzeugung einer Gruppe dieser naheliegendsten Codewörter sein. Chase schlug drei verschiedene Methoden vor, die eine unterschiedliche Anzahl von Fehlerfolgen erzeugen, wobei die mit der größten Anzahl am leistungsfähigsten ist. Die ‚zweitbeste' Methode zeigt jedoch eine mit der ersten nahezu identische Leistungsfähigkeit, allerdings mit erheblich geringerem Aufwand. Deshalb wird meistens diese angewendet. Die i am wenigsten verläßlichen Bits werden ermittelt, wobei i die größte ganze Zahl kleiner als $d_{min}/2$ ist. Die Fehlermuster bestehen aus allen 2^i möglichen Werten in diesen am wenigsten verläßlichen Positionen und Nullen in allen übrigen.

Typische kurze Block-Codes, die in verketteten Schemata verwendet werden, besitzen ein d_{min} von 4. Der Chase-Algorithmus benötigt deshalb nur vier Decodierungsoperationen zum Erreichen einer Leistungsfähigkeit, die bei normalen Arbeitsbedingungen innerhalb einiger Zehntel eines Dezibels von der liegt, die durch Decodierung auf maximale Ähnlichkeit erreicht werden kann.

Eine weitere Methode, die manchmal angewendet wird, ist die Verwendung eines einfachen Paritätskontrollcodes ($d_{min} = 2$). Die über Hard-Decision empfangene Folge wird über Decodierung auf maximale Ähnlichkeit akzeptiert, wenn die Parität erfüllt ist. Andernfalls wird das Komplement des am wenigsten verläßlichen Bits gebildet.

7.8 Verkettung unter Verwendung konvolutioneller Codes als innerer Code

Ist der innere Code konvolutionell, so ist die Wahl einer Symbolgröße für den äußeren Code schwerer als bei Verwendung eines inneren Block-Codes. Eine logische Wahl für die Symbolgröße wäre die Größe k_0 des Eingangsrahmens des konvolutionellen Codes, da Decodierungsfehler über eine gewisse Anzahl von Rahmen weiterbestehen und die Fehler in Phase mit den RS-Symbolgrenzen sein werden. Unglücklicherweise ist der Wert k_0 normalerweise zu klein für die Verwendung als Symbolgröße; eine Symbolgröße von 3 ist das absolute Minimum für einen vernünftigen äußeren Code, wohingegen 3 ein großer Wert für den Eingangsrahmen eines konvolutionellen Codes ist. Man wählt deshalb ein Vielfaches von k_0 normalerweise mindestens $(m + 1)k_0$, da ein Decodierungsfehler üblicherweise mindestens diese Zahl von Bits betrifft und die Zahl der Symbolfehler durch die Wahl von großen Symbolen abnimmt. Es ist leider möglich, daß die Fehler nicht exakt mit den Symbolgrenzen korrespondieren, und man muß auf einen Symbolfehler mehr gefaßt sein, als es bei innerhalb gewisser Grenzen auftretenden Fehlerbündeln der Fall wäre.

Wie die Wahl der Symbolgröße auch ausfällt, wird es üblicherweise doch immer notwendig sein, verschiedene äußere Codewörter Symbol für Symbol miteinander zu verschachteln, um die inneren Decodierungsfehler über mehrere Codewörter zu verteilen. Decodierungsfehler eines konvolutionellen Codes bestehen üblicherweise für einige Beeinflussungslängen und betreffen deshalb mehrere Symbole des äußeren Codes. Verschachtelung führt aufgrund der größeren Länge, über die die inneren Decodierungsfehler gemittelt werden, dazu, daß der äußere Code weniger oft Fehler macht. Offensichtlich steigt der Bedarf hiernach, je kleiner die Symbolgröße des äußeren Codes wird. Die weite Streuung der Fehler reduziert aber in jedem Fall die Gefahr von Schwankungen in der Symbolfehlerrate und verringert die äußeren Decodierungsfehler.

Zum Beispiel kann ein Code der Rate 3/4 bei falscher Decodierung Fehlerbündel produzieren, die 15 Rahmen andauern. Man könnte mit einem äußeren (7,5) RS-Code mit 3-bit-Symbolen verketten, um eine Gesamtcoderate von 0,54 zu erzielen. Der äußere Code korrigiert Einzelfehler, so daß man mindestens bis zum Grad 15 verschachteln würde, aber wahrscheinlich nicht mehr, da selbst bei einem höheren Grad der Verschachtelung nicht garantiert werden kann, daß mehr Decodierungsfehler korrigiert werden können. Als Ergebnis ergibt sich, daß man je 225 Informationsbits einen Decodierungsfehler korrigieren könnte. Wählt man dagegen ein 9-bit-RS-Symbol, so ist ein äußerer (511,365) Code derselben Rate möglich. Innere Decodierungsfehlerbündel können nun sechs Symbole betreffen, deshalb verschachtelt man mindestens zum Grad 6. Der äußere Code kann 73 Symbolfehler korrigieren, so daß 73 innere Decodierungsfehler von je sechs Blöcken (19710 Informationsbits) korrigiert werden können. Die Zahl der korrigierten Fehler hat sich folglich durch eine Längenerweiterung um den Faktor 87,6 um den Faktor 73 verbessert. Die offensichtliche Reduzierung der Fehlerkorrektureffizienz ist vollständig auf den Verlust der Phase der inneren Decodierungsfehler mit den RS-Symbolen zurückzuführen und ist durch den Gewinn an erweiterter Rauschmittlung mehr als ausgeglichen.

7.9   Leistungsfähigkeit verketteter Codes

In Abschnitt 1.10 wurde erläutert, daß Codeleistungsfähigkeit durch einen Fehlerexponenten repräsentiert werden kann und daß, wenn dieser Exponent positiv ist, die Fehlerwahrscheinlichkeit durch Erweitern der Länge des Codes auf einen beliebig kleinen Wert gebracht werden kann. Unglücklicherweise können alle bekannten, durch einstufige Codierung erzeugten Codes ihren Fehlerexponenten bei Verlängerung gegen unendlich nur durch Reduzierung der Rate zu Null erhalten. Verkettete Codes sind von diesem Nachteil nicht betroffen. Für die erreichte Informationsrate ist ihr Fehlerexponent jedoch kleiner als Shannons Untergrenze für erreichbare Werte. Die verketteten Codes stellen folglich eine gute Möglichkeit dar, lange Codes herzustellen. Sie sind auch in der Lage, hohe Codierungsgewinne zu erzielen, können jedoch immer noch nicht Shannons Vorhersagen erfüllen.

Die Leistungsfähigkeit eines verketteten Codeschemas kann aus dem Wissen über die Leistungsfähigkeit des inneren und des äußeren Codes abgeleitet werden. Es wurde gezeigt, daß für Verwendung von Hard-Decision auf Block-Codes einfache Näherungsausdrücke für die Wahrscheinlichkeit von Decodierungsfehlern entwickkelt werden können. Dies ergäbe dann die Symbolfehlerrate p_s, die unter Zuhilfenahme der Gleichungen aus Abschnitt 1.7 zum Erlangen der Restbitfehlerrate des RS-Codes genutzt werden kann. Die genaue Festlegung ist jedoch kompliziert, da nur selten Block-Codes mit Hard-Decision als innere Codes verwendet werden. Es könnte deshalb erforderlich sein, auf Simulation des inneren Codes zurückgreifen zu müssen, um die Symbolfehlerrate des Superkanals zu erhalten.

Typische Codierungsgewinne auf dem AWGN-Kanal wären um die 7 dB bei Bitfehlerraten von 10^{-5} und bei Verwendung eines konvolutionellen Codes, 6 dB mit einem inneren orthogonalen Code, 5 dB mit einem inneren Block-Code mit $d_{min} = 4$ und 4 dB mit einem einfachen Paritätskontrollcode als innerer Code. Bei Bitfehlerraten von 10^{-8} sind die Gewinne typischerweise 2 dB größer. Alle diese Werte gehen von Hard-Decision-Decodierung des äußeren Codes aus.

Im Prinzip sollte die Löschungscodierung des äußeren Codes den Codierungsgewinn um mehr als 1 dB verbessern. Die Schwierigkeit besteht in der Bestimmung der Grenzen, ab denen Löschungen erklärt werden sollten. Aufgrund dieser Schwierigkeiten kann dieser Gewinn von 1 dB praktisch nicht erreicht werden. Es gibt jedoch eine Methode, die es einem löschungsfüllenden Decodierer für RS-Codes erlaubt, Soft-Decision-Decodierung durchzuführen, wenn die Symbole Informationen über ihre Zuverlässigkeit mit sich führen. Diese Methode, im Englischen *generalised minimum distance decoding* genannt, sind auf der Voraussetzung aufgebaut, daß die Symbolwerte jeweils gleiche Distanzen voneinander haben. Dies ist der Fall, wenn orthogonale Modulation benutzt wurde oder wenn der innere Code ein Code maximaler Länge oder ein Orthogonalcode ist.

Die Methode besteht darin, eine Reihe von Hard-Decision-Decodierungen mit Löschungsdecodierungen durchzuführen. Zuerst wird die gesamte Folge decodiert, dann werden die beiden am wenigsten verläßlichen Symbole gelöscht, und die Folge wird decodiert. Dies wird wiederholt, bis maximal $d - 1$ Symbole gelöscht sind oder das beste Codewort gefunden wurde. Das beste Codewort kann durch Vergleich mit der Originalfolge wie folgt identifiziert werden: Hat ein Symbol i den Zuverlässigkeitswert α_i, dann wird α_i hochgezählt, wenn decodiertes Symbol und das Originalsymbol übereinstimmen, und α_i wird verringert, wenn sie nicht korrespondieren. Bildet man die Summe über allen n Symbolen und übersteigt diese Summe den Wert $n - d_{min}$, so ist das beste Codewort gefunden worden. Es werden maximal $(d_{min} + 1)/2$ Annäherungen benötigt.

7.10   Literaturhinweise

In einem Buch wie diesem, das mehr für die Studenten des Themas als für erfahrene Praktiker geschrieben wurde, ist die Behandlung solch essentieller, praktischer Themen wie Verkettung notwendigerweise kurz. Dies soll die Bedeutung dieser Themen nicht herabsetzen; Codierung durch Verkettung findet zunehmendes Interesse und Anwendung in Kommunikationssystemen, besonders dann, wenn hohe Gewinne benötigt werden. Sie ist augenblicklich in der Literatur weniger gut etabliert als andere, ausgereiftere Themen. Die nun aufgeführten Texte können jedoch als Referenz für weitere Studien genommen werden.

Verkettete Codes wurden zuerst von Forney (1966a) vorgeschlagen. Sein Buch ist immer noch eine wertvolle Informationsquelle, besonders für die Erwägung der relativen Leistungsfähigkeit von inneren und äußeren Codes und den Möglichkeiten verketteter Codes in Bezug auf die Ergebnisse von Shannon.

Clark und Cain (1981) betrachten die Verkettung relativ detailliert und bewerten viele Leistungskurven mit Referenzen. Ähnliche, wenn auch kürzere Deckung findet sich bei Michelson und Levesque (1985). Lin und Costello (1983) behandeln die Verkettung unter Verwendung innerer, konvolutioneller Codes sehr genau und gehen auch auf bestimmte, bereits eingeführte Schemata von Verkettungen ein, wie z. B. Justesen-Codes. Blahut (1983) führt ein vollständiges Beispiel einer Verkettung mit einem inneren Block-Code durch, in diesem Fall ein RS-Code, und behandelt auch die Justesen-Codes vollständig. Orthogonale Modulationen, die als innere Codes betrachtet werden können, sind bei Sklar (1988) erklärt.

Die Methode der Soft-Decision-Decodierung von Block-Codes wurde von Chase (1972) beschrieben und findet sich auch bei Clark und Cain (1983). Forney (1966b) führte die Idee der *generalised minimum distance decoding* ein, die auch bei Blahut (1983) beschrieben ist.

7.11   Übungen

1   Nachrichten der Länge 1100 Bits sollen über einen Kanal mit bündelartiger Fehlerstruktur gesendet werden. Die Bündel dauern für bis zu 10 Bits an. Man schlage ein Verkettungsschema vor, das einen Doppelfehler korrigierenden äußeren und einen inneren (15,11) BCH-Code besitzt.

2   Das in Übung 1 entwickelte Schema werde auf einem Gauß'schen Kanal mit Bitfehlerrate 10^{-2} benützt. Man bestimme Restbitfehlerrate und Codierungsgewinn bei dieser Rate. Ausgangen wird dabei von BPSK-Modulation.

3   Ein konvolutioneller Code mit Rate 1/2 und $K = 6$ erzeugt Decodierungsfehler, die bis zu 30 Rahmen andauern. Man schlage einen äußeren Code mit minimaler Distanz 5 und geeignetem Verschachtelungsgrad vor.

4   Man bestimme die Codewörter des zyklischen Codes, dessen Generatorpolynom $g(X)$ = $X^4 + X^3 + X^2 + 1$ ist. Man verdeutliche sich, daß der Code die Eigenschaften eines Codes maximaler Länge hat, d. h. alle Codewörter außer dem Nullwort sind zyklische Verschiebungen einer Folge.

Der Demodulator arbeite bei Soft-Decision mit 3-bit-Quantifizierung. Die Folge 0067342 werde empfangen, wobei der Wert 0 hohen Zuverlässigkeitswert in empfangene Nullen und Wert 7 hohen Zuverlässigkeitswert in empfangene Einsen repräsentiert. Werte 0–3 repräsentieren Hard-Decision-decodierte 0 und Wert 4–7 Hard-Decision-decodierte 1. Man bestimme das Codewort, das der empfangenen Folge am nächsten ist. Man beweise, daß der in Abschnitt 7.7 beschriebene Chase-Algorithmus das Codewort maximale Ähnlichkeit hervorbringen würde.

Die Wahrscheinlichkeit eines Decodierungsfehlers dieses Codes sei 1%. Man schlage einen äußeren Code vor, der eine Fehlerrate bei Block-Decodierung unterhalb 10^{-4} ergibt und bestimme die Gesamtcoderate. Würde die Verschachtelung des äußeren Codes eine geringere Gesamtdecodierungs-Fehlerrate ergeben?

8   Codierung auf bandbegrenzten Kanälen

8.1   Einführung

In fast allen vorangegangenen Abschnitten dieses Buches wurde stillschweigend angenommen, daß die Übertragung über einen binären und nicht über einen mehrstufigen Kanal, in dem jedes Signal mehrere Werte annehmen kann, erfolgt. Die Haupteinschränkung betrifft hier die Verkettungsschemata, bei denen die Verwendung von mehrstufiger orthogonaler Modulation die Kanalfehlerrate verringern kann, die anschließend durch einen äußeren Code weiter herabgesetzt wird. Unglücklicherweise erfordert die orthogonale Übertragung mit steigender Zahl von Werten eine zunehmende Bandbreite, wenn die Datenrate gehalten werden soll. Sie kann deshalb bei vorgegebener Bandbegrenzung nicht eingesetzt werden. Bestimmte andere Formen von mehrwertiger Modulation arbeiten jedoch in entgegengesetzter Weise. Sie reduzieren die erforderte Bandbreite auf Kosten von steigenden Fehlerraten. Gerade in solchen Fällen kann Fehlerüberwachung besonders erforderlich sein.

Bei der Codierung von mehrwertigen Kanälen zum Zwecke der Fehlerkontrolle treten viele Schwierigkeiten auf. Das erste Problem ist, daß Fehler dazu neigen, mehrere Bits auf einmal zu beeinflussen. Eine andere Schwierigkeit liegt darin, daß nicht alle Fehler mit gleicher Wahrscheinlichkeit auftreten, während es beim binären Kanal nur zwei (gleich wahrscheinliche) Fehlerereignisse gibt, nämlich eine übermittelte 1 wird als 0 empfangen und umgekehrt. Als Resultat hieraus können folgende Schlüsse gezogen werden:

1. Decodierung sollte die Distanz des Signalraumes zwischen zwei Folgen berücksichtigen, d. h. die für die Umwandlung einer Codefolge in eine andere benötigte Energie. Diese Distanz wird *quadratische Euclid-Distanz* (squared Euclidean distance) genannt, und das Problem der Decodierung mit Euclid-Distanzen ist identisch mit dem der Soft-Decision-Decodierung. Die Codes sollten folglich Soft-Decision-decodierbar sein.

2. Der Code sollte speziell so ausgesucht sein, daß die quadratische Euclid-Distanz zwischen Folgen möglichst groß ist. Dies bedeutet, daß die Wahl unter Berücksichtigung der Modulation erfolgen muß. Die Notwendigkeit, Codierung und Modulation zu verknüpfen, ist eine besondere Eigenschaft des mehrwertigen Kanals.

Der Bedarf für Soft-Decision-Decodierung führt natürlich zur Verwendung konvolutioneller Codes mit Viterbi-Decodierung. Trotzdem müssen diese Codes speziell entworfen werden. Obwohl an Block-Codes für mehrwertige Anwendungen gearbeitet wurde, sind die konvolutionellen Codes eher verbreitet. Besonders häufig werden konvolutionelle Codes in Verbindung mit einem erweiterten Signalsatz verwendet, um ohne Erhöhung der Bandbreite oder Verringerung der Datenrate niedrigere Fehlerraten als auf uncodierten Kanälen erreichen zu können. In diesen Fällen wird oft zur *Ungerboeck-Codierung* zurückgegriffen, benannt nach dem Erfinder dieser Schemata. Dieses Kapitel bezieht sich grundsätzlich auf Ungerboeck-Codes.

Als Grundlage für dieses Kapitel sollte der Leser mit den Inhalten der Kapitel 1 und 5 vertraut sein.

8.2 *M*-stufige Phasenumtastung (MPSK)

Eine Möglichkeit, mehrere Bits in einem einzelnen Signal ohne Verletzung der Bandbreitenbeschränkung zu transportieren, besteht in der Verwendung der Mehrphasen-Modulation. Hierbei kann das übertragene Signal M verschiedene Phasenlagen einnehmen ($M = 4$, 8, 16, 32, etc.). Diese Modulation wird als M-stufige Phasenumtastung (MPSK = M-ary phase shift keying) bezeichnet, und die Bandbreite hängt nur von der Signalrate und nicht von der Zahl der verwendeten Werte ab. Der Wert von E_b/N_0, der zur Erhaltung der Fehlerrate benötigt wird, steigt jedoch beträchtlich, wenn die Zahl der Stufen zunimmt.

Abbildung 8.1 zeigt, daß für eine gegebene Signalamplitude die kürzeste Distanz von einem Signalpunkt zur Demodulator-Entscheidungsschwelle proportional zu $\sin(\pi/M)$ ist. Im Falle, daß die vorherrschenden Fehlerverfälschungen vom Übertragungspunkt zu einem seiner nächsten Nachbarn (d. h. bei niedrigen Fehlerraten) sind, muß die Signalenergie um einen Faktor von $1/\sin^2(\pi/M)$ erhöht werden, um dieselbe Symbolfehlerrate zu erhalten. Wird E_b/N_0 gehalten, so ist der Anstieg der Symbolenergie $\log_2(M)$. Für dieselbe Symbolfehlerrate zeigt MPSK dann im Vergleich zu binärem PSK einen Verlust von $1/[\log_2(M)]$. Für hohe M bedeutet dies jedesmal, wenn M verdoppelt wird, einen Verlust von 6 dB.

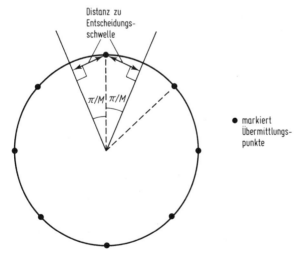

Abb. 8.1   Demodulator-Entscheidungsschwellen für MPSK

8.3   Quadratur-Amplitudenmodulation (QAM)

Eine weitere Möglichkeit der Erweiterung des Signalsatzes ohne Belastung der Bandbreite ist die Anwendung der Quadratur-Amplitudenmodulation. Zwei Signale in Phasenquadratur werden so kombiniert, daß das resultierende Schema eine große Zahl verschiedener Amplituden- und Phasenkombinationen annehmen kann. In Abbildung 8.2 ist ein solches Schema einer 16-wertigen Konstellation gezeigt. Die Zahl der Punkte in der Konstellation kann bei nahezu gleichbleibender mittlerer Signalenergie verdoppelt werden, wenn eine Zahl von dazwischenliegenden Punkten, wie in Abbildung 8.3 gezeigt, eingeführt wird. Die Distanz zwischen den Punkten ist nun um den Faktor $\sqrt{2}$ verringert, so daß die Symbolenergie für eine konstante Symbolfehlerrate verdoppelt werden muß. Um E_b/N_0 konstant zu halten, muß die Symbolenergie um einen Faktor $[1 + \log_2(M)]/\log_2(M)$ erhöht werden. Im Bereich hoher M erfordert jede Verdoppelung von M einen 3 dB Anstieg von E_b/N_0 bei konstanter Symbolfehlerrate. Das bedeutet, es tritt ein Codierungsverlust von 3 dB auf.

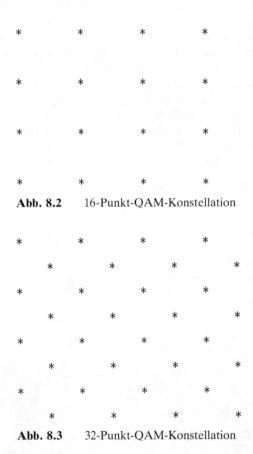

Abb. 8.2   16-Punkt-QAM-Konstellation

Abb. 8.3   32-Punkt-QAM-Konstellation

Man erkennt also, daß die Verluste bei Erweiterung des Signalsatzes bei Verwendung von QAM weniger groß sind als die bei Verwendung von MPSK. Andererseits besitzt MPSK einen konstanten Leistungspegel, was in vielen Anwendungen Probleme ersparen kann. Deshalb werden beide, MPSK- und QAM-Konstellationen, angewendet. MPSK wird dabei meist bei relativ niedrigen Werten von M eingesetzt.

8.4 Ungerboeck-Codes

Die Hauptarbeit an der Codierung für mehrwertige Kanäle wurde von Ungerboeck vollbracht, und es existiert eine Anzahl von Codes, die seinen Namen tragen und die von ihm für spezielle Anwendungen entwickelt wurden. Seine Arbeit war dem Problem gewidmet, wie man Bitfehlerraten existierender Kanäle verbessern könnte, ohne die mittlere Signalleistung oder die Bandbreite zu erhöhen; die Konstellation wird erweitert, und eine Code mit geeigneter Rate wird so hinzugefügt, daß die übertragene Informationsrate gleichbleibt.

Beginnt man bei einer Konstellation mit 2^l Werten, so kann man sie auf $2^l + 1$ Werte vergrößern und hat dann die Zahl der Bits je Symbol von l auf $l + 1$ erhöht. Ein konvolutioneller Code mit $k_0 = 1$, $n_0 = l + 1$ würde demnach die Übertragung von Daten über den erweiterten Kanal mit derselben Rate wie über den originalen, uncodierten Kanal erlauben. In der Praxis wird nicht immer jedes Datenbit codiert, manche werden dem Modulator uncodiert zugeführt. Man könnte z. B. mit einer 32-Punkt-Übertragung (5-bit) beginnen, 2 von 5 Bits in einem Codierer der Rate 2/3 codieren und die 3 codierten und 3 uncodierten Bits jedes Rahmens dem Modulator für eine 64-Punkt Modulation zuführen.

Ungerboecks Methode basiert auf einer Gruppenaufteilung der übertragenenen Punkte; dieser Vorgang wird in mehreren Stufen durchgeführt. Bei jeder Stufe verdoppelt sich die Anzahl der Gruppen und verringert sich die Zahl der Punkte je Gruppe. Die codierten Bits werden dazu verwendet, die Gruppe auszuwählen, die uncodierten dazu, den Punkt aus der Gruppe auszuwählen. Folglich ist die Anzahl der Aufteilungsstufen gleich der Zahl der Bits im Ausgangsrahmen des konvolutionellen Codierers.

Beispiele für konvolutionelle Codierer zur Verwendung mit zweistufiger oder dreistufiger Aufteilung sind Codierer der Rate 1/2 und 2/3 mit folgenden Generatoren:

$$g^{(1)}(D) = D$$
$$g^{(2)}(D) = D^2 + 1$$

und

$$g_1^{(1)}(D) = D$$
$$g_1^{(2)}(D) = D + 1$$
$$g_1^{(3)}(D) = D^2 + D + 1$$
$$g_2^{(1)}(D) = 0$$

$$g_2^{(2)}(D) = D$$
$$g_2^{(3)}(D) = D + 1$$

in dieser Reihenfolge.

8.5   Gruppenaufteilung

Ungerboecks Methode der Gruppenaufteilung soll unter Verwendung einer auf einem rechteckigen Gitter basierenden 64-Punkt-Konstellation erklärt werden. Der Vorgang, der bei Aufteilung einer kreisförmigen Konstellation (MPSK) verwendet wird, ist genau gleich.

Die Punkte der Konstellation repräsentieren ein Signal, das in Phase und Amplitude in 64 vorbestimmten Kombinationen variieren kann. Eine solche Konstellation wird in Abbildung 8.4 gezeigt, aufgeteilt in zwei Gruppen, genannt A und B. Teilt man die Konstellation nach ihren Gruppen auf, wie in Abbildung 8.5 und Abbildung 8.6 gezeigt, so entstehen dadurch zwei 32-Punkt-Konstellationen. Die sich am naheliegendsten Punkte einer Gruppe liegen nun entlang der Diagonalen, und zur Erhaltung der Achsensymmetrie müssen sie um 45° gedreht werden. Man beachte, daß sich die minimale, quadratische Euclid-Distanz zwischen den Punkten beider Gruppen im Vergleich zur 64-Punkt-Konstellation verdoppelt hat. Trotzdem repräsentiert jede Gruppe eine 32-Punkt-Konstellation, wie sie ohne Verwendung von Codierung verwendet würde. Es ist somit die minimale quadratische Euclid-Distanz innerhalb einer dieser beiden Gruppen, welche die Basis für jeden Vergleich von codierter mit uncodierter Leistungsfähigkeit darstellt.

Der nächste Schritt besteht darin, die Punkte der gedrehten Gruppe A abwechselnd in Untergruppen A_0 und A_1 einzuteilen. Dementsprechend werden auch die Punkte der Gruppe B in B_0 und B_1 aufgeteilt. Das Ergebnis wird in Abbildung 8.7 gezeigt.

Nach einer weiteren Drehung kann erneut aufgeteilt werden. A_0 wird in Untergrup-

A	B	A	B	A	B	A	B
B	A	B	A	B	A	B	A
A	B	A	B	A	B	A	B
B	A	B	A	B	A	B	A
A	B	A	B	A	B	A	B
B	A	B	A	B	A	B	A
A	B	A	B	A	B	A	B
B	A	B	A	B	A	B	A

Abb. 8.4   In zwei Gruppen aufgeteilte 64-Punkt-Konstellation

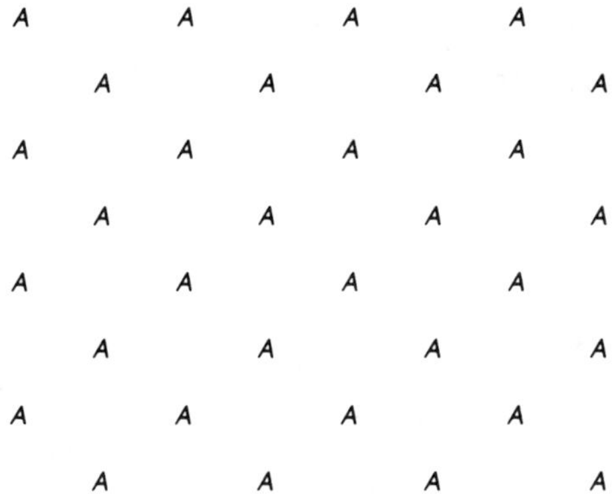

```
A       A       A       A

    A       A       A       A

A       A       A       A

    A       A       A       A

A       A       A       A

    A       A       A       A

A       A       A       A

    A       A       A       A
```

Abb. 8.5 Gruppe A einer aufgeteilten 64-Punkt-Konstellation

```
    B       B       B       B

B       B       B       B

    B       B       B       B

B       B       B       B

    B       B       B       B

B       B       B       B

    B       B       B       B

B       B       B       B
```

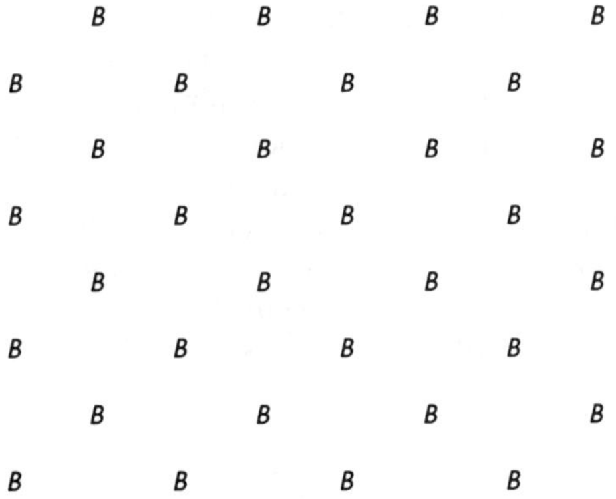

Abb. 8.6 Gruppe B einer aufgeteilten 64-Punkt-Konstellation

A_0	B_0	A_0	B_0	A_0	B_0	A_0	B_0
B_1	A_1	B_1	A_1	B_1	A_1	B_1	A_1
A_0	B_0	A_0	B_0	A_0	B_0	A_0	B_0
B_1	A_1	B_1	A_1	B_1	A_1	B_1	A_1
A_0	B_0	A_0	B_0	A_0	B_0	A_0	B_0
B_1	A_1	B_1	A_1	B_1	A_1	B_1	A_1
A_0	B_0	A_0	B_0	A_0	B_0	A_0	B_0
B_1	A_1	B_1	A_1	B_1	A_1	B_1	A_1

Abb. 8.7 Zweimalige Aufteilung einer 64-Punkt-Konstellation

A_{00}	B_{00}	A_{11}	B_{11}	A_{00}	B_{00}	A_{11}	B_{11}
B_{10}	A_{10}	B_{01}	A_{01}	B_{10}	A_{10}	B_{01}	A_{01}
A_{11}	B_{11}	A_{00}	B_{00}	A_{11}	B_{11}	A_{00}	B_{00}
B_{01}	A_{01}	B_{10}	A_{10}	B_{01}	A_{01}	B_{10}	A_{10}
A_{00}	B_{00}	A_{11}	B_{11}	A_{00}	B_{00}	A_{11}	B_{11}
B_{10}	A_{10}	B_{01}	A_{01}	B_{10}	A_{10}	B_{01}	A_{01}
A_{11}	B_{11}	A_{00}	B_{00}	A_{11}	B_{11}	A_{00}	B_{00}
B_{01}	A_{01}	B_{10}	A_{10}	B_{01}	A_{01}	B_{10}	A_{10}

Abb. 8.8   Dreimalige Aufteilung einer 64-Punkt-Konstellation

pen A_{00} und A_{11} und A_1 in A_{01} und A_{10} aufgeteilt. Die Punkte in Gruppe B werden entsprechend aufgeteilt. Das Ergebnis ist in Abbildung 8.8 dargestellt.

Die Indizes der letzten Aufteilung unterscheiden sich von denen, die Ungerboeck verwendet hat. Der Grund hierfür ist, daß wenn d_0 die minimale quadratische Euclid-Distanz zwischen Punkten innerhalb der Gruppen A und B darstellt, die minimale quadratische Distanz zwischen zwei Untergruppen von A oder B durch Multiplikation von $2d_0^2$ mit der Hamming-Distanz zwischen den Indizes ermittelt werden kann. Zwischen den Punkten von A_{01} und A_{10} wäre dies beispielsweise $4d_0^2$. Diese Eigenschaft kann bei der Analyse der Leistungsfähigkeit der Codes ausgenützt werden. Jede weitere Aufteilung würde diese Eigenschaft zerstören, aber es werden ohnehin nur selten weitere benötigt.

8.6   Codierung der Aufteilung

Werden die vorher beschriebenen konvolutionellen Codes in Verbindung mit der aufgeteilten Konstellation verwendet, so bestimmt das erste Bit vom Codiererausgang die Gruppe (A oder B) und die weiteren Ausgänge die Indizes. Uncodierte Bits können willkürlich zur Auswahl eines Punktes innerhalb der Untergruppe verwendet werden. Wird der Codierer mit Rate 1/2 verwendet, so genügen zwei Aufteilungsstufen. Es verbleiben 16 Punkte je Untergruppe. Vier uncodierte Datenbits würden dann zur Auswahl eines dieser Punkte ausreichen. Verwendet man den Codierer mit Rate 2/3, so benötigt man drei Aufteilungsstufen. Es bleiben acht Punkte je Untergruppe, und man würde drei uncodierte Datenbits zur Bestimmung des Punktes benötigen.

8.7   Leistungsfähigkeit von Ungerboeck-Codes

Das anfängliche Verdoppeln der Punktezahl der Konstellation halbierte die minimale quadratische Euclid-Distanz. Dies ist ein zusätzlicher Effekt der ersten Aufteilung. Danach verdoppelt jede Aufteilungsstufe die minimale quadratische Euclid-Distanz in einer Untergruppe. Könnte man aus dem Code absolute Gewißheit über die Untergruppe gewinnen, so würde eine zweistufige Aufteilung einen Codierungsgewinn von 3 dB ergeben, und eine dreistufige ergäbe 6 dB. Erreichbare Codierungsgewinne liegen unterhalb dieser Werte; wie nahe man ihnen kommt, hängt von der Leistungsfähigkeit des Codes ab.

Wird Ungerboeck-Codierung auf MPSK angewendet, so sollte man sich deutlich machen, daß die auftretenden Verluste bei Erweiterung der Signalisierungskonstellation größer als bei QAM sind und die potentiellen Codierungsgewinne deshalb größer sind. Andererseits ist bei typischen Werten von M der bei Verdoppelung der Punktezahl auftretende Verlust geringer als der asymptotische Wert von 6 dB, während der von QAM größer als der asymptotische Wert von 3 dB ist. Die typischen Verluste und deshalb auch die typischen maximalen Codierungsgewinne mit MPSK können gleich wie die mit QAM erzielten sein.

Der asymptotische Codierungsgewinn eines Ungerboeck-Codierungsschemas kann durch einen Vergleich der minimalen quadratischen Euclid-Distanz zwischen codierten Pfaden mit der quadratischen Euclid-Distanz zwischen den naheliegendsten Nachbarn der kleineren Konstellation, die für uncodierte Übertragung verwendet werden würde, ermittelt werden. Das Verhältnis dieser Distanzen, ausgedrückt in Dezibel, ergibt den asymptotischen Codierungsgewinn. Der in Abschnitt 8.4 spezifizierte Code der Rate 1/2 besitzt beispielsweise die in Abbildung 8.9 gezeigte Konstellation. Wird dieser Code auf eine 8-stufige PSK-Konstellation angewendet, so ergibt sich zweistufige Aufteilung und ein uncodiertes Bit je Rahmen. Jeder Pfad des Gitters repräsentiert demnach in Wirklichkeit zwei mögliche Übertragungspunkte, je nach Wert des uncodierten Bits. Die nach Ungerboecks Schema ausgear-

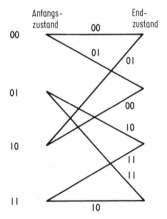

Abb. 8.9   Diagramm für Code der Rate ½

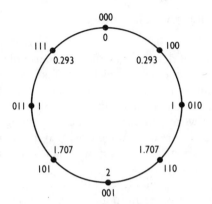

Abb. 8.10   Aufgeteilte 8-PSK-Konstellation

beitete Konstellation (bei der das äußerst rechte Bit das uncodierte ist) und die quadratische Euclid-Distanz von 000 bis zu jedem dieser Punkte wird in Abbildung 8.10 gezeigt. Euclidsche quadratische Distanzen werden als Vielfache der quadratischen Distanz zwischen Punkten in einer QPSK (4-stufige PSK)-Konstellation gezeigt.

Geht man von einem Fehler in den codierten Bits aus, so ist der Codepfad mit der niedrigsten quadratischen Euclid-Distanz vom Nullwort 010100010 (oder 011100010 oder 010100011 oder 011100011). Das Verhältnis von quadratischer Distanz zum Referenzwert ist 2,293 (1 + 0,293 + 1). Wäre dies der wahrscheinlichste Fehler, so ergäbe sich folglich ein asymptotischer Codierungsgewinn von $10\log_{10}(2{,}293) = 3{,}6$ dB. Ein einzelner Fehler auf einem uncodierten Bit ist jedoch wahrscheinlicher und besitzt eine quadratische Euclid-Distanz von 2 (relativ zum Referenzwert) zum Nullwort-Pfad. Der asymptotische Codierungsgewinn ist folglich von der Fehlerrate der uncodierten Bits begrenzt und bewegt sich um etwa 3 dB.

8.8   Literaturhinweise

Die Analyse der MPSK und QAM wurde hier etwas vereinfacht und konzentrierte sich darauf, die Symbolfehlerrate zu erhalten. Es könnte sinnvoller sein, Konstellationen mit übereinstimmender Bitfehlerrate zu vergleichen. Dies gestaltet sich jedoch aufgrund der Notwendigkeit der Bezeichnung der Symbolwerte in der Konstellation schwierig. Proakis (1983) leitet Ausdrücke für Symbolfehlerraten von MPSK und QAM her. Sklar (1988) führt Ausdrücke für Bitfehlerraten ein und vergleicht die verschiedenen Konstellationsebenen mit Hilfe dieser Ausdrücke. Ungerboeck (1977, 1982) führte die Grundlagenforschung auf diesem Gebiet durch und entwickelte Codes für eine Vielzahl von Konstellationen. Haykin (1988) und Clark und Cain (1981) geben eine Zusammenfassung der Ungerboeck-Codierungsmethoden. Forney et al. (1984) geben eine beachtenswerte Zusammenfassung des ganzen Themas der Codierung unter bandbegrenzten Umständen, wobei die Verwendung von Block-Codes eingeschlossen ist. Wei (1984a, 1984b) beschreibt Methoden zur Überwindung des Problems der Phasenmehrdeutigkeit.

Zusätzlich zu den in diesem Kapitel behandelten Techniken existieren viele Modulationsschemata, die so entwickelt wurden, daß sie spektral effizient sind. Sie können auch als Codierungen betrachtet werden. So kann z. B. MSK (minimum shift keying) als einem einfachen konvolutionellen Code entsprechend angesehen werden. Masamura et al. (1979) beschreiben einen Demodulationsprozeß, der hieraus profitiert. Es existieren andere, kompliziertere, bandbreiteneffiziente Modulationsarten, die unter einer Vielzahl von Namen auftauchen und Viterbi-Decodierung verwenden. Solche Schemata werden von Lender (1964), Kobayashi (1971), Anderson und Taylor (1978), Anderson et al. (1981), Aulin et al. (1981), Muilwijk (1981), Mazur und Taylor (1981), Aulin und Sundberg (1982) und Raveendra und Srinivasan (1987) beschrieben.

8.9   Übungen

1   Man entwickle ein Aufteilungsschema für eine 16-stufige PSK. Man bestimme die Symbolbezeichnungen, die bei Verwendung jedes der in Abschnitt 8.4 spezifizierten Codes auftreten würden.

2   Ein uncodierter Kommunikationskanal verwendet 8-stufige Modulation. Man entscheidet sich, auf einen Ungerboeck-codierten, 16-wertigen Kanal mit zweistufiger Aufteilung überzugehen. Man vergleiche die erwarteten Codierungsgewinne bei konstanten Symbolfehlerraten mit der Konstellation MPSK mit dem der QAM. Wie würde sich dreistufige Aufteilung auswirken?

3   Ausgehend von einer 8-Punkt QAM-Konstellation, angeordnet wie eine der Untergruppen in Abbildung 8.8, führe man zweistufige Aufteilung durch. Man verwende den Ungerboeck-Codierer der Rate 1/2 für die Informationsfolgen 1100 11 11 0000 01 10 und 1101 1010 1001 01 11, und bestimme die quadratische Euclid-Distanz zwischen den codierten Folgen. Man vergleiche dies mit der quadratischen Euclid-Distanz zwischen den uncodierten Folgen einer entsprechenden 4-Punkt-Konstellation.

4   Man wiederhole Übung 3 mit MPSK-Modulation.

5   Man teile eine rechteckige 16-Punkt-QAM-Konstellation dreimal. Man verwende einen Ungerboeck-Codierer der Rate 2/3 für die Informationsfolgen 100 111 001 011 und 101 110 100 011, und bestimme die quadratische Euclid-Distanz zwischen den Codefolgen. Man vergleiche diese mit der quadratischen Euclid-Distanz zwischen uncodierten Folgen auf einem 8-Punkt-QAM-Kanal.

9   Methoden der Fehlererkennung

9.1   Einführung

Die vorangegangenen Kapitel sind weitestgehend davon ausgegangen, daß es das
Ziel der Codierung ist, dem Empfänger zu ermöglichen, Informationen der empfangenen Folge mit größerer Sicherheit wieder zu erlangen, als dies ohne Codierung
möglich wäre. Viele Fehlerüberwachungsschemata versuchen aber nicht, die Information wiederherzustellen, wenn Fehler aufgetreten sind. Statt dessen erkennen sie
die Fehler und leiten andere Maßnahmen ein, um mit ihnen fertig zu werden. Ist ein
Kanal zurück zur Informationsquelle vorhanden, so kann der Empfänger eine
erneute Übertragung der Nachricht anfordern. Andererseits kann es bei Daten mit
einer gewissen Redundanz möglich sein, die fehlerhafte Stelle in einer Weise
wiederherzustellen, daß der Effekt der verlorenen Information minimal ist.
Es gibt viele Gründe, weshalb sich der Entwickler eines Systems für eine Strategie
der Fehlererkennung anstatt einer der Vorwärts-Fehlerkorrektur entscheiden
könnte. Einige dieser Gründe haben mit Charakteristiken von Fehlererkennung zu
tun, die im folgenden Kapitel auftauchen werden. Ein Hauptgrund ist jedoch die
Tatsache, daß Fehlererkennung um einige Größenordnungen zuverlässiger sein
kann als Vorwärts-Fehlerkorrektur. Sie kann deshalb die geeignete Technik sein,
wenn eine niedrige unerkannte Fehlerrate benötigt wird. Zudem ist es auch oft
relativ einfach, eine auf Fehlererkennung basierende Fehlerkontrollstrategie zu
implementieren. Sind die Charakteristiken also akzeptabel, so können Strategien
der Fehlererkennung oder Mischformen aus Fehlererkennung und Vorwärts-Fehlerkorrektur die kosteneffizienteste Lösung sein.
Dieses Kapitel beginnt mit der Leistungsfähigkeit von zur Fehlererkennung verwendeten Codes. Dann wird zum Studium der automatischen *Sendewiederholungs-
anforderung*, ARQ (automatic retransmission request) genannt, übergeführt.
Schließlich werden Verdeckungstechniken, in denen die Effekte des Informations-
verlustes minimiert werden, kurz behandelt. Lediglich ein Allgemeinverständnis
über Codierung, besonders über Block-Codes ist erforderlich.

9.2   Leistungsfähigkeit von Block-Codes in Bezug auf die Erken-
nung von Zufallsfehlern

Im Vergleich zur Fehlerkorrektur ist die Fehlererkennung eine relativ einfache
Operation. Es ist jedoch viel schwerer, einigermaßen zuverlässige Formeln über die
Leistungsfähigkeit zu erhalten, da die Struktur des Codes einen wesentlich bedeut-
sameren Effekt hat. Im folgenden wird lediglich auf die Leistungsfähigkeit von
Block-Codes eingegangen, da diese Codeart fast immer verwendet wird.

Ist die Zahl der Fehler in einem Block kleiner als die minimale Distanz, so werden sie immer erkannt. Ist die Zahl gleich oder größer als d_{min}, so sollte man meinen, daß die Fehlererkennung versagen würde. Die tatsächliche Leistungsfähigkeit ist jedoch wesentlich höher. Nur eine kleine Zahl von Fehlermustern mit dem Gewicht d_{min} oder größer wird in der Lage sein, ein anderes Codewort zu bilden und folglich der Erkennung entkommen. Nimmt man das Beispiel eines (7,4) Codes aus Kapitel 1 (Tabelle 1.2), so sieht man, daß sieben Codewörter das Gewicht 3 haben, sieben das Gewicht 4 und eines hat das Gewicht 1. Würde nun das Nullwort übertragen, so würden nur 7 der 35 möglichen 3-bit-Fehlermuster einen unerkannten Fehler bilden, so daß 80 Prozent der 3-bit-Fehler erkannt werden würden. Die Distanzeigenschaften des Codes sind unabhängig vom übertragenen Codewort gleich, so daß dieses Ergebnis auf jede beliebige Übertragung zutrifft. Entsprechend werden 80 Prozent der Fehlermuster mit Gewicht 4 erkannt, 100 Prozent bei Gewicht 5 und 100 Prozent des Gewichtes 6. Nur das Fehlermuster mit Gewicht 7 entkommt vollständig der Erkennung.

Es wäre ideal, wenn man immer die Zahl A_i der Codewörter des Gewichts i für den verwendeten Code wüßte. Geht man davon aus, daß die Codefehler verursachenden Geschehnisse grundsätzlich unabhängig sind, so gilt:

$$P_{ud} = \sum_{i=0}^{n} P(i) \frac{A_i}{\begin{bmatrix} n \\ i \end{bmatrix}} \tag{9.1}$$

wobei P_{ud} die Wahrscheinlichkeit eines unerkannten Fehlers und $P(i)$ die Wahrscheinlichkeit dafür ist, daß i Symbole eines Blocks falsch sind. Bei einer Symbolfehlerrate von p_s ergibt sich aus Gleichung (1.9):

$$P_{ud} = \sum_{i=0}^{n} A_i \, p_s^i (1 - p_s)^{n-i} \tag{9.2}$$

Unglücklicherweise ist nicht bei jedem Code die Gewichtsstruktur bekannt. Es sind jedoch die Gewichtsstrukturen von Hamming-Codes, RS-Codes und einigen binären BCH-Codes bekannt. Zusätzlich hierzu kann die Gewichtsstruktur für jeden Code erlangt werden, für den die Gewichtsstruktur seines dualen Codes bekannt ist.

9.3 Gewichtsverteilung

Hamming-Codes

Hamming-Codes besitzen einen Gewichtszähler von

$$A(x) = \sum_{i=0}^{n} A_i \, x^i = \frac{(1 + x)^n + n(1 + x)^{(n-1)/2}(1 - x)^{(n+1)/2}}{n + 1} \tag{9.3}$$

Methoden der Fehlererkennung

d. h. der Koeffizient von x^i in $A(x)$ ist die Anzahl A_i von Codewörtern des Gewichts i. Eine alternative Form lautet:

$$A(x) = \sum_{i=0}^{n} A_i\, x^i = \frac{(1 + x)^n + n(1 - x)(1 - x^2)^{(n+1)/2}}{n + 1}$$

aus welcher man folgende Ausdrücke für A_i ableiten kann:

$$A_i = \begin{cases} \dfrac{\begin{bmatrix} n \\ i \end{bmatrix} + n(-1)^{i/2}\begin{bmatrix} (n - 1)/2 \\ i/2 \end{bmatrix}}{n + 1} & (i \text{ gerade}) \\[2em] \dfrac{\begin{bmatrix} n \\ i \end{bmatrix} + n(-1)^{(i+1)/2}\begin{bmatrix} (n - 1)/2 \\ (i - 1)/2 \end{bmatrix}}{n + 1} & (i \text{ ungerade}) \end{cases} \tag{9.4}$$

Für den (7,4) Hamming-Code ist $A_0 = 1$, $A_3 = 7$, $A_7 = 1$, und alle anderen Terme sind Null. Dies stimmt mit dem im vorangegangenen Abschnitt entwickelten Ergebnis überein.

Reed-Solomon-Codes

Die Gewichtsverteilung eines t-Fehler korrigierenden RS-Codes im GF(q) wird gegeben durch $A_0 = 1$ und

$$A_i = \begin{bmatrix} q - 1 \\ i \end{bmatrix}(q - 1) \sum_{j=0}^{i-2t-1} (-1)^j \begin{bmatrix} i - 1 \\ j \end{bmatrix} q^{i-2t-1-j} \tag{9.5}$$

für $2t + 1 \leqslant i \leqslant n$. Eine alternative (entsprechende) Form lautet:

$$A_i = \begin{bmatrix} q - 1 \\ i \end{bmatrix} \sum_{j=0}^{i-2t-1} (-1)^j \begin{bmatrix} i \\ j \end{bmatrix}(q^{i-2t-j} - 1) \tag{9.6}$$

So hat z. B. ein Doppelfehler korrigierender RS-Code im GF(8) ein Codewort des Gewichts 0, 147 des Gewichts 5, 147 des Gewichts 6 und 217 des Gewichts 7.

Dualer Code eines Codes mit bekannter Gewichtsverteilung

Für jeden (n,k) Code ist es möglich, den dualen $(n,n-k)$ Code zu konstruieren, dessen Generator-Matrix die Paritätskontroll-Matrix des Originalcodes ist. Ist der Originalcode ein zyklischer Code mit dem Generator $g(X)$, so hat der duale Code den Generator $X^n + 1/g(X)$. Die Gewichtszahl $A(x)$ eines linearen (n,k) Codes im GF(q) hängt über die *MacWilliams-Identität* von der Gewichtszahl $B(x)$ seines dualen Codes ab.

$$q^k B(x) = [1 + (q - 1)x]^n A\!\left(\frac{1 - x}{1 + (q - 1)x}\right) \tag{9.7}$$

Für binäre Codes ergibt sich dies zu:

$$2^k B(x) = (1 + x)^n A\left(\frac{1 - x}{1 + x}\right) \tag{9.8}$$

Für einen Hamming-Code mit der durch Gleichung (9.3) gegebenen Gewichtsverteilung ergibt die MacWilliams-Identität folgenden Ausdruck für $B(x)$, der Gewichtsverteilung des dualen Codes:

$$B(x) = 1 + nx^{(n+1)/2}$$

Tatsächlich ist der duale Code eines Hamming-Codes ein Code maximaler Länge oder Simplex-Code. Dies entspricht der Gewichtsverteilung eines in Abschnitt 7.4 behandelten Codes.

Hätte man nur die numerischen Werte der Koeffizienten A_i anstatt des analytischen Ausdrucks zur Verfügung, so könnte man immer noch die Gewichtsverteilung des dualen Codes erhalten. Nimmt man z. B. die Werte von A_i des (7,4) Hamming-Codes, so ergibt sich aus Gleichung (9.7):

$$16B(x) = (1 + x)^7 \left[1 + 7\left(\frac{1 - x}{1 + x}\right)^3 + 7\left(\frac{1 - x}{1 + x}\right)^4 + \left(\frac{1 - x}{1 + x}\right)^7\right]$$

$$16B(x) = (1 + x)^7 + 7(1 - x)^3(1 + x)^4 + 7(1 - x)^4(1 + x)^3 + (1 - x)^7$$

Aufgelöst ergibt dies:

$$B(x) = 1 + 7x^4$$

Die Bedeutung der MacWilliams-Identität liegt darin, daß sich bei Codes höherer Rate die Gewichtsverteilung des dualen Codes viel leichter finden läßt, da er weniger Codewörter besitzt. In der Praxis wird deshalb die Gewichtsverteilung eines Hamming-Codes, anders als hier dargestellt, eher aus der eines Simplex-Codes errechnet als umgekehrt.

9.4 Unerkannte Fehlerrate im ungünstigsten Fall

Eine weitere interessante Möglichkeit ist die Betrachtung des ungünstigsten Falles (worst case), wenn die Bitfehlerrate bei Verwendung eines binären Codes 0,5 erreicht. Die Wahrscheinlichkeit unerkannter Fehler ergibt sich zu:

$$P_{\text{ud}} = \sum_{i=0}^{n} A_i 0.5^i (1 - 0.5)^{n-i}$$

aber $\sum_{i=0}^{n} A_i = 2^k$, so daß

$$P_{\text{ud}} = \frac{1}{2^{n-k}}$$

Dies bedeutet bei zufällig erzeugten Bits, daß die Wahrscheinlichkeit, daß die $n - k$ Paritätsbits korrekt sind, 1 zu 2^{n-k} ist. Dies stimmt nur dann, wenn die Kontrollen als unabhängig betrachtet werden können. Aber es existieren auch Codes, bei denen dies nicht so ist. Trotz alledem kann die Wahrscheinlichkeit eines unerkannten Fehlers im ungünstigsten Fall für gut entwickelte Codes in dieser Weise berechnet werden.

9.5   Erkennung von Fehlerbündeln

Wie in Abschnitt 6.3 angeführt besitzen zyklische Codes gute Fehlerbündel-Erkennungseigenschaften. Alle $n-k$ aufeinanderfolgende Bits können als Paritätskontrolle für den Rest des Codeworts eingesetzt werden. Hieraus folgt, daß ein unerkanntes Fehlermuster mehr als diese Zahl von Bits umspannen müßte. Die einzigen Bündel der Länge $n-k+1$, die unerkannt durchlaufen können, sind die, die identisch mit der zyklisch verschobenen Generatorfolge sind. Über eine feste Spanne von $n-k$ Bits existieren folglich 2^{n-k-1} Fehlermuster, die mit 1 beginnen und enden, und von denen nur eines unerkannt passieren kann. Die Wahrscheinlichkeit für ein unerkanntes Fehlerbündel der Länge $n-k+1$ ist folglich $2^{-(n-k-1)}$.

Diese Analyse läßt sich leicht auf größere Bündel ausweiten. Jedes Bündel der Länge $l > n-k+1$ muß, um unerkannt zu passieren, gleich der Multiplikation aus $g(X)$ mit einem Polynom des Grades $l-(n-k)$ sein. Es existieren $2^{l-(n-k)-2}$ solcher Polynome und 2^{l-2} Bündelmuster der Länge l. Die Wahrscheinlichkeit eines solchen unerkannten Fehlers ist also $2^{-(n-k)}$.

9.6   Beispiele von Codes zur Fehlererkennung

Es gibt drei Standardcodes aus der Gruppe der zyklischen Block-Codes für die Anwendung in der Fehlererkennung. Davon ist einer die 12-bit-Kreuzsicherung (CRC = Cyclic redundancy check). Die anderen beiden sind 16-bit-Kreuzsicherungen.

Das Generatorpolynom des 12-bit-CRC ist:

$$g(X) = X^{12} + X^{11} + X^3 + X^2 + X + 1$$

oder

$$g(X) = (X^{11} + X^2 + 1)(X + 1)$$

Das Polynom $X^{11} + X^2 + 1$ ist primitiv, folglich ist der Code ein sicherheitserhöhter Hamming-Code. Die Länge des Codes ist 2047 Bits ($2^{11}-1$); davon tragen 2035 Information. Die minimale Distanz ist 4. Der Code kann so verkürzt werden, daß er weniger Information enthält, ohne daß dies Einfluß auf die Fehlererkennungseigenschaften hat.

Es sind eindeutig zu viele Codewörter in diesem Code, um die gesamte Gewichts-struktur darzustellen. Nimmt man die Codewörter des der minimalen Distanz entsprechenden Gewichts, so findet man 44434005 Codewörter des Gewichts 4 im Vergleich zu $4,53 \times 10^{10}$ möglichen Folgen des Gewichts 4. Die Wahrscheinlichkeit, daß eine Fehlerfolge mit dem Gewicht 4 unerkannt bleibt, ist demnach kleiner als 10^{-3}. Der Code wird alle Fehler eines Gewichts kleiner als 4, alle Fehler ungeraden Gewichts, alle Fehlerbündel einer Länge bis zu 12, 99,9 Prozent aller Bündel der Länge 12 und 99,5 Prozent aller Bündel, deren Länge 12 übersteigt, erkennen. Die zwei 16-bit-CRC haben folgen Generator-Polynome:

$$g(X) = X^{16} + X^{15} + X^2 + 1$$

und

$$g(X) = X^{16} + X^{12} + X^5 + 1$$

Zieht man den Faktor $X + 1$ heraus, so ergibt sich:

$$g(X) = (X^{15} + X + 1)(X + 1)$$

und

$$g(X) = (X^{15} + X^{14} + X^{13} + X^{12} + X^4 + X^3 + X^2 + X + 1)(X + 1)$$

In beiden Fällen ist der Generator ein primitves Polynom, das zur Sicherheitserhöhung (expurgation) des Codes mit $X + 1$ multipliziert wird. Daraus resultieren Codes mit $d_{\min} = 4$ der Länge bis zu 32767, von denen alle außer 16 Bits Information tragen. Es gibt $1,47 \times 10^{12}$ Wörter des Gewichts 4, womit sich die Wahrscheinlichkeit eines unerkannten Fehlers für Muster des Gewichts 4 auf $3,05 \times 10^{-5}$ ergibt. Diese Codes erkennen alle Fehler bis einschließlich des Gewichts 3, alle Fehler ungeraden Gewichts, alle Bündel einer Länge bis zu 16, 99,997 Prozent aller Bündel der Länge 17 und 99,9985 Prozent aller Bündel, deren Länge 17 übersteigt.

9.7   Synchronisation unter Verwendung von Block-Codes

Beinahe alle Formen digitaler Kommunikation erfordern eine Art der Synchronisation, damit der Empfänger die Information und die Codegrenzen im übermittelten Strom erkennen kann. In der ersten Ebene benötigt der Demodulator *Bitsynchronisation* oder *Symbolsynchronisation*, um zu wissen, wo die Grenzen zwischen den übertragenen Symbolen liegen. Auf der höheren Ebene muß der Empfänger eine *Rahmensynchronisation* oder *Blocksynchronisation* besitzen, um die empfangene Folge korrekt an den Decodierer weiterzuleiten. Um dies zu erreichen, besteht die Möglichkeit, einen Block-Code zum ausschließlichen Ziel der Fehlererkennung einzusetzen, bis die Synchronisation erreicht wurde. Der Empfang eines anscheinend fehlerfreien Blocks wird als Indikator dafür gewertet, daß der Empfänger nun zu den Blockgrenzen des Codes synchron ist. Informationen innerhalb dieser Blöcke können dann dem Empfänger zur Bestimmung aller weiteren Festlegungen über die in der Informationsfolge erreichte Position dienen.

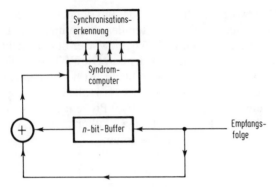

Abb. 9.1   Syndromberechnung zur Synchronisation

Wären dem Empfänger die Blockgrenzen bereits bekannt, so würde sich die Bestätigung dieses Wissens einfach gestalten. Das Syndrom eines Blocks würde gebildet, und ein korrekter Wert (besonders dann, wenn er in darauffolgenden Blöcken wiederholt würde) würde anzeigen, daß die Synchronisation erreicht wurde. Das Problem des Empfängers besteht jedoch darin, ein Syndrom zu bilden, wenn die Blockgrenzen unbekannt sind. Man könnte natürlich dazu n parallele Decodierer (n sei die Länge der Blöcke) zu der Bestimmung einsetzen, welcher der möglichen Blockstartpositionen korrekt war. Glücklicherweise ist dies bei zyklischen Codes nicht notwendig, weil mit der Ankunft eines neuen Symbols der Effekt eines n Intervalle vorher eingetroffenen Symbols gelöscht werden kann. Hieraus folgt, daß das bei jeder Stufe berechnete Syndrom auf die zuletzt eingetroffenen Symbole anwendbar ist.

Die Methode der Syndromberechnung ist in Abbildung 9.1 dargestellt. Die letzten n Symbole werden zwischengespeichert und bei der Ankunft eines neuen Symbols zum Wert der n empfangenen Symbole addiert. Dann wird es dem Syndrom-Computer zugeführt, der die übliche Anordnung rückgekoppelter Schieberegister enthält.

Bei dieser Art der Anwendung handelt es sich üblicherweise um einen verkürzten zyklischen Code, weil jede zyklische Verschiebung eines Codeworts eines ungekürzten Codes selbst ein Codewort ist. Wenn nun das Symbol vor Beginn des Blockes identisch zum letzten Symbol des Blockes ist, dann würde die Synchronisation ein Symbol zu früh erklärt. Wäre der Code beispielsweise ein sicherheitserhöhter Hamming-Code mit Generator $X^5 + X^4 + X^2 + 1$, so wäre die Folge 110011110100001 ebenso ein Codewort wie 111001111010000. Würde man das erste dieser beiden Codewörter übertragen und das letzte vor diesem Codewort gesendete Symbol wäre eine 1, so würde die Synchronisation ein Bit zu früh erklärt.

Probleme dieser Art können durch Verkürzung des Codes erleichtert werden, wobei dann jedoch die Art, wie die Symbole beim verkürzten Code die vorangegangenen beeinflussen, berücksichtigt werden muß (siehe Übung 6). Es muß klar gesagt werden, daß bei jedem Code die Möglichkeit besteht, daß die Synchronisation an der falschen Stelle erklärt wird. Dies kann durch bestimmte Ereignisse innerhalb der übertragenen Folge oder durch den Effekt von Fehlern geschehen. Aus diesem Grund wird ein einzelner Erfolg noch nicht als definitiv akzeptiert. Ebensowenig kann ein einzelner Ausfall einer Synchronisation an einer erwarteten Stelle ein Indikator für einen Verlust der Synchronisation sein.

9.8   Methoden der ARQ

Verfügt der Informationsempfänger über einen Kanal zur Quelle, so ermöglicht ihm dies die Anforderung einer erneuten Übertragung der Nachrichten, die Fehler enthalten hatten. Dieses Schema wird Fehlerüberwachung mit Wiederholungsanforderung (REC, retransmission error control) oder, weiter verbreitet, automatische Sendewiederholung (ARQ, automatic retransmission) genannt. Es gibt verschiedene Ablaufprotokolle für die Steuerung der übertragenen und zurückgesendeten Pakete. Die bedeutendsten werden in den folgenden Abschnitten behandelt.

Der Vorteil von ARQ gegenüber Vorwärts-Fehlerkorrektur liegt darin, daß Fehlererkennung viel verläßlicher realisiert werden kann als Fehlerkorrektur. Die vorigen Abschnitte haben gezeigt, daß die Wahrscheinlichkeit unerkannter Fehler leicht auf jeden benötigten Wert abgesenkt werden kann. Der Nachteil ist, daß die Wiederholung von Nachrichten Übermittlungskapazitäten aufbraucht und veränderliche Verzögerungszeiten im System bewirkt. Dies gilt besonders, da es nicht sicher ist, ob eine wiederholte Übertragung erfolgreich ist, und somit mehrere Versuche benötigt werden könnten. Für Echtzeit-Anwendung kann ARQ deshalb völlig ungeeignet sein. Trotzdem ist die Tatsache, daß ARQ bei schlechten Bedingungen eher Kanalkapazität aufbraucht, als die Fehlerraten zu erhöhen, für viele Anwendungen wünschenswert.

Es existieren hauptsächlich drei Arten, in denen ARQ-Schemata operieren. Diese lauten stop-and-wait (SW), go-back-N (GBN) und selective-repeat (SR). GBN und SR werden manchmal unter dem Begriff kontinuierliche ARQ (continuous) zusammengefaßt. Es ist auch möglich, interessante Verbindungen von ARQ und Vorwärts-Fehlerkorrektur zu bilden.

9.9   Stop-and-Wait-ARQ

In der Stop-and-Wait-ARQ sendet die Quelle eine Nachricht und wartet auf die Bestätigung des korrekten Empfangs, bevor die nächste Nachricht gesendet wird oder die letzte Nachricht wiederholt wird. Die Wartezeit hängt von der Laufzeit der Übermittlungsstrecke, von der Berechnungszeit der Nachricht und der Bestätigung ab. Ist das Intervall zwischen dem Beginn einer Nachricht und dem Beginn der nächsten (oder der Wiederholung) groß genug, um N Nachrichten aufzunehmen, so ist die Effizienz der Streckenbenutzung, die dem Verhältnis aus korrekt empfangener Nachrichten zu der Zahl der Nachrichten auf einer fehlerfreien Übertragunsstrecke entspricht:

$$\eta_{SW} = \frac{1 - P}{N}\frac{k}{n} \tag{9.9}$$

wobei P die Wahrscheinlichkeit eines Nachrichtenfehlers ist und ein (n,k) Code zur Fehlererkennung verwendet wird. Es wird hier und auch bei den vorangegangenen Betrachtungen davon ausgegangen, daß die Wahrscheinlichkeit des Verlustes einer Bestätigung vernachlässigbar klein ist. Wäre dies nicht der Fall, so könnte die Wahrscheinlichkeit von Nachrichtenfehlern so weit erhöht werden, daß sie solche Ereignisse mit einschließen würde.

Im Falle, daß die Übermittlungslaufzeiten groß sind, könnte die beste Strategie die Bildung von langen Nachrichten sein, um den Wert von N niedrig zu halten. Unglücklicherweise steigt mit der Länge der Nachricht die Nachrichtenfehlerrate, was die verwendbare Länge begrenzt. Beträgt die Wartezeit A Bitperioden und die Nachrichtenlänge ist n, so gilt $N-1 = A/n$. Eine feste Anzahl c von Bits sei zur Paritätskontrolle eingesetzt. Es ergibt sich für eine Zufallsbitfehlerrate p:

$$\eta_{SW} = \frac{(1 - p)^{A/(N-1)}}{N}\left[1 - \frac{c(N - 1)}{A}\right]$$

Mit $c = 20, p = 10^{-4}$ und $A = 1000$ und ausgehend von einem ganzzahligen N hat die Effizienz ihren Maximalwert von 0,44 beim niedrigsten Wert von N, der 2 ist. Für eine größere Verzögerung $A = 700\,000$ mit $c = 20, p = 10^{-5}$ ist die optimale Effizienz 0,046 bei $n = 9$.

SW-ARQ ist folglich nicht bei langen Verzögerungszeiten einsetzbar. Seine besten Anwendungen finden sich bei Mehrfachbenutzung (Time-sharing) der Verbindung, wo die Pausen zwischen den Nachrichten von anderen Teilnehmern genutzt werden können.

9.10   Go-back-N-ARQ

Die Quelle sendet kontinuierlich und empfängt die Bestätigungen des Empfängers mit einer gewissen Verzögerung. Wird eine Nachricht nicht bestätigt oder als fehlerhaft angezeigt, so kehrt der Sender zur betreffenden Nachricht zurück und beginnt die Übertragung der Folge von dort neu. In Abbildung 9.2 ist ein solcher Fall gezeigt, in dem der Sender fünf Nachrichten zurückgeht ($N = 5$). Die Übertragung besteht aus einer Anzahl von Folgen, die für $N-1$ Nachrichten über den zuerst erkannten Fehler hinausreichen und dann von der fehlerhaften Nachricht aus neu übertragen werden.

Man beachte, daß die Nachrichten für den Fall numeriert sein müssen, daß eine Bestätigung nicht empfangen und die Folge neu gesendet wird, wenn sie der Empfänger gerade nicht erwartet. Nachrichtennumerierungen können wiederverwendet werden, aber erst nach dem Durchlauf von mindesten N Nachrichten, wobei sich $2N$ als angemessen sicher bewährt hat.

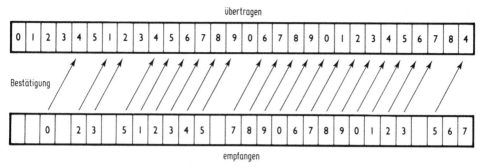

Abb. 9.2   Go-back-5-ARQ

Folgt einer Folge von n korrekt empfangenen Nachrichten eine fehlerbehaftete, so ist die Zahl der übertragenen Nachrichten $n + N$, von denen n vom Empfänger akzeptiert wurden. Über viele Folgen ergibt sich die Verbindungseffizienz zu:

$$\eta_{\text{GBN}} = \frac{\bar{n}}{\bar{n} + N} \frac{k}{n}$$

wobei k/n die Rate des fehlererkennenden Codes ist.

Die Wahrscheinlichkeit des korrekten Empfangs von n Nachrichten, gefolgt von einer fehlerbehafteten, ist nun:

$$P(n) = P(1 - P)^n$$

aus dem sich berechnen läßt:

$$\bar{n} = \sum_{n=0}^{\infty} nP(1 - P)^n$$

Die Summe ist gleich $(1-P)/P$, womit sich ergibt:

$$\eta_{\text{GBN}} = \frac{1 - P}{1 + (N - 1)P} \frac{k}{n} \tag{9.10}$$

Es ergibt sich, daß relativ kurze Nachrichten eine niedrige Nachrichtenfehlerrate ergeben. Aus der Effizienz der Codierung, die Nachrichtennumerierung miteingeschlossen, ergibt sich jedoch, daß Nachrichten nicht zu klein sein dürfen. Setzt man $N-1 = A/n$, wie bei SW-ARQ, $k = n - c - \log_2/N$ und die Zufallsbitfehlerrate sei p, so gilt:

$$\eta_{\text{GBN}} = \frac{(1 - p)^{A/(N-1)}}{1 + (N - 1)[1 - (1 - p)^{A/(N-1)}]} \times$$

$$\left[1 - \frac{N - 1}{A}(c + \log_2(A) - \log_2(N - 1) + 1) \right]$$

Für $c = 20$, $p = 10^{-4}$ und $A = 1000$ ist die maximale Effizienz 0,815 bei $N = 3$. Für $c = 20$, $p = 10^{-5}$ und $A = 700\,000$ ist die maximale Effizienz 0,122 bei $N = 366$. Beide sind besser als bei SW-ARQ, aber selbst hier ist die Effizienz bei langer

Verzögerung gering. Selbst bei sehr gut entwickelten Schemata könnte die Effizienz immer noch zu gering sein, um für praktische Anwendungen in Erwägung gezogen zu werden.

9.11   Selective-repeat-ARQ

Dies ist eine Form der kontinuierlichen ARQ, bei der der Sender nur die fehlerbehaftete Nachricht wiederholt, wie in Abbildung 9.3 gezeigt. Hier wird deutlich weniger Kapazität vergeudet als in den vorigen ARQ-Formen. Die Effizienz der SR-ARQ ist einfach das Produkt aus Wahrscheinlichkeit eines Nachrichtenempfangs und der Codierungsrate, wobei der zusätzliche Platzbedarf für die Nachrichtennumerierung berücksichtigt wird.

$$\eta_{SR} = (1 - P)\,\frac{k}{n} \tag{9.11}$$

Dieser Gewinn ist jedoch nicht ohne Verluste zu erzielen, und in diesem Schema kommen die wiederholten Nachrichten außerhalb der Reihenfolge an. Sind die Nachrichten selbständig und die Anordnung unwichtig, ergibt sich daraus kein Problem.

In vielen Fällen ist jedoch eine korrekte Reihenfolge erforderlich. In diesem Fall muß der Empfänger Zwischenspeicher für alle nach der fehlerbehafteten Nachricht empfangenen Nachrichten bereitstellen. Es ist jedoch nicht möglich zu garantieren, daß die Nachricht beim zweiten Versuch oder einer endlichen Zahl von Versuchen empfangen wird. Die Anzahl der benötigten Nachrichtenzwischenspeicher ist folglich theoretisch unendlich groß, es sei denn, es werden geeignete Verbesserungen am Protokoll durchgeführt.

Eine übliche Variante des SR-ARQ für einen endlichen Empfängerspeicher ist die Version mit Zwischenspeichern für *N* Nachrichten, wobei *N* die Zahl der Nachrichten ist, die zwischen dem Beginn einer Nachricht und ihrer Wiederholung untergebracht werden können. (*N* ist somit gleich definiert für SW-ARQ und GBN-ARQ.) Die Quelle sendet Nachrichten in Folge und empfängt Bestätigungen, bis eine

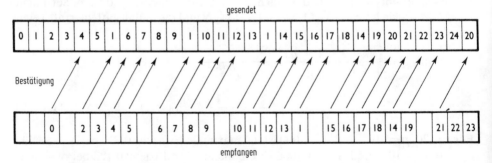

Abb. 9.3   Selective-repeat-ARQ

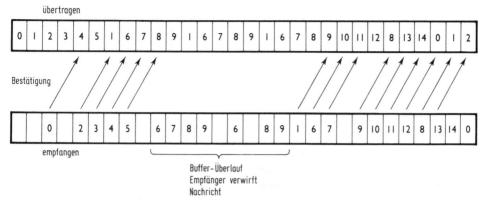

Abb. 9.4   Selective-repeat-ARQ mit Buffer für 5 Nachrichten

Nachricht nicht mehr bestätigt wird. Sie fügt dann die unbestätigte Nachricht in die Folge ein. Wird die Nachricht ein zweites Mal nicht bestätigt, so kehrt der Sender zur revidierten Folge über N Nachrichten zurück, um die andernfalls auftretenden Probleme des Zwischenspeicherüberlaufs zu vermeiden. Dies ist in Abbildung 9.4 dargestellt.

Der beschränkte Nachrichtenzwischenspeicher beschränkt auch die Anzahl der Nummern, die für die Nachrichten verwendet werden können. Wird eine Nachricht mit der Nummer n verloren, so nimmt ihre Wiederholung den Platz der Nachricht $n + N$ ein. Geht die zweite Wiederholung verloren, so beginnt die revidierte Prozedur an der Stelle, wo sonst Nachricht $n + 2N - 1$ gewesen wäre. Es ist deshalb unerläßlich, daß zumindest $2N$ Nummern ohne Wiederholung bereitgestellt werden. In der Praxis kann es verwirrend sein, wenn die Originalnummer n kurz nach Empfang wieder verwendet wird. Deshalb werden üblicherweise $3N$ Nummern bereitgestellt.

9.12   ARQ in Kommunikationsprotokollen

Eine Zahl von Standard-Kommunikationsprotokollen beinhalten gewisse Formen der ARQ. Ein Beispiel hierfür ist das HDLC-Protokoll (high-level data link control), das auf dem IBM-SDLC (IBM synchronous data link control) basiert. Die vom ANSI (American National Standards Institute) entwickelte ADCCP (advanced data communication control procedure) ist mit der ARQ stark verwandt und der CCITT X-25 LABP (balanced link access procedure) ist eine Untergruppe.

Nachrichten in HDLC beinhalten Synchronisations-Kontrollmarken zu Beginn und am Ende jeder Nachricht (je 8 Bit), eine 8-bit-Adresse, eine 8-bit-Kontrolle, das Informationspaket (falls vorhanden) und ein 16-bit-CRC. Das Kontrollfeld beinhaltet zwei 3-bit-Felder für Nachrichtennummern, eines zur Numerierung der gesendeten Nachricht und eines zu Anzeige der im Augenblick vom anderen Ende erwarteten Nachricht. Es ist möglich, weitere 8 Bits zum Kontrollfeld hinzuzufügen, um die Nachrichtennumerierung auf 7 Bits zu erweitern. Dies wird üblicherweise dann getan, wenn lange Verzögerungen zu erwarten sind, wie z. B. bei Satellitenverbindungen. Die Nachrichtennumerierung reicht also von 0–7 (normale Numerierung) oder von 0–127 (erweiterte Numerierung).

Wird angezeigt, daß die Nachrichtennummer n erwartet wird, so bestätigt dies automatisch alle Nachrichten vor n und alle vorher nicht bestätigten Nachrichten. Ein zusätzliches Abfragebit kann in das Kontrollfeld eingefügt werden, um die explizite Bestätigung einer bestimmten Nachricht zu erzwingen. Es ist auch möglich, das Kontrollpaket als Überwachungsformat zu verwenden, d. h. ohne daß Information getragen wird. Nachrichten können dann wie vorher bestätigt werden. Nachrichten von n aufwärts können unterdrückt und die vorige Nachrichten bestätigt werden, oder es kann eine bestimmte Nachricht unterdrückt werden. Es können folglich beide Moden von ARQ, GBN und SR, unterstützt werden.

Ausgehend von 3-bit-Numerierung kann sich jeder Sender bis zu sieben unbestätigte Nachrichten leisten. Wären acht unbestätigt, so würde der Sender nicht wissen, ob eine nachfolgende Bestätigung den Empfang aller Nachrichten bestätigt oder aber alle unbestätigt sind. Ist erst einmal die maximal nummerierbare Zahl von Nachrichten unbestätigt, muß der Sender stoppen.

Auf eine ausführliche Erklärung oder Analyse der möglichen Moden der HDLC-Operationen wird hier nicht näher eingegangen. Es sollte jedoch gesagt werden, daß Protokolle dieser Art nicht notwendigerweise den besten Datendurchsatz für GBN-ARQ und SR-ARQ ermöglichen. Die beschränkte Anzahl von Nachrichtennummern verringert die Effizienz von Verbindungen mit langen Verzögerungszeiten und könnte bedeuten, daß die selektive Sendewiederholung nicht die erwarteten Verbesserungen gegenüber GBN aufweist.

9.13   Verbindungen von ARQ und FEC

Es gibt viele Wege, ARQ mit Vorwärts-Fehlerkorrektur (FEC) zu verbinden, um eine Mischung zu erzeugen, die einige Charakteristiken von beiden aufzeigt. Die Idee ist die Ausnutzung der mit ARQ verbundenen Zuverlässigkeit, ohne die damit verbundene extreme Einbuße an Korrekturfähigkeit bei Auftreten einer höhen Fehlerrate in Kauf nehmen zu müssen. Einige der Möglichkeiten, wie solche Verbindungen hergestellt werden, werden im folgenden erklärt.

Der offensichtliche Weg der Produktion einer ARQ/FEC-Verbindung ist die Verwendung eines Codes für Partialfehlerkorrektur mit Erkennung der ernsthafteren Fehler. Dieses wird Typ I-Hybrid genannt. Der Code könnte ein normaler, Fehler korrigierender Code sein, der jedoch nur einen Teil seiner minimalen Distanz zur Korrektur verwendet. Als Alternative könnte ein Fehler erkennender Code angewendet und ein äußerer, Fehler korrigierender Code, wie von Kasami *et al.* (1986) beschrieben, hinzugefügt werden. Der innere Code dient dabei zur Erkennung der Decodierungsfehler des äußeren Codes. Werden Fehler erkannt, aber nicht korrigiert, so wird eine Wiederholung der Übertragung angefordert. Die Fehlerkorrektur dient der Verminderung der mit der ARQ verbundenen effektiven Kanalfehlerrate. Der Datendurchsatz wird bei niedriger Bitfehlerrate wegen den mit der Fehlerkorrektur verbundenen, zusätzlichen Paritätskontrollen geringer als bei reiner ARQ sein. Bei höheren Fehlerraten sollte sich der Datendurchsatz jedoch verbessern. Prinzipiell kann die Effizienz aus der vorigen Formel berechnet werden, wobei jedoch die Effekte der Fehlerkorrektur auf Coderate und Nachrichtenfehlerrate beinhaltet sein müssen.

Ein Typ II-Hyprid versucht, die Nachteile des Typs I dadurch zu vermeiden, daß der Datendurchsatz bei niedrigen Fehlerraten wiederhergestellt wird. Die erste Übertragung enthält Paritätsbits zur Fehlererkennung. Wird eine wiederholte Übertragung nötig, so besteht diese aus Paritätssymbolen eines *umkehrbaren Codes* (invertible) und den der Fehlererkennung dienenden Paritätskontrollen. Ein umkehrbarer Code ist einer, bei dem die Information aus der Parität erlangt werden kann, also RS-Codes der Rate 1/2 oder jeder auf Rate 1/2 verkürzte, zyklische Code. Wird die zweite Übertragung fehlerfrei empfangen, so wird die Information aus ihr decodiert. Beinhaltet sie Fehler, so wird die Information aus der ersten und die Parität der zweiten Übertragung zur Bildung eines Fehler korrigierenden Codes vereint.

Es existieren mehrere Variationen des Typ II-Hybrids, von denen einige zwischen Typ I und Typ II einzuordnen sind. So kann beispielsweise ein innerer, Fehler erkennender Code, mit einem äußeren, Fehler korrigierenden, für die erste Übertragung punktierten Code verwendet werden. Bei der zweiten Übertragung können die verlorenen Paritätsbits wiederhergestellt oder ein weiteres punktiertes Muster verwendet werden. Der Code könnte entweder konvolutionell oder ein RS-Code sein. Adaptive Codierungsschemata, in denen die Coderate als Antwort auf eine hohe Fehlerrate erniedrigt wird, können auch zu dieser Kategorie gezählt werden.

9.14 Fehlerverdeckung

Einige Datentypen beinhalten eine hohe Redundanz. Beispiele hierfür sind digitale Sprach- oder Bildinformation, wo wenig Gebrauch von Techniken zur Kompression von Daten gemacht wurde. Diese Daten dienen üblicherweise zur subjektiven Wahrnehmung, d. h. zum Hören oder Sehen. Unter diesen Umständen können Fehler, solange sie gewisse Grenzwerte nicht überschreiten, unbemerkt bleiben. Darüber hinaus könnte es möglich sein, die Fehler auszusondern und die natürliche Redundanz der Daten zur Reduzierung der subjektiven Effekte der Fehler zu nutzen. Folglich sind höhere Kanalfehlerraten erlaubt, bevor eine bemerkbare Verschlechterung eintritt. Dies wird Fehlerverdeckung (error concealment) genannt und fällt in den Bereich der digitalen Signalverarbeitung. Solch eine Verarbeitung muß das Wissen über die Natur der Daten und der subjektiven Effekte der Verdeckungstechniken einschließen. Die möglichen Techniken beinhalten Austausch mit vorangegangenen Daten, Extrapolation von vorausgegangenen Daten, Interpolation und Ersetzung durch Zufallsfolgen.

Die Bedeutung von Fehlerverdeckungstechniken als Strategie für Fehlerüberwachung liegt darin, daß sie oft sehr gut bei Daten funktionieren, bei denen ARQ nicht anwendbar ist. Echtzeit-Sprach- oder Bildverarbeitung könnte beispielsweise die bei ARQ auftretenden variablen Verzögerungszeiten nicht tolerieren. Verwendung von entweder Verdeckungstechniken oder ARQ, je nach Natur der Daten, ergibt jedoch eine gut funktionierende, auf Fehlererkennung basierende Fehlerüberwachungsstrategie, die für einen großen Bereich von Datentypen anwendbar ist.

Es sollte bedacht werden, daß bei Daten mit hoher natürlicher Redundanz Techniken zur Datenkompression existieren oder gerade entwickelt werden. Komprimierte Daten sind viel anfälliger für Fehler, oder aber die Effekte von Fehlern werden subjektiv bemerkbarer sein. Trotz alledem könnte die Komprimierung von Daten in Verbindung mit Vorwärts-Fehlerkorrektur viel effizienter im Gebrauch von Übertragungskanälen sein als unkomprimierte Daten mit Fehlererkennung und -verdeckung.

9.15   Literaturhinweise

Die Gewichtsstrukturen von Codes und ihre Eigenschaften sind in fast allen Büchern über Codierung sehr ausführlich behandelt. Jedes der Hauptwerke der letzten Jahre, wie Clark und Cain (1981), Lin und Costello (1983), Blahut (1983) oder Michelson und Levesque (1985) kann deshalb herangezogen werden.

Dagegen sind gute Behandlungen der ARQ sehr selten. Die beste Quelle hierfür sind Lin und Costello (1983, 1984), die eine komplette Behandlung des Datendurchsatzes in verschiedenen Schemata, Flußdiagramme für die Protokollimplemetierung und viele Referenzen aufführen. Bücher über Computernetzwerke sind oft gute Quellen für Kommunikationsprotokolle, das ARQ eingeschlossen. Ein exzellentes Beispiel hierfür ist Schwartz (1987). Bei ihm, bei Kaul (1978, 1979) und bei Sastry (1982) können auch Analysen der Leistungsfähigkeit verschiedener Protokolle gefunden werden. Easton (1981) zeigt, daß Standard-Protokolle oft eine bessere Leistungsfähigkeit aufweisen als SR-ARQ und wie neue Protokolle entworfen werden sollten.

9.16   Übungen

1   Wieviele Codewörter des Gewichts 3 und des Gewichts 4 gibt es in einem (15,11) Hamming-Code? Wäre der Code

   (a) sicherheitserhöht (expurgated) auf (15,10) durch Entfernung aller ungerade gewichteten Codewörter;

   (b) erweitert auf (16,11) durch Miteinschließung einer Gesamtparitätskontrolle,

   wie würden sich diese Werte ändern?

2   Man bestimme für einen (15,11) Hamming-Code die Wahrscheinlichkeit eines uner-
    kannten Fehlers in folgenden Fällen:

    (a) Zufallsfehler, Gewicht 3
    (b) Zufallsfehler, Gewicht 4
    (c) Bündelfehler, Länge 4
    (d) Bündelfehler, Länge 5
    (e) Bündelfehler, Länge 6

3   Man bestimme die Zahl der Codewörter eines (15,11) RS-Codes des Gewichts 5 und 6.
    Danach bestimme man die Wahrscheinlichkeit, daß 5 oder 6 Symbole betreffende
    Zufallsfehler unerkannt bleiben.

4   Ein Fehlererkennungsschema erfordert eine Wahrscheinlichkeit von unerkannten
    Fehlern von 10^{-6} im ungünstigsten Fall. Wieviele Paritätsbits sind erforderlich?

5   Ein zyklischer Code, generiert durch $g(X) = X^4 + X^3 + X^2 + 1$ wird zur Synchronisa-
    tion verwendet. Man bestimme die Stelle der Synchronisation für eine empfangene
    Folge 0110011100111. Was würde passieren, wenn die empfangene Folge
    0010011100111 wäre? Man kommentiere das Ergebnis.

6   Der Code aus Übung 5 wird um 1 Bit verkürzt. Man bestimme die Codewörter und
    ohne Rechnung den Synchronisationspunkt der Folge 10101110110110. Nun vergleiche
    man die Widerstandsfähigkeit dieses Synchronisationsprozesses mit dem aus Übung
    5.
    Man entwickle unter Verwendung der in Abschnitt 3.16 behandelten Methoden zur
    Verkürzung von Codes einen Schaltkreis, der es dem verzögerten Bit ermöglicht, den
    übriggebliebenen Effekt der n vorangegangenen Bits zu löschen.

7   Man wähle mögliche ARQ Schemata für folgende Daten:

    (a) Gelegentliche Nachrichten, die über eine TDMA-Verbindung gesendet werden.
    (b) Nachrichten an bestimmte Adressen von einer Quelle mit hohen Übertragungsan-
        forderungen, bei denen der Adressat jedoch nur gelegentlich Nachrichten erhält.
        Jede Nachricht ist selbständig.
    (c) Bildpunkte, die über einen Satelliten für die Verarbeitung (ohne Echtzeit) übertra-
        gen werden.
    (d) Bildpunkte, die von einem Computer zu einem anderen nahen Computer für die
        Verarbeitung (ohne Echtzeit) übermittelt werden.
    (e) Digitalisierte Sprache

8   In einem GBN-ARQ-System beginnt der Sender damit, Nachrichtennummern von 0
    aufwärts zu übertragen. Man zeige die Nachrichtenfolge, wenn $N = 5$ und Nachrichten
    1, 3, 1, 5 und 6 nicht bestätigt wurden.

9   Man wiederhole Übung 8 unter der Voraussetzung von SR-ARQ mit einem Zwischen-
    speicher für 5 Rahmen. Die Nachrichten 1, 3, 1, 7 und 9 seien unbestätigt.

10 Auswahl eines Codierungsschemas

10.1 Einführung

In den vorangegangenen Kapiteln wurden Techniken zusammengestellt und ihre Charakteristiken studiert, woraus sich Schlüsse über ihre Anwendbarkeit ergaben. Lediglich die Kapitel 6 und 8 zeigten eine Art problemorientierter Annäherung, bei denen für bestimmte Problemfälle anwendbare Techniken untersucht wurden. Das Ziel dieses Kapitels ist nun der Ausgleich dieses Ungleichgewichts, indem die Themen aus der Sicht eines Ingenieurs gesehen werden, der Möglichkeiten zur Lösung eines bestimmten Problems sucht. Es soll dabei besonders die Art dargestellt werden, wie sich bestimmte Systemeigenschaften auf die Entscheidung auswirken.

Systemfaktoren, die die Wahl eines Codierungsschemas beeinflussen, sind die Daten selbst, der Kanal und bestimmte Benutzervorgaben. Dies beinhaltet eigentlich alles. Die Daten können durch ihre Struktur, die Natur der Information und die resultierenden, erforderlichen Fehlerraten, die Datenrate und Echtzeit-Anwendung Einfluß nehmen. Der Kanal beeinflußt die Lösung durch seine Leistung, seine Bandbreitenbegrenzungen und die Natur seines Rauschens. Niedrige Kosten sind häufig eine wichtige Anforderung, die von den Anwendern an das System gestellt wird, was nicht nur die Codierer und Decodierer, sondern auch die Möglichkeit des Einsatzes von Soft-Decision-Demodulation betrifft.

Ein weiterer Faktor bei der Auswahl eines Codierungsschemas sind Vorurteile oder auch Erfahrungen. Die Anwender der Codierung tendieren dazu, sich in zwei Lager aufzuteilen. Da sind zum einen jene, die Block-Codes favorisieren, und dann gibt es die Anhänger der konvolutionellen Codes. Vorurteile sind unvermeidlich und, zugegeben, Erfahrung mit einem gewissen Schema ist sicherlich ein zu berücksichtigendes Argument. Trotzdem soll hier verdeutlicht werden, daß die Charakteristik eines Problems auf eine bestimmte Lösung deuten könnte. Diese sollte erwogen werden, auch wenn sie sich gegen vorher gebildete Neigungen richtet.

Das Verständnis dieses Kapitels erfordert kein detailliertes Wissen über Codes. Es verlangt jedoch ein gutes Allgemeinverständnis der Vor- und Nachteile einer Vielzahl von Codeschemata, damit diese durch die nun folgende Diskussion in einen Zusammenhang gebracht werden können.

10.2 Generelle Überlegungen

Das Hauptziel der Miteinbeziehung der Codierung in den Systementwurf ist die Kostenreduzierung bei den anderen Bauteilen. Üblicherweise kann zuverlässige Kommunikation durch einfache, wenn auch kostspielige Methoden wie der Erhöhung der Leistung erreicht werden. Ein gut entworfenes Codierungsschema sollte niedrigere Gesamtsystemkosten bei gleichbleibender oder besserer Leistungsfähigkeit besitzen. Soll dieses Ziel jedoch erreicht werden, muß der Entwickler eine sorgfältige Auswahl treffen und sich des gesamten Spektrums an erhältlichen Techniken bewußt sein. In diesem Zusammenhang läßt sich feststellen, daß hauptsächlich zwei Codetypen, entweder allein oder kombiniert, eine Vielzahl von Systemerfordernissen befriedigen können. Diese Codes sind konvolutionelle Codes mit Soft-Decision einschließender Viterbi-Decodierung und RS-Codes. Massey (1984) und Berlekamp *et al.* (1987) liefern dabei unterschiedliche Ansätze über die Codierungsphilosophie.

Konvolutionelle Codes eignen sich hervorragend für AWGN-Kanäle, bei denen Soft-Decision relativ einfach realisierbar ist. Die Codierungsgewinne erreichen den asymptotischen Wert bei relativ hohen Bitfehlerraten, so daß konvolutionelle Codes bei Bitfehlerraten von 10^{-5} bis 10^{-7} in Gauß'schen Kanälen oft die beste Wahl sind. Verschiedene Umstände können den Kanal jedoch zu Nicht-Gauß'scher Charakteristik verändern. Dort müßten dann Soft-Decision-Schwellwerte an die Kanalbedingungen angepaßt werden. Die Kanalkohärenz könnte zur Folge haben, daß die Viterbi-Decodierung nicht mehr mit maximaler Ähnlichkeit decodiert. Da der Aufwand des Decodierens auch dann zunimmt, wenn die Coderate 1/2 übersteigt, sind hohe Coderaten eine Ausnahme. Selbst bei einer Rate von 1/2 ist die mögliche Übermittlungsgeschwindigkeit niedriger als bei RS-Codes. Trotzdem kann man immer noch mit über 100 Mbits/s arbeiten, was für die meisten Anwendungen mehr als ausreichend ist.

Reed-Solomon-Codes besitzen fast genau entgegengesetzte Charakteristiken. Sie verwenden nicht generell Soft-Decision, aber ihre Leistungsfähigkeit ist dort am höchsten, wo sich Soft-Decision schwierig gestaltet, d. h. bei Nicht-Gauß'schen Bedingungen. Bei Gauß'schen Bedingungen zeigen die Leistungskurven eine Art „Schallmauer"-Charakeristik. Sie arbeiten bei hohen Bitfehlerraten sehr schlecht, zeigen jedoch eine schlagartige Veränderung zu extrem effektiver Operation auf, wenn die Bitfehlerrate sinkt. Sie haben folglich sehr hohe asymptotische Codierungsgewinne, benötigen zu ihrer Erreichung jedoch niedere Bitfehlerraten. Aus diesem Grund sind sie oft da vorteilhaft, wo Bitfehlerraten unterhalb 10^{-10} erforderlich sind. Solche niedrige Fehlerraten sind oft für maschinenorientierte Daten erwünscht, besonders dann, wenn keine Sendewiederholungs-Möglichkeit fehlerhafter Daten besteht. Der Decodieraufwand nimmt bei zunehmender Coderate ab, und in vielen Fällen kann Decodierung bei höheren übertragenen Datenraten erreicht werden. Sie können natürlich auch mit anderen Codes (konvolutionelle oder RS-Codes eingeschlossen) zur Verkettungscodierung kombiniert werden.

Die obigen Erwägungen bedeuten natürlich nicht, daß nicht auch andere Codes in der Fehlerüberwachung ihren Platz haben. Viele Erwägungen können zur Anwendung anderer Lösungen führen, wie im folgenden noch deutlich werden wird. Trotzdem ist das Hauptinteresse in zukünftigen Systemen wahrscheinlich auf Viterbi-decodierte, konvolutionelle Codes und RS-Codes gerichtet, und der Entwickler, der eine fertige Standardlösung anwenden will, wird sein Augenmerk wohl auf diese Alternativen richten müssen.

10.3   Datenstruktur

Ist Information in Blöcke aufgeteilt, so wird sie natürlich in ein Block-Code-Schema passen. Kann sie allerdings als kontinuierlicher Strom angesehen werden, so sind konvolutionelle Codes am geeignetsten. So wird z. B. der Schutz der Inhalte eines Computerspeichers üblicherweise durch Block-Codierung durchgeführt, da das System Zugriffe auf bestimmte Abschnitte der Daten haben und sie unabhängig von den anderen decodieren können muß. Das Konzept der Datenumordnung ist bei solchen Anwendungen auf bestimmte Gebiete beschränkt. Andererseits könnte man für einen Kanal, der digitalisierte Sprache oder Fernsehbilder trägt, ein konvolutionelles Schema auswählen. Dort wird die Information als kontinuierlicher Strom mit definierter Zeitordnung betrachtet. Die Effekte von Fehlern werden lokalisiert, jedoch in einer nicht leicht zu definierenden Weise.
Es ist wichtig, die Struktur der Daten und die Charakteristiken des Kanals auseinanderzuhalten. Die Tatsache, daß ein Kanal einen kontinuierlichen Datenstrom transportiert, bedeutet nicht notwendigerweise, daß die Daten nicht in Blockform aufgeteilt sind. Weniger offensichtlich aber ebenso bedeutend: Eine aufgeteilte Übertragung besteht nicht notwendigerweise aus aufgeteilten Daten. Ein Zeitmultiplex-Kanal (TDMA = time division multiple-access) könnte z. B. einen kontinuierlichen Informationsstrom in zeitlich kurze Bündel konzentrieren, und ein konvolutioneller Code dürfte dafür immer noch am geeignetsten sein. Mit geeigneten Zwischenspeichern kann der konvolutionelle Code kontinuierlich über die durch die TDMA-Übertragung entstandenen Zeitlücken fortgeführt werden.

10.4   Informationstyp

Üblicherweise wird die Leistungsfähigkeit von Codierungsschemata in Termen, die auch Bitfehlerraten enthalten, angegeben. Dies ist für viele Informationstypen nicht angemessen, und das geeignetste Maß wird oft die Wahl des Codierungsschemas beeinflussen. Überhaupt ist es schwer, Anwendungen zu finden, bei denen die Bitfehlerrate eine entscheidende Rolle spielt. Werden einzelne Nachrichten gesendet, wo jede Bitkombination eine völlig verschiedene Nachricht repräsentiert, so ist die Nachrichtenfehlerrate von entscheidender Bedeutung; die Anzahl fehlerhafter Bits in einer falschen Nachricht ist überhaupt nicht von Interesse. Sogar bei Informationen, die einer subjektiven Bewertung unterliegen (d. h. bestimmt für Menschen, nicht für Maschinen), sind nicht alle Bits gleich bedeutend. In aller Regel existieren mehr oder minder wichtige Bits oder aber Bits, deren subjektive Bedeutung sich von den anderen unterscheiden. Digitalisierte Sprache ohne Datenkompression trägt eine Anzahl von Stichproben, von denen jede ein höchst und ein am wenigsten bedeutendes Bit besitzt. Nur wenn Fehler alle Bits in gleicher Weise betreffen, ist die Bitfehlerrate ein Maß subjektiver Qualität. Ist die Sprache komplett komprimiert, so repräsentieren die Bits verschiedene Informationstypen wie Filter-Pole oder Anregungssignale, und die subjektiven Effekte variieren folglich. Daten für subjektive Bewertung können für Fehlerverdeckungstechniken geeignet sein.

Fehler auf einem codierten Kanal können in vier Gruppen eingeteilt werden. Es gibt die durch den Code korrigierten; die Information wird weiter gesendet, als wäre nie ein Fehler aufgetreten. Es existieren Fehler, die erkannt, aber nicht korrigiert werden, und es gibt völlig unerkannte Fehler. Schließlich gibt es noch Fehler, die erkannt wurden, deren Korrektur jedoch das falsche Resultat ergab. In den letzten beiden Fällen werden Fehler an den Bestimmungsort weitergeleitet. Für viele Anwendungen ist es wichtig, die Wahrscheinlichkeit unerkannter Fehler am Decodiererausgang so minimal wie möglich zu halten. Hier neigt der Benutzer zur Verwendung von Block-Codes, die oft in der Lage sind, weit unterhalb des geplanten Decodierungsgewichts liegende Fehler zu erkennen, und verwirft die Vorwärts-Fehlerkorrektur, die das Auftreten unerkannter Fehler akzeptiert. Die Stärke dieser Neigung hängt von den Konsequenzen der Fehler ab. Könnte ein Fehler den nächsten Weltkrieg starten, so wäre er offensichtlich bedeutender als einer, der eine Telefonleitung für kurze Zeit blockiert.

Akzeptable Fehlerraten hängen nicht nur vom Datentyp ab, sondern auch davon ob die Daten unmittelbar (on-line) oder später (off-line) verarbeitet werden. Werden die Daten unmittelbar verarbeitet, so wäre es möglich, Fehler zu erkennen und Techniken wie z. B. die Sendewiederholung zu verwenden. Spätere Verarbeitung hat zur Folge, daß Fehler nicht erkannt werden, bis es zu spät ist, etwas gegen sie zu unternehmen. Als Ergebnis werden üblicherweise höhere Anforderungen an die Fehlerraten gestellt.

Man beachte, daß es in jedem Fall einen Wert für als akzeptabel betrachtete Fehler geben muß. Es wäre leicht, als Ziel die Eliminierung aller Fehler auszuschreiben. Dies zu erreichen würde jedoch einen unendlichen Zeit- und Kostenaufwand erfordern.

10.5   Datenrate

Es ist schwierig, die mit verschiedenen Codes erreichbaren Datenraten zu ordnen. Dies gilt zum Teil deshalb, weil jegliche Bewertung durch die laufenden Entwicklungen der Technik sehr schnell nicht mehr auf dem Stand der Zeit ist. Zum Teil jedoch auch deshalb, weil höhere Geschwindigkeiten üblicherweise durch Anwendung einer aufwendigeren, und damit teureren Lösung erreicht werden können. Nichtsdestoweniger gilt, daß bei einem gegebenen Aufwand einige Codes Daten schneller verarbeiten können als andere.

Die Codes, die mit den höchsten Datenraten verarbeitet werden können, sind prinzipiell einfache, nicht leistungsfähige Codes. Beispiel hierfür sind die nur für Fehlererkennung verwendete Codes und die durch Mehrheitslogik decodierten, konvolutionellen Codes. Verkettete Codes, die innere, kurze Block-Codes verwenden, bleiben nicht weit hinter ihnen zurück, da die Verarbeitung der RS-Codes mit

Symbolrate und nicht mit Bitrate durchgeführt wird und die verwendeten Block-Codes extrem einfach sind. Hieraus folgt, daß nur RS-Codes in der Kategorie der höchsten Datenrate bleiben. Viterbi-decodierte, konvolutionelle Codes sind schnell, wenn die Eingangs-Beeinflussungslänge nicht zu groß ist, also etwa 8 nicht übersteigt. BCH-Codes und konvolutionelle Codes mit sequentieller Decodierung können auch bei ähnlichen Raten verwendet werden, vorausgesetzt, es ist nur eine Hard-Decision erforderlich. Sequentielle Soft-Decision-Decodierung, Meggit-Decodierer, Block-Codes mit Soft-Decision und die aufwendigeren verketteten Schemata sind nur zu mittleren Datenraten fähig.

Natürlich beeinflußt auch die erforderte Datenrate die Wahl der Technik; je mehr von der Hardware übernommen werden kann, desto schneller ist das Decodieren. Parallelstrukturen erhöhen die Decodierungsgeschwindigkeit, jedoch bei höherem Hardware-Aufwand und damit höheren Kosten. Eine Datenrate von einigen Tausend Bits pro Sekunde könnte es einem normal verwendeten Mikroprozessor ermöglichen, für eine Vielzahl von Codierungstechniken verwendet zu werden. Dies wäre jedoch offensichtlich bei hohen Stückzahlen ineffizient. Die Einflüsse der Datenrate auf den Entwurf des Systems sind oft eng mit ökonomischen Überlegungen verknüpft.

10.6   Echtzeit-Verarbeitung

Ist Echtzeit-Verarbeitung erforderlich, so muß der Decodierer in der Lage sein, mit den Übermittlungsdatenraten zu arbeiten. Dies kann auf Kosten von Totzeiten erreicht werden, wenn beispielsweise eine Folge decodiert wird, während die nachfolgende zwischengespeichert wird. Diese Decodierungsverzögerung kann in manchen Fällen bedeutsam sein, besonders wenn sie variabel ist.

Vorwärts-Fehlerkorrektur erfordert eine Decodierungsverzögerung, die in den meisten Fällen von den auftretenden Fehlern abhängig ist. Nichtsdestotrotz existiert üblicherweise eine maximale Verzögerungszeit, die nicht überschritten wird. Wird die decodierte Information bis zum Überschreiten der maximalen Verzögerungszeit zwischengespeichert, so kann ein leichter Informationsbitstrom in Richtung des Bestimmungsortes entstehen. Die zwei Hauptfaktoren, die die Verzögerungszeit bestimmen, sind die Datenrate und die Länge des Codes. Die Informationstheorie sagt aus, daß lange Codes wünschenswert sind, für viele Anwendungen sind lange Verzögerungen jedoch nicht akzeptabel. Deshalb beschränkt die maximal akzeptable Verzögerungszeit die Länge des verwendeten Codes.

Kann keine maximale Verzögerungszeit festgesetzt werden, so läuft die decodierte Information mit variierenden Totzeiten durch, was eine Zerstörung von Echtzeit-Information zur Folge haben könnte. Die Fehlerüberwachungsstrategie, die hauptsächlich variable Verzögerungen aufweist, ist ARQ, da nicht garantiert werden kann, daß eine wiederholte Übertragung erfolgreich ist. Sequentielle Decodierung von konvolutionellen Codes verursacht ebenso variable Verzögerungszeiten. Diese Probleme können mit Hilfe einer passender ARQ/FEC-Verbindung oder unter

Zuhilfenahme einer Totzeit beim sequentiellen Decodierer gemeistert werden, wobei jedoch Fehlerbündel in Kauf genommen werden müssen.

10.7   Leistungs- und Bandbreitenzwänge

Diese Zwänge bewegen die Lösung in die entgegengesetzte Richtung. In Abwesenheit von Bandbegrenzungen würde man einen verketteten Code niedriger Rate zur Erzielung hoher Codierungsgewinne oder sehr niedriger Fehlerraten verwenden. Sehr enge Bandbegrenzungen, die die binäre Modulation mit der erforderlichen Datenrate und Fehlerrate unvereinbar machen, sind in der augenblicklichen Situation bei Übermittlung über das Telefonnetz sehr selten. Treten solche Umstände jedoch auf, so bieten die Ungerboeck-Codes aus Kapitel 8 die wahrscheinlich beste Lösung. Es kann aber erwartet werden, daß Entwicklungen auf dem Gebiet der Codierungstechniken unter diesen Bedingungen vorangetrieben werden, wenn der Bedarf zunimmt.

Angenommen das Hauptziel der Codierung bestehe in der Reduzierung der Leistungserfordernisse für eine vorgegebene Fehlerrate, so wären hohe Codierungsgewinne wünschenswert. Es kann kein Zweifel daran bestehen, daß die größten Gewinne bei Verwendung verketteter Codes erzielt werden können. Die einzige ernstzunehmende Konkurrenz bilden relativ lange, konvolutionelle Codes mit sequentieller Soft-Decision-Decodierung. Sind die Anforderungen an die Fehlerrate nicht zu hoch, so ergeben konvolutionelle Codes mit sequentieller Hard-Decision-Decodierung oder Soft-Decision-Viterbi-Decodierung die höchsten Gewinne auf einem Gauß'schen Kanal. Sehr hohe Gewinne sind prinzipiell auf gemischten Kanälen oder Kanälen mit bündelartiger Fehlerstruktur bei Verwendung von RS-Codes oder anderer passender Techniken zu erreichen. In der Praxis muß jedoch der Sender für eine angemessen Leistung sorgen, um eine vernünftige erfolgreiche Demodulation auch unter ungünstigsten Bedingungen garantieren zu können. Als Resultat hieraus kann das Gesamtsystem für Normalbedingungen überentwickelt sein und niedrigere Fehlerraten als erforderlich produzieren, um mit den Bedingungen im ungünstigsten Fall fertig werden zu können.

10.8   Kanalfehlermechanismen

Idealerweise würde man ein Codierungsschema für die präzisen, auf dem Kanal auftretenden Bedingungen entwerfen. In der Praxis könnte der Kanal jedoch schwerlich charakterisierbar sein, und das Codierungsschema müßte dann so flexibel sein, daß es mit allen möglichen auftretenden Bedingungen fertig werden könnte. Für langsam variierende Kanalbedingungen, die ungefähr Gauß'sche Eigenschaften über einen gewissen Zeitraum zeigen, sind adaptive Codeschemata eine natürliche Wahl. Diese verwenden oft punktierte konvolutionelle Codes, oder sie basieren auf ARQ/FEC-Verbindungen. Für leicht variierende Kanäle wird die adaptive Codierung bevorzugt, aber bei gleichbleibendem Rauschen mit gelegentlichen Interferenzbündeln ist eine ARQ/FEC-Verbindung Typ I sicherlich die beste Wahl. Für schnell zwischen verschiedenen Zuständen wechselnde Kanäle, die eine Mischung aus Zufallsfehler und Fehlerbündeln produzieren, stehen eine Vielzahl von gemischten Fehlerkorrekturschemata; einschließlich der Verschachtelung zur Verfügung. Reed-Solomon-Codes können auch dieser Kategorie zugeordnet werden, obwohl sie weder für Zufallsfehler noch für normale Fehlerbündel optimiert wurden, macht sie ihre niedrige Redundanz und ihre Löschungsausfüllungsfähigkeit bei einer Vielzahl von Kanalbedingungen zu einer guten Wahl.

10.9   Kosten

Jedes Schema zur Fehlerüberwachung ist letztlich Teil eines Systems, und seine Kosten müssen im Verhältnis zu seiner Bedeutung im System stehen. Erinnert man sich daran, daß Fehlerraten durch den Gebrauch einer höheren Sendeleistung verringert werden können, so ist es das Ziel der Codierung, kosteneffizienter als andere Lösungen zu sein. Dies sagt jedoch nichts über die Art der Kostenzwänge in einem Codierungssystem aus. Der Hauptanteil der Kosten einer Fehlerüberwachung ist mit dem Decodierer verbunden, wodurch die Bürde der Ökonomie auf der Empfangsausstattung liegt. Da die Eigentümer der Sende- und Empfangseinrichtungen verschiedene Personen sein können, sind die ökonomischen Erwägungen nicht durch die Optimierung der Gesamtsystemkosten abgeschlossen. Decodiererkosten müssen deshalb im Verhältnis zu dem festgelegt werden, was der Empfänger zu zahlen bereit ist.
Eine Zahl einfacher Regeln sei hier aufgeführt. Erstens, wie bereits angedeutet, dominieren beim Vorwärts-Fehlerkorrektur-Schema die Kosten des Decodierers. Fehlererkennung ist deshalb viel billiger als Fehlerkorrektur. Hohe Datenraten sind teurer als niedrige. Aufwendige Codes mit mehrfacher Fehlerkorrektur sind teurer als einfache Codes. Für viele Anwendungen ist der die Kosten betreffende Hauptfaktor der, ob ein Codec bereits kommerziell erhältlich ist oder ob es speziell entwickelt werden muß. Die Entwicklungskosten müssen auf die Anzahl der Empfänger verteilt werden, und ist ein Markt nur klein oder sehr kostenempfindlich, so wird es unmöglich sein, ein Schema für eine spezielle Anwendung zu entwickeln. In diesem Fall wird die Auswahl stark eingeschränkt sein.
Jeder zu spezifische Tip über kommerziell erhältliche Codes würde sicherstellen, daß dieses Buch sehr schnell nicht mehr dem Stand der Zeit entspräche. Wie bei allen modernen Techniken erweitert sich die Produktspanne ständig, und die Produkte werden billiger. Am leistungsfähigeren Ende des Marktes sind Viterbi-Decodierer der Rate 1/2 erhältlich und populär, und es ist zu erwarten, daß sie auch für punktierte Schemata mit höheren Raten und sogar für adaptive Codeschemata verwendet werden (obwohl dies einen höheren Systemaufwand und Mehrkosten einschließt). Bestimmte RS-Codes werden zunehmend Standard, und Codecs

hierfür sind erhältlich. Öfter wird sich dies aus einem ganz speziellen Markt ergeben, wie z. B. aus dem der Compact-Disc-Players.

Obwohl es bedauerlich ist, eine negative Anmerkung machen zu müssen, muß angeführt werden, daß viele interessante Ideen in der Fehlerüberwachung niemals eingeführt werden, weil ihr potentieller Markt die Entwicklung nicht effizient genug macht. Vielen an Fehlerüberwachungstechniken arbeitenden Ingenieuren wird es niemals erlaubt sein, das technisch beste System zu entwickeln; sie werden gezwungen sein, das beste aus dem erhältlichen Angebot auszuwählen. Denjenigen, die eine relativ freie Hand haben wollen, sei empfohlen, an Anwendungen zu arbeiten, für die der Markt groß genug oder nicht kostenempfindlich ist Dieselben Zwänge treffen natürlich auch auf viele andere Gebiete zu. Manche werden sagen, dies sei eben die Arbeit eines Ingenieurs, und die Auswahl eines Fehlerkorrekturschemas ist alles in allem eher ein Ingenieursthema als die Arbeit eines Mathematikers. Die Mathematik ist hier jedoch der interessantere Teil.

10.10   Anwendungen

Kommunikationskanäle über Satelliten werden oft zum Transport von Informationen genutzt, die eine hohe Redundanz innehaben, wie beispielsweise Fernsehen oder digitalisierte Sprache. Relativ hohe Bitfehlerraten sind deshalb tolerierbar, und konvolutionelle Codes sind deshalb gut etabliert, besonders die der Rate 1/2 mit $K = 7$. Viele Satellitenkanäle leiden an langsamem Schwund aufgrund von Ablagerungen, und unter diesen Umständen ist der übliche Weg der, daß man entweder genügend Leistung zur Verfügung stellt, um den Service im ungünstigsten Fall immer noch im akzeptablen Bereich zu halten, oder aber ein adaptives Codierungsschema verwendet, bei dem die Coderate (und folglich die Kanalkapazität) bei Verschlechterung der Bedingungen reduziert werden kann. Im letzteren Fall wird die Punktierung zur Herstellung mehrerer Codes höherer Rate aus einem niederratigen, konvolutionellen Code verwendet. Ein (127,112) BCH-Code mit $d_{\min} = 6$ und einem zusätzlichen Dummy-Bit um die Rate auf genau 7/8 zu heben, wurde für TDMA-Kanäle verwendet. In diesem Fall scheint die Verwendung eines Block-Codes auf die TDMA-Operation selbstverständlich zu sein, obwohl, wie in Abschnitt 5.12 angeführt, TDMA nicht notwendigerweise die Verwendung von konvolutionellen Codes ausschließt. Berlekamp *et al.* (1986) beschreiben ein 48-Mbit/s-Satelliten-TDMA-System, das einen (201,192) RS-Code mit 8-bit-Symbolen verwendet, um Fehlerraten von ungefähr 10^{-11} zu erzielen.

Weltraum-Kommunikation bildet die naheliegendste Annäherung an einen AWGN-Kanal, und dort ist die Verkettung eines inneren, konvolutionellen Codes mit der Rate 1/2 und $K = 7$ mit einem äußeren (255,233) RS-Code mit 8-bit-Symbolen Standard. Äußerer und innerer Code sind mit Grad 4 verschachtelt. Dieses von Yuen (1983) detailliert beschriebene Schema wurde auf der NASA-Voyager-Mission zum Uranus eingesetzt und erreicht Bitfehlerraten von 10^{-6} bei $E_b/N_0 = 2,53$ dB. Datenraten bis zu 2 Mbit/s sind erreichbar. Für höhere Datenraten bis zu 300 Mbit/s wird der Verzicht auf konvolutionellen Codes empfohlen.

Compact-Disc-Player müssen mit einer ziemlich hohen Bitrate arbeiten (um 2 Mbits/s) und werden trotz niedrigem Preis mit einem weiten Spektrum an Fehlerbedingungen fertig. Sie verwenden eine aufwendige Kombination aus Liniencodierung und verketteten RS-Codes mit Fehlerverdeckung. Das verkettete Schema wird kreuzverschachtelter RS-Code genannt und besteht aus zwei RS-Codes mit 8-bit-Symbolen und konvolutioneller Verschachtelung zwischen dem inneren und dem äußeren Code. Er wäre auch als Produktcode denkbar, jedoch eher mit konvolutioneller als mit Blockverschachtelung zwischen den Zeilen- und Spaltencodes. Bei Ablesen der Disc geht die erste Verschachtelungsstufe vor sich, die aufeinanderfolgende Bytes auf der Disc in verschiedene Codewörter aufteilt. Der innere Code ist ein (32,28) Code und wird üblicherweise für Einzelfehler decodiert, wobei bei Auftreten anderer Fehlermuster Löschungen eingefügt werden. Die konvolutionelle Verschachtelung verteilt die Effekte von Decodierungsfehlern und Löschungen auf mehrere Worte des äußeren (28,24) Codes. Alle bei dieser Stufe erkannten unkorrigierbaren Fehler werden bei der abschließenden Verschachtelungsstufe verteilt und durch Interpolation verborgen. Sklar (1988) gibt hierzu mehr Details an, vertauscht jedoch die übliche Terminologie von äußerem und innerem Code. Man sollte erwarten, daß die Anforderungen von digitalen Audiokassetten die gleichen wären und folglich dasselbe System enthalten würden. Tatsächlich benötigen sie jedoch zwei RS-Codes, (32,26) und (32,28) mit 8-bit-Symbolen als Produktcode. Der Hauptgrund für diese unterschiedlichen Anforderungen liegt darin, daß bei Kassetten auch Aufnahme ermöglicht werden muß; die konvolutionelle Verschachtelung der Compact-Disc ermöglicht dagegen keine Aufnahme. Walkinson (1988) gibt hierzu mehr Details an.

Literaturverzeichnis

ABRAMSON, N. (1968), 'Cascade decoding of cyclic product codes', *IEEE Transactions on Information Theory,* **IT-14,** pp. 398–402.

ANDERSON, J. B. and TAYLOR, D. P. (1978), 'A bandwidth-efficient class of signal-space codes', *IEEE Transactions on Information Theory,* **IT-24,** pp. 703–12.

ANDERSON, J. B., SUNDBERG, C.-E. W., AULIN, T. and RYDBECK, N. (1981), 'Powerbandwidth performance of smoothed phase modulation codes', *IEEE Transactions on Communications,* **COM-29,** pp. 187–95.

AULIN, T. and SUNDBERG, C.-E. W. (1982), 'Minimum Euclidean distance and power spectra for a class of smoothed phase modulation codes', *IEEE Transactions on Communications,* **COM-30,** pp. 1721–9.

AULIN, T., RYDBECK, N. and SUNDBERG, C.-E. W. (1981), 'Continuous phase modulation', *IEEE Transactions on Communications,* **COM-29,** pp. 187–95.

BERLEKAMP, E. R., SHIFMAN, J. and TOMS, W. (1986), 'An application of Reed Solomon codes to a satellite TDMA system', MILCOM 86, Monterey, Calif.

BERLEKAMP, E. R., PEILE, R. E. and POPE, S. P. (1987), 'The application of error control to communications', *IEEE Communications Magazine,* **25,** no. 4, pp. 44–57.

BHARGAVA, V. K., HACCOUN, D., MATYAS, R. and NUSPL, P. P. (1981), *Digital Communications by Satellite,* Wiley, New York.

BLAHUT, R. E. (1983), *Theory and Practice of Error Control Codes,* Addison Wesley, Reading, Mass.

BLAHUT, R. E. (1987), *Principles and Practice of Information Theory,* Addison Wesley, Reading, Mass.

BRIGHAM, E. O. (1988), *Fast Fourier Transform and its Applications,* Prentice Hall, Englewood Cliffs, NJ.

CAIN, J. B., CLARK, G. C. and GEIST, J. M. (1979), 'Punctured convolutional codes of rate $(n-1)/n$ and simplified maximum likelihood decoding', *IEEE Transactions on Information Theory,* **IT-25,** pp. 97–100.

CHASE, D. (1972), 'A class of algorithms for decoding block codes with channel measurement information' *IEEE Transactions on Information Theory,* **IT-18,** pp. 170–82.

CLARK, G. C. JR. and CAIN, J. B. (1981), *Error Correction Coding for Digital Communications,* Plenum, New York.

EASTON, M. C. (1981), 'Design choices for selective-repeat retransmission protocols', *IEEE Transactions on Communications,* **COM-29,** no. 7, pp. 944–53.

FARRELL, P. G. and CAMPELLO DE SOUZA, R. M. (1982), 'An upper bound on the minimum distance of binary cyclic codes, and a conjecture', IEEE International Symposium on Information Theory, Les Arcs, France.

FARRELL, P. G. and DANIEL, J. S. (1984), 'Metrics for burst error characterisation and correction', IEEE Colloquium on Interference and Crosstalk in Cable Systems, London.

FORNEY, G. D. (1966a), *Concatenated Codes,* MIT Press, Cambridge, Mass.

FORNEY, G. D. (1966b), 'Generalised minimum distance decoding', *IEEE Transactions on Information Theory,* **IT-12,** pp. 125–31.

FORNEY, G. D., GALLAGER, R. G., LANG, G. R., LONGSTAFF, F. M. and QURESHI, S. W. (1984), 'Efficient modulation for band limited channels', *IEEE Journal on Selected Areas in Communications,* **SAC-2,** no. 5, pp. 632–47.

GALLAGER, R. G. (1968), *Information Theory and Reliable Communications,* Wiley, New York.

HAYKIN, S. (1988), *Digital Communications*, Wiley, New York.

JELINEK, F. (1969), 'A fast sequential decoding algorithm using a stack', *IBM Journal of Research and Development*, **13**, pp. 675–85.

KASAMI, T., FUJIWARA, T. and LIN, S. (1986), 'A concatenated coding scheme for error control', *IEEE Transactions on Communications*, **COM-34**, pp. 481–8.

KAUL, A. K. (1978), 'Performance of HDLC in satellite communications', *COMSAT Technical Review*, **8**, no. 1, pp. 41–87.

KAUL, A. K. (1979), 'Performance of data link control protocols over synchronous TDM communication channels', *COMSAT Technical Review*, **9**, no. 1, pp. 203–31.

KOBAYASHI, H. (1971), 'Correlative level coding and maximum likelihood decoding', *IEEE Transactions on Information Theory*, **IT-17**, pp. 586–93.

LENDER, A. (1964), 'Correlative digital communication techniques', *IEEE Transactions on Communication*, **COM-12**, pp. 128–35.

LIN, S. and COSTELLO, D. J. (1983), *Error Control Coding: Fundamentals and applications*, Prentice Hall, Englewood Cliffs, NJ.

LIN, S. and COSTELLO, D. J. (1984), 'A survey of various ARQ and hybrid ARQ schemes and error detection using linear block codes', *IEEE Communications Magazine*, **22**, no. 12.

MACWILLIAMS, F. J. and SLOANE, N. J. A. (1977), *The Theory of Error-correcting Codes*, North Holland, New York.

MASAMURA, T., SAMEJIMA, S., MORIHIRO, Y. and FUKETA, H. (1979), 'Differential detection of MSK with non-redundant error correction', *IEEE Transactions on Communications*, **COM-27**, pp. 912–8.

MASON, S. and ZIMMERMAN, P. (1960), *Electronic Circuits, Signals and Systems*, Wiley, New York.

MASSEY, J. L. (1984), 'The how and why of channel coding', *Proceedings of the International Seminar on Digital Communications*, Zurich.

MAZUR, B. A. and TAYLOR, D. P. (1981), 'Demodulation and carrier synchronisation of multi-h phase codes', *IEEE Transactions on Communications*, **COM-29**, pp. 257–66.

MCELIECE, R. J., RODEMICH, E. R., RUMSEY, H. and WELCH, L. R. (1977), 'New upper bounds on the rate of a code via the Delsarte-MacWilliams inequalities', *IEEE Transactions on Information Theory*, **IT-23**, pp. 157–66.

MICHELSON, A. M. and LEVESQUE, A. H. (1985), *Error Control Techniques for Digital Communication*, Wiley, New York.

MUILWIJK, D. (1981), 'Correlative phase shift keying – a class of constant envelope modulation techniques', *IEEE Transactions on Communications*, **COM-29**, pp. 226–36.

ODENWALDER, J. P. (1970), 'Optimal decoding of convolutional codes', Ph. D. dissertation, School of Engineering and Applied Science, UCLA.

OPPENHEIM, A. V. and SCHAFER, R. W. (1975), *Digital Signal Processing*, Prentice Hall, Englewood Cliffs, NJ.

PROAKIS, J. G. (1983), *Digital Communications*, McGraw-Hill, Tokyo.

RAVEENDRA, K. R. and SRINIVASAN, R. (1987), 'Coherent detection of binary multi-h CPM', *IEEE Proceedings Part F*, **134**, pp. 416–26.

SASTRY, A. R. K. (1982), 'Error control in digital satellite networks using retransmission schemes', *Computer Communications*, **5**, no. 1, pp. 23–8.

SCHWARTZ, M. (1987), *Telecommunication Networks – Protocols, modeling and analysis*, Addison Wesley, Reading, Mass.

SHANNON, C. E. (1948), 'A mathematical theory of information', *Bell Systems Technical Journal*, **27**, pp. 379–423 and 623–56.

SHANNON, C. E. (1949), 'Communication in the Presence of Noise', *Proceedings IRE*, **37,** p. 10.

SKLAR, B. (1988), *Digital Communications – Fundamentals and applications,* Prentice Hall, Englewood Cliffs, NJ.

UNGERBOECK, G. (1977), 'Trellis coding with expanded channel signal sets', 1977 IEEE International Symposium on Information Theory, Abstract.

UNGERBOECK, G. (1982), 'Channel coding with multilevel phase signals', *IEE Transactions on Information Theory,* **IT-28,** pp. 55–67.

WAINBERG, S. and WOLF, J. K. (1972), 'Burst decoding of binary block codes on q-ary output channels', *IEEE Transactions on Information Theory,* **IT-18,** no. 5, pp. 684–6.

WATKINSON, J. (1988), *The Art of Digital Audio,* Focal Press, London.

WEI, L.-F. (1984a), 'Rotationally invariant convolutional channel coding with expanded signal space – part I: 180°, *IEEE Journal on Selected Areas in Communications,* **SAC-2,** no. 5, pp. 659–71.

WEI, L.-F. (1984b), 'Rotationally invariant convolutional channel coding with expanded signal space – part II: nonlinear codes', *IEEE Journal on Selected Areas in Communications,* **SAC-2,** no. 5, pp. 672–86.

YUEN, J. H. (ed.), (1983), *Deep Space Telecommunications Systems Engineering,* Plenum, New York.

Sachwortverzeichnis